Bewertung von Adaptionsstrategien bei Bildsegmentierungsverfahren

Vom Fachbereich Elektrotechnik und Informationstechnik

der Universität Hannover

zur Erlangung des akademischen Grades

Doktor-Ingenieur

genehmigte

Dissertation

von

Dipl.-Ing. Heiko Münkel

geb. am 27. Oktober 1961 in Bordenau

2000

Referent:	Prof. Dr.-Ing. C.-E. Liedtke
Korreferent:	Prof. Dr.-Ing. E. Reithmeier
Tag der Promotion:	29. August 2000

Heiko Münkel

BEWERTUNG VON ADAPTIONSSTRATEGIEN BEI BILDSEGMENTIERUNGSVERFAHREN

ibidem-Verlag
Stuttgart

Die Deutsche Bibliothek - CIP-Einheitsaufnahme:

Ein Titeldatensatz für diese Publikation ist bei
Der Deutschen Bibliothek erhältlich

∞

Gedruckt auf alterungsbeständigem, säurefreien Papier
Printed on acid-free paper

ISBN: 3-89821-090-1

Printed in Germany

Vorwort

Die vorliegende Arbeit entstand während meiner Tätigkeit als wissenschaftlicher Mitarbeiter am Institut für Theoretische Nachrichtentechnik und Informationsverarbeitung der Universität Hannover. Ich möchte Herrn Professor Dr.-Ing. Claus-E. Liedtke ganz herzlich für die Betreuung der Arbeit und die Übernahme des Hauptreferats danken. Herrn Professor Dr.-Ing. E. Reithmeier danke ich für die Übernahme des Korreferats.

All meinen Kollegen danke ich recht herzlich für das sehr gute Arbeitsklima und die zahlreichen Diskussionen und Anregungen. Mein besonderer Dank geht an Ursula Rost, Arnold Blömer, Jürgen Bückner, Martin Pahl, Oliver Stahlhut und Matthias Schuh für die Unterstützung bei der Erstellung dieser Arbeit, des Promotionsvortrages und der Bereitstellung der Hard- und Software. Das gleiche gilt für die zahlreichen Studenten, wie z.B. Olaf Mehring, die wichtige Beiträge für diese Arbeit geliefert haben.

Danken möchte ich auch allen, die freie Software wie den XEmacs oder den GNU C Compiler entwickelt und im Internet kostenlos zur Verfügung gestellt haben. Ohne sie wären Arbeiten wie diese kaum möglich. Mein ganz besonderer Dank gilt daher auch Bob Orchard vom National Research Council in Kanada für die Entwicklung und Bereitstellung von FuzzyCLIPS und die Unterstützung bei der Fehlersuche.

Zum Schluß möchte ich mich auch ganz herzlich bei meinen Freunden und meiner Familie bedanken, die für die Abwechslung und Entspannung gesorgt haben, die man braucht, um eine solche Arbeit erfolgreich zu erstellen. Dies gilt insbesondere für meine verständnisvolle Frau Tamara und unsere beiden Kinder Christian und Sarah Madeleine.

Osterwald Oberende, im Oktober 2000

Heiko Münkel

Kurzfassung

In den letzten Jahrzehnten wurde weltweit sehr intensiv auf dem Gebiet der Bildverarbeitung geforscht. Zahlreiche neue Algorithmen und Bildverarbeitungssysteme sind dadurch entstanden. Trotz des hohen Aufwandes ist es aber bisher nicht gelungen ein Verfahren zu entwickeln, das ohne Anpassungen für einen großen Bereich an Aufgabenstellungen und Randbedingungen geeignet ist. Oft muß sogar für relativ geringfügige Änderungen der Aufgabenstellung (z.B. andere Beleuchtung) eine spezifische Lösung entwickelt oder zu mindestens ein bestehendes Bildverarbeitungssystem angepaßt werden. Hierfür ist ein sehr umfangreiches Expertenwissen notwendig, über das der Anwender des Bildverarbeitungssystems in der Regel nicht verfügt. Es werden daher teure, externe Experten für derartige Aufgaben benötigt.

Obwohl bisher keine vollautomatische Lösung bekannt ist, die immer zufriedenstellend arbeitet, ist der menschliche Experte in der Lage das Problem der Konfiguration und Adaption von Bildverarbeitungsaufgaben zu lösen. Diese Erkenntnis und die langjährigen Erfahrungen mit der Konfiguration und Adaption von Bildverarbeitungssystemen am Institut für Theoretische Nachrichtentechnik und Informationsverarbeitung der Universität Hannover haben zur Entwicklung des wissensbasierten Konfigurations- und Adaptionssystems FuzzySOLUTION geführt. In keinem anderen bisher veröffentlichten System ist die Lösungsstrategie so stark an die des menschlichen Experten angelehnt worden. Die vorliegende Arbeit stellt FuzzySOLUTION vor und zeigt, daß dieser Ansatz hervorragend für die Lösung der beschriebenen Probleme geeignet ist.

Erreicht wird dies durch eine Kombination verschiedener Adaptionsstrategien. FuzzySOLUTION berücksichtigt dabei sowohl a priori Wissen über die Auswirkungen von Parameteränderungen, als auch Wissen, das dynamisch durch laufende Beobachtung der tatsächlichen, aufgabenspezifischen Zusammenhänge zwischen den Änderungen der Parameter und den Eigenschaften des Ergebnisbildes gewonnen wird. Je länger die Suche nach geeigneten Parameterwerten (Adaption) dauert, desto stärker geht sie in eine "randomized" Suche (Simulated Annealing) über, die vorteilhafter ist, wenn die Auswirkungen der Parameteränderungen einen starken zufälligen Charakter aufweisen. Auch das Neuaufsetzen der Suche in einem anderen Suchgebiet und das Verbessern des Ergebnisses durch ein abschließendes Hill-Climbing-Verfahren gehören zu den Strategien von FuzzySOLUTION.

Mit Hilfe von Fuzzy Sets und Sicherheitsfaktoren kann das System dabei genau wie der menschliche Experte unsicheres und unscharfes Wissen sowie linguistische Beschreibungen von Daten verarbeiten.

Stichworte: Bildverarbeitung, Wissensbasierte Systeme, Fuzzy Sets, Parameteradaption, Konfiguration

Abstract

In the last decades intensive research has been performed in the area of image processing. That resulted in many new algorithms and image processing systems. In spite of the effort made it was not possible to develop a system, which is suitable for a broad range of tasks and constraints without the need of its adaptation. It is often necessary to develop a specific solution or at least adapt an existing system, even in the case of relativly small changes e.g. another lighting system. For this, extensive knowledge will be needed, which in most cases the user of the image processing system does not posses. Therefore expensive external experts will be needed for such tasks.

Although no fully automatic (and always) satisfying solution has been known until now, the human expert is able to solve the problem of the configuration and adaptation of image processing tasks. The recognition of this fact and the longterm experiences with the configuration and adaptation of image processing systems at the "Institute of Communication Theory and Signal Processing" at the University of Hanover led to the development of the knowledge based configuration and adaptation system FuzzySOLUTION. So far there is no other known system in the literature, which uses a solution strategy, that is stronger adapted to the one of a human expert. The following thesis describes FuzzySOLUTION and shows, that this approach is a well-suited solution of the described problems.

This will be achieved by using a combination of different adaptation strategies. FuzzySOLUTION uses a priori knowledge about the effects of parameter changes as well as knowledge yielded by observing real and task specific correlation between the changes of the parameters and the features of the output image. The longer the search for suitable parameter values (adaptation) continues, the more it becomes a randomized search (simulated annealing), which is a better strategy, if the results of the parameter changes have a strong coincidental character. Restarting the search in new parameter areas and the refinement of the results by a hill climbing algorithm at the end of the adaptation are additional strategies of FuzzySOLUTION.

The system is able to work like a human being with uncertain and fuzzy knowledge and with linguistical data sets.

Keywords: image processing, knowledgebased systems, fuzzy sets, parameter adaptation, configuration

Inhaltsverzeichnis

Abbildungsverzeichnis

Tabellenverzeichnis

Formelzeichen

$*$	Relation, Verknüpfung zweier Fuzzy Sets, $* \neq \circ$
$\circ$	Relation, Verknüpfung zweier Fuzzy Sets, $\circ \neq *$
$(-)$	Intervallsubtraktion
$(x_1\ \mu_1)\ \ldots\ (x_N\ \mu_N)$	Beschreibung eines Fuzzy Sets mit Hilfe von Singletons
$\{a_1, a_2, ..., a_n\}$	Menge mit den Elementen a_1 bis a_n
$[0, 1]$	geschlossenes Intervall von 0.0 bis 1.0
$\vee$	Logisches Oder
$\rightarrow$	Funktionale Abbildung
$\int$	zwei Bedeutungen: • in der Form $\int\limits_{x \in \mathbb{U}} \mu_A(x)/x$ ist es ein Symbol für die Vereinigung einer unendlichen Menge von Singletons • in der Form $\int\limits_{x \in \mathbb{U}} \mu_A(x) x dx$ ist es ein Symbol für die Integration einer Funktion
$\sum$	Summe von
$\in$	Element von
$\notin$	nicht Element von
$\subseteq$	Teilmenge von
$\cap$	Mengenschnitt
$\cup$	Mengenvereinigung
α	obere Grenze des Zugehörigkeitsgrades der Elemente eines α-Schnitts

$\delta_{g,max}$	Parameter Maximalabstand des Sensors Geradenzerstückelung; gibt den maximal zulässigen Abstand zweier aufeinanderfolgender Teilgeraden an; wird dieser Abstand überschritten, so gehören die beiden Teilgeraden zu zwei verschiedenen Geraden
$\delta_{g,max,min}$	numerischer Wert des Parameters $\delta_{g,max}$ für den Fall, daß $U_{min}(S_g)$ berechnet wird
$\delta_{g,max,max}$	numerischer Wert des Parameters $\delta_{g,max}$ für den Fall, daß $U_{max}(S_g)$ berechnet wird
$\delta_{g,max,num}$	numerischer Wert des Parameters $\delta_{g,max}$ für die Berechnung des Wertes des Sensors Geradenzerstückelung
ΔE	Energiedifferenz
$\mu_A = \mu_A(x)$	Zugehörigkeitsfunktion des Fuzzy Sets $\mathbb{A}$
$\mu_A(x)/x$	numerischer Wert/Zugehörigkeitsgrad- Paar (Singleton)
$(\mu_A(x)x)$	numerischer Wert/Zugehörigkeitsgrad- Paar (Singleton)
$\mu_B = \mu_B(x)$	Zugehörigkeitsfunktion des Fuzzy Sets $\mathbb{B}$
$\mu_C = \mu_C(x)$	Zugehörigkeitsfunktion des Fuzzy Sets $\mathbb{C}$
μ_{D_i}	Zugehörigkeitsfunktion von $\mathbb{D}_i(V_j)$
$\mu_i = \mu(x_i)$	Zugehörigkeitsgrad des Elementes x_i
$\mu_K(v)$	Zugehörigkeitsfunktion der Konsequenz $\mathbb{K}$
$\mu_{K'}(v)$	Zugehörigkeitsfunktion der Konsequenz $\mathbb{K}'$
$\mu_P(u)$	Zugehörigkeitsfunktion der Prämisse $\mathbb{P}$
$\mu_{P'}(u)$	Zugehörigkeitsfunktion der Prämisse $\mathbb{P}'$
$\mu_R(u,v)$	Zugehörigkeitsfunktion der Relation $\mathbb{R}$
Π	Standardfunktionen mit quadratischem, Π-förmigem Verlauf, die häufig als Zugehörigkeitsfunktionen für Fuzzy Sets verwendet werden (siehe [Orc98], Seite 35 und 36)
$\chi_A(x)$	charakteristische Funktion, die die Zugehörigkeit von x zur klassischen Menge (Crisp Set) $\mathbb{A}$ beschreibt

a_i	reelle Zahl ($i \in \mathbb{N}$)
$\mathbb{A}$	klassische Menge (Crisp Set) oder unscharfe Menge (Fuzzy Set)
$^{\alpha}\mathbb{A}$	α-Schnitt des Fuzzy Sets $\mathbb{A}$
A_i	Fläche unter der Zugehörigkeitsfunktion μ_{D_i}
b_i	reelle Zahl ($i \in \mathbb{N}$)
$\mathbb{B}$	klassische Menge (Crisp Set) oder unscharfe Menge (Fuzzy Set)
$^{\alpha}\mathbb{B}$	α-Schnitt des Fuzzy Sets $\mathbb{B}$
c_i	reelle Zahl ($i \in \mathbb{N}$)
$\mathbb{C}(0.0)$	Crisp Wert (scharfer Wert) an der Stelle 0.0
$\mathbb{C}(4.0)$	Crisp Wert (scharfer Wert) an der Stelle 4.0
$^{\alpha}\mathbb{C}$	α-Schnitt des Fuzzy Sets $\mathbb{C}$
C_F	Sicherheitsfaktor (Certainty Factor)
$C_F(L(S_i))$	Sicherheitsfaktor des lokalen Ziels $L(S_i)$ des Sensors S_i
$C_F(W_{num}(S_g))$	Sicherheitsfaktor des Meßwertes $W_{num}(S_g)$ des Sensors der Geradenzerstückelung S_g
$C_F(W_{num}(S_i))$	Sicherheitsfaktor des Meßwertes $W_{num}(S_i)$ des Sensors S_i
$C_{F,K,g}$	Sicherheitsfaktor von $\mathbb{K}'_g$
$C_{F,K,i}$	Sicherheitsfaktor von $\mathbb{K}'_i$
$C_{F,K,i,j}$	Sicherheitsfaktor von $\mathbb{K}'_{i,j}$
$C_{F,P,i}$	Sicherheitsfaktor von $\mathbb{P}'_i$
$C_{F,R,i}$	Sicherheitsfaktor der i-ten Regel
$clip_{ende}(\mathbb{A}, x_{start})$	Clipping Funktion; setzt den Zugehörigkeitsgrad des Fuzzy Sets $\mathbb{A}$ für alle Elemente zwischen x_{start} und dem Ende des Basisdefinitionsbereich auf 0.0

$clip_{start}(\mathbb{A}, x_{ende})$	Clipping Funktion; setzt den Zugehörigkeitsgrad des Fuzzy Sets $\mathbb{A}$ für alle Elemente zwischen dem Start des Basisdefinitionsbereich und x_{ende} auf 0.0
d_i	reelle Zahl ($i \in \mathbb{N}$)
$\mathbb{D}$	klassische Menge (Crisp Set) oder unscharfe Menge (Fuzzy Set)
$\mathbb{D}_f(V_j)$	falsche Änderung des Parameters V_j als Fuzzy Set
$\mathbb{D}_g(V_j)$	von allen Regeln gemeinsam geforderte Änderung des Parameters V_j als Fuzzy Set (Vereinigung der Fuzzy Sets $\mathbb{D}_i(V_j)$)
$D_g(V_j)$	von allen Regeln gemeinsam geforderte Änderung des Parameters V_j als numerischer Wert
$\mathbb{D}_{g,k}(V_j)$	Vereinigung aller korrekten Parameteränderungen als Fuzzy Set
$\mathbb{D}_i(V_j)$	von der i-ten Regel geforderte Änderung des Parameters V_j als Fuzzy Set
$D_i(V_j)$	von der i-ten Regel geforderte Änderung des Parameters V_j als numerischer Wert
e	Eulerzahl
E	Energie des Simulated Annealing Prozesses
E_i	Energie des Simulated Annealing Prozesses im i-ten Adaptionsschritt
$\mathbb{G}$	globales Teilziel als Fuzzy Set
$\mathbb{G}(S_i)$	globales Teilziel des Sensors S_i als Fuzzy Set
$G(S_i)$	globales Teilziel des Sensors S_i
i	Integervariable
$\mathbb{K}$	Konsequenz (Aktion) einer Regel als Fuzzy Set
$\mathbb{K}'$	Konsequenz, die sich für $\mathbb{P}'$ mit der Relation $\mathbb{R}$ ergibt
$\mathbb{K}'_g$	Gesamtkonsequenz, die sich aus der Überlagerung aller Einzelkonsequenzen $\mathbb{K}'_i$ ergibt

$\mathbb{K}'_i$	Einzelkonsequenz der i-ten Regel
$\mathbb{K}'_{i,j}$	Einzelkonsequenz der j-ten Bedingung der i-ten Regel
$l_{g,max}$	Parameter Maximalgeradenlänge des Sensors Geradenzerstückelung; für die Berechnung des Sensors werden nur Geraden berücksichtigt, deren Länge kleiner oder gleich dem Wert ($l_{g,max,num}$) dieses Parameters sind
$l_{g,max,num}$	numerischer Wert des Parameters $l_{g,max}$ für die Berechnung des Wertes des Sensors Geradenzerstückelung
$l_{g,min}$	Parameter Mindestgeradenlänge des Sensors Geradenzerstückelung; für die Berechnung des Sensors werden nur Geraden berücksichtigt, deren Länge größer oder gleich dem Wert ($l_{g,min,num}$) dieses Parameters sind
$l_{g,min,max}$	numerischer Wert des Parameters $l_{g,min}$ für den Fall, daß $U_{max}(S_g)$ berechnet wird
$l_{g,min,min}$	numerischer Wert des Parameters $l_{g,min}$ für den Fall, daß $U_{min}(S_g)$ berechnet wird
$l_{g,min,num}$	numerischer Wert des Parameters $l_{g,min}$ für die Berechnung des Wertes des Sensors Geradenzerstückelung
$\mathbb{L}$	lokales Ziel als Fuzzy Set
$\mathbb{L}(S_i)$	lokales Ziel für den Sensor S_i als Fuzzy Set
$L_{ling}(S_i)$	linguistischer Wert des lokalen Ziels des Sensors S_i
$L_{num}(S_i)$	numerischer (defuzzifizierter) Wert des lokalen Ziels des Sensors S_i
$\max(S_i)$	sensorspezifische Obergrenze des nicht normierten Wertebereiches des Sensors S_i
$\max\limits_{u \in \mathbb{U}}(\mu(u))$	Funktion, die den größten Wert der Funktion $\mu(u)$ liefert
$\max(x_1, ..., x_N)$	Funktion, die den größten der Werte x_1 bis x_N liefert
$\min(x_1, ..., x_N)$	Funktion, die den kleinsten der Werte x_1 bis x_N liefert
$\min(\mu_1(u), \mu_2(u))$	Funktion, die eine Funktion liefert, die für alle u_i den kleinsten der beiden Werte $\mu_1(u_i)$ und $\mu_2(u_i)$ liefert

N	Integerwert (z.B. Anzahl Sensoren)
$\mathbb{N}$	Menge der natürlichen Zahlen
$(Nicht\|1.0)$	linguistischer Wert | Zugehörigkeitsgrad- Paar
$\mathbb{P}$	Prämisse (Bedingung) einer Regel als Fuzzy Set
$\mathbb{P}'$	Wert (Fakt), der mit der Prämisse $\mathbb{P}$ verglichen wird
P	Priorität
$P(G(S_i))$	Priorität des globalen Teilziels $G(S_i)$ des Sensors S_i
$P(L(S_i)) = P_i$	Priorität des lokalen Ziels $L(S_i)$ für den Sensor S_i
p_{trial}	Wahrscheinlichkeit für die Akzeptanz von Parameteränderungen, die zu Energieerhöhungen führen
Q	Qualitätsmaß
$Q_{1.0}$	theoretischer Maximalwert der Qualität (1.0)
$Q_{100\%}$	maximale Qualität; ermittelt in Voruntersuchungen durch fast vollständige Suche (Rastersuche)
$Q_{95\%}$	95% der maximalen Qualität $Q_{100\%}$
$Q_{90\%}$	90% der maximalen Qualität $Q_{100\%}$
Q_{max}	durch Adaption tatsächlich erzielte maximale Qualität
$\mathbb{R}$	Menge der reellen Zahlen
$\mathbb{R}_{P,K}$	Relation zwischen $\mathbb{P}$ und $\mathbb{K}$ als Fuzzy Set
S	Standardfunktionen mit quadratischem, S-förmigem Verlauf, die häufig als Zugehörigkeitsfunktionen für Fuzzy Sets verwendet werden (siehe [Orc98], Seite 35 und 36)
S_g	Sensor Geradenzerstückelung
S_i	i-ter Sensor
S_l	l-ter Sensor
$\mathbb{S}_m$	Wert des m-ten Sensors als Fuzzy Set
T	Temperatur des Simulated Annealing Prozesses

T_i	Temperatur des Simulated Annealing Prozesses im i-ten Adaptionsschritt
$\mathbb{U}$	Grundmenge (Basisdefinitionsbereich, engl: Universe of Discourse, Universal Set) über der die Zugehörigkeitsfunktionen ($\mu(x)$) bzw. die charakteristischen Funktionen ($\chi(x)$) definiert sind
$\mathbb{U}_K$	Grundmenge der Konsequenz $\mathbb{K}$
$\mathbb{U}_P$	Grundmenge der Prämisse $\mathbb{P}$
$U_{max}(S_g)$	Untere Grenze des Fuzzy Sets für den ungenauen Meßwert des Sensors Geradenzerstückelung
$U_{min}(S_g)$	Obere Grenze des Fuzzy Sets für den ungenauen Meßwert des Sensors Geradenzerstückelung
$\vec{V}_0$	initialer Parametersatz (wird in der Regel von der Konfiguration festgelegt)
$\vec{V}_{0,j}$	Parametersatz des j-ten Startpunktes der Adaption
$\vec{V}_i$	Parametersatz, der durch den i-ten Adaptionsschritt bestimmt wird
V_j	j-ter Parameter eines Bildverarbeitungspfades
$\mathbb{V}_k$	Parameterwert als Fuzzy Set
$\vec{V}_{Leer}$	Parametersatz, der ein leeres Bild (ohne Konturpunkte) erzeugt
$\vec{V}_{Voll}$	Parametersatz, der ein volles Bild (sehr viele Konturpunkte) erzeugt
$\mathbb{W}$	Meßwert eines Sensors als Fuzzy Set
$\mathbb{W}(S_i)$	Meßwert des Sensors S_i als Fuzzy Set
$W_{hoch}(S_i)$	hochsprachlicher Wert des Sensors S_i; mit W_{hoch} werden die in Conny und SOLUTION verwendeten hochsprachlichen Werte bezeichnet; dagegen wird der Ausdruck W_{ling} für die in FuzzySOLUTION verwendeten hochsprachlichen (linguistischen) Werte verwendet
$W_{ling}(S_i)$	linguistischer Wert des Sensors S_i

$W_{num}(S_i)$	auf den Bereich von 0.0 bis 4.0 normierter, numerischer Wert des Sensors S_i
$W_{num}(S_g)$	$W_{num}(S_i)$ mit $S_i = S_g$, d.h. der normierte, numerische Wert des Sensors Geradenzerstückelung
x	reelle Variable
$x_{COG}(\mathbb{A})$	mit dem COG-Verfahren defuzzifizierter Wert des Fuzzy Sets $\mathbb{A}$
$x_{COM}(\mathbb{A})$	mit dem COM-Verfahren defuzzifizierter Wert des Fuzzy Sets $\mathbb{A}$
$x_{MOM}(\mathbb{A})$	mit dem MOM-Verfahren defuzzifizierter Wert des Fuzzy Sets $\mathbb{A}$
$X_{MOM}(\mathbb{D}_i(V_j))$	mit dem MOM-Verfahren defuzzifizierter Wert der Parameteränderung des j-ten Parameters und der i-ten Regel
$X_{WMM}(\mathbb{A})$	mit dem WMM-Verfahren defuzzifizierter Wert des Fuzzy Sets $\mathbb{A}$
z	reelle Zahl
Z	Standardfunktionen mit quadratischem, Z-förmigem Verlauf, die häufig als Zugehörigkeitsfunktionen für Fuzzy Sets verwendet werden (siehe [Orc98], Seite 35 und 36)

1 Einleitung

1.1 Problemstellung

In den letzten Jahrzehnten wurde weltweit sehr intensiv auf dem Gebiet der Bildverarbeitung geforscht. Zahlreiche neue Algorithmen und Bildverarbeitungssysteme sind dadurch entstanden. Trotz des großen Aufwandes ist es aber bisher nicht gelungen ein Verfahren zu entwickeln, das ohne Anpassungen für einen großen Bereich an Aufgabenstellungen und Randbedingungen geeignet ist. In [CEPR99], Seite 128 wird hierzu geschrieben: *Indeed, image processing is a domain where there exist no general-purpose methods that can be described by algorithms applicable to a wide variety of tasks and contexts [PTK85]. Processing an image is a complex process, from which a human expertise is gradually emerging.*

Dies bedeutet, daß nicht nur für jede neue Aufgabenstellung sondern oft auch für relativ geringfügige Änderungen der Aufgabenstellung oder der Randbedingungen (z.B. andere Beleuchtung) eine spezifische Lösung entwickelt oder zu mindestens ein bestehendes Bildverarbeitungssystem angepaßt werden muß. Hierfür ist ein sehr umfangreiches Expertenwissen notwendig, über das der Anwender des Bildverarbeitungssystems in der Regel nicht verfügt. Es werden daher teure, externe Experten für derartige Aufgaben benötigt. So betragen z.B. die Entwicklungskosten für automatische Inspektionssysteme laut [NJ95] 100 000 US-Dollar und mehr. In der Regel können dabei außerdem die Kosten nur auf relativ wenige verkaufte Systeme umgelegt werden, da die Anforderungen an die Bildverarbeitung oft zu unterschiedlich sind und so für die notwendigen Anpassungen erneut Entwicklungskosten entstehen.

Um diese Kosten zu senken, werden immer wieder Systeme vorgestellt, die die unterschiedlichsten Ansätze verfolgen, um den Entwickler beim Entwurf oder der Anpassung von Bildverarbeitungssystemen zu unterstützen (s. Abschnitt 1.2). Die große Anzahl dieser Systeme, die verschiedenen Ansätze und die anhaltende Forschung auf diesem Gebiet zeigen, daß die Lösung dieses Problems nicht trivial ist. Das liegt zum einen daran, daß das exakte Verhalten eines Bildverarbeitungsoperators[1] im allgemeinen nicht vorhergesagt werden kann ([CT93], Seite 170: *...predicting exactly the behaviour of an image processing operator on an image is not possible.*). Zum anderen können Zwischenergebnisse einer Kette von Operatoren oft nur sehr schwer und nur unter Berücksichtigung der folgenden Verarbeitungsschritte beurteilt werden, so daß die Lösung dieses komplexen Problems nicht durch eine Zerlegung in kleinere Teilprobleme vereinfacht werden kann. In [CEPR99] wird hierzu auf Seite 129 geschrieben: *The automatic composition of chains of operators can be considered as being a complex problem in the context of systemics, because "the whole (the chain) is more than the sum of its parts (the operators)" [Sim69], in the sense that, given the properties of operators and the laws of their interaction, it is not a trival matter to infer the properties of the whole chain.*

Trotz dieser Schwierigkeiten und obwohl bisher keine vollautomatische Lösung bekannt ist, die immer zufriedenstellend arbeitet, ist ein menschlicher Experte in der Lage das Problem der Konfiguration[2] und Adaption[3] von Bildverarbeitungsaufgaben zu lösen. Diese Erkenntnisse und die langjährigen Erfahrungen mit der Konfiguration und Adaption von Bildverarbeitungssystemen am Institut für Theoretische Nachrichtentechnik und Informationsverarbeitung haben zur Entwicklung des wissensbasierten Konfigurations- und Adaptionssystems FuzzySOLUTION geführt, bei dem die Lösungsstrategie sehr stark an der eines menschlichen Experten angelehnt ist. In der vorliegenden Arbeit wird FuzzySOLUTION vorgestellt und gezeigt, daß dieser Ansatz hervorragend für die Lösung der beschriebenen Probleme geeignet ist.

In [DHR96] werden als ein Grund für das Scheitern von Bildverarbeitungssystemen (Sichtprüfsystemen) die Schwächen in der Low-Level-Bildverarbeitung verantwortlich gemacht. FuzzySOLUTION beschränkt sich daher auf die Konfiguration und Adaption derartiger Low-Level-Verfahren (genauer: konturorientierte Segmentierungsverfahren). Der Schwerpunkt dieser Arbeit ist die Beschreibung der Parameteradaption, die laut Matsuyama[4] ein Hauptproblem beim Entwurf von Bildverarbeitungsprogrammen darstellt.

[1] *Operator, Bildverarbeitungsoperator*: Im Rahmen dieser Arbeit wird unter Operator eine Bildverarbeitungsroutine verstanden, die aus einem oder mehreren Eingangsbildern ein oder mehrere Ausgangsbilder erzeugt. Typische Operatoren sind z.B. Medianfilter, Sobel-Operator usw.

[2] *Konfiguration*: Unter Konfiguration wird hier die Auswahl geeigneter Operatoren, die Kombination der einzelnen Operatoren zu einem Operatorpfad, die Festlegung der Wertebereiche und eines Defaultwertes für die freien Parameter der Operatoren verstanden.

[3] *Adaption*: Unter Adaption wird hier die Anpassung der Werte der freien Parameter der Operatoren an die gegebene Aufgabenstellung verstanden. Ziel der Adaption ist die Optimierung des Verarbeitungsergebnisses des gesamten Pfades hinsichtlich der Erfüllung der Aufgabenstellung.

[4] [Mat89]: *Thus how to evaluate the analysis result and how to adjust parameters is an important problem in designing image analysis processes with feedback loops.*

1.2 Abgrenzung der Arbeit

In den vergangenen 20 Jahren sind eine ganze Reihe verschiedener Ansätze und Systeme zur Unterstützung des Entwurfsprozesses von Bildverarbeitungssystemen und ihrer Anpassung an neue Aufgabenstellungen entwickelt worden. Eine Übersicht ist z.B. in [CL97] zu finden.

Graphische Unterstützung beim Entwurf von Bildverarbeitungssystemen

Im einfachsten Fall handelt es sich um graphische Benutzerschnittstellen, mit deren Hilfe in Bibliotheken abgelegte Operatoren miteinanderverknüpft und ihre Parameter angepaßt werden können [HM90], [Ton90], [RWAS90], [Pel91], [Egg91], [WK92], [Cla92], [JG93], [GB93][5], [YAK95] und [ES96]. Eine Besonderheit stellt das in [SES97] beschriebene System da. Es unterstützt den Anwender bei der Parametereinstellung, in dem es quasi in Echtzeit die Auswirkungen seiner Parameteränderungen, die er z.B. über Schieberegler durchführen kann, visualisiert. Der Anwender soll dadurch ein besseres Gefühl für die Auswirkungen seiner Aktionen bekommen.

All diese Systeme ermöglichen es einem Bildverarbeitungsexperten zwar relativ schnell (Rapid Prototyping) erste Lösungen für ein Bildverarbeitungsproblem zu finden, überfordern in der Regel aber den weniger versierten Anwender völlig. Der Grund hierfür liegt an dem hohen Maß an notwendigem Spezialwissen über die einzelnen Operatoren, ihre Anwendung und Verknüpfung mit anderen Operatoren. Um dieses Problem zu lösen sind zahlreiche Wissensbasierte Systeme[6] entwickelt worden, die das für eine Konfiguration[7] und/oder Parameteradaption

[5]Das hier beschriebene System führt eine Konfiguration aufgrund eines interaktiven Dialogs durch. Wird das Ergebnis der Bildverarbeitung durch den Anwender negativ beurteilt, erfolgt eine Rekonfiguration. Das System setzt gewisse Grundkenntnisse der Bildverarbeitung voraus und ist daher nicht für einen Laien auf dem Gebiet der Bildverarbeitung geeignet.

[6]*Wissensbasierte Systeme*: Systeme, bei denen das Anwendungswissen (Domänenwissen) in Form von Wissensbasen getrennt von der Kontrollstrategie vorliegt. Eine aktuelle Übersicht über Wissensbasierte Systeme und zukünftige Entwicklungen ist in [Pup99] zu finden.

[7]*Konfigurationssystem*: Laut [GK99] besitzt ein Konfigurationssystem vier wichtige Komponenten:

1. Eine Menge von Objekten aus der Anwendungsdomäne mit Parametern.
2. Eine Menge von Beziehungen zwischen den Objekten.
3. Ein Aufgabenspezifikation, die beschreibt, was die erzeugte Konfiguration leisten soll.
4. Kontrollwissen über den Konfigurationsprozeß.

Einen Überblick über Konfigurationssysteme für die unterschiedlichsten Aufgabenstellungen geben z.B. [GK99] und [Stu97].

notwendige Bildverarbeitungswissen auch für Nichtexperten verfügbar machen sollen.

Reine Konfigurationssysteme

Ein großer Teil dieser Systeme leistet ausschließlich eine Unterstützung bei der Konfiguration, daß heißt bei der Auswahl geeigneter Operatoren oder ganzer Ketten von Operatoren (Operatorpfade[8], Operatorketten[9]), ihrer sinnvollen Kombination (Verknüpfung zu Operatorpfaden) und eventuell der Angabe von sinnvollen Parametereinstellungen (Defaultwerte und/oder sinnvolle Bereiche der Parameter). Diese Systeme führen meistens eine automatische Konfiguration auf rein symbolischer Ebene durch, d.h. es findet keine Bildverarbeitung und dadurch bedingt auch keine Adaption der Parameter statt. Beispiele hierfür sind in [ST85][10], [Oht85], [Sys86], [Neu86], [HR87], [TS88], [SKT88], [Bai88], [Boe88], [HR88], [IM88], [Vog89], [Sch89], [GK91], [CDG+91], [Gon92], [Hwa92], [Chi94], [CD94], [RH94b], [HSHR94], [GK95], [LFG+95][11], [CM96a], [CM96b] und [DD96] zu finden. In [CGS91] wird das System PLAKON, ein Expertensystemkern für Planungs- und Konfigurationsaufgaben in technischen Domänen, sowie verschiedene mit PLAKON realisierte Anwendungen vorgestellt. Eine der Anwendungen stammt aus dem Gebiet der Bildverarbeitung [SP91], [SP88]. Die Adaption der Parameter erfolgt hierbei von Hand.

In [ZK98], [ZM92] und [Zio93] wird ein System beschrieben, das die Auswahl der Parameter von Kantendetektoren mit berücksichtigt. Es ist kein Konfigurationssystem im eigentlichen Sinn, da hier keine Operatorpfade aus einzelnen Operatoren zusammengesetzt (konfiguriert) werden, sondern ein kompletter Pfad[12] inklusive der Parameter ausgewählt wird. Der Autor spricht daher auch von Selektion.

[8] *Operatorpfad*: Ein Operatorpfad besteht aus einer Verknüpfung einzelner Operatoren. Er erzeugt aus einem oder mehreren Eingabebildern ein oder mehrere Ausgabebilder oder andere Informationen. Im Rahmen dieser Arbeit werden nur Pfade betrachtet, die als Eingangsbild ein Grauwertbild erwarten und als Ausgangsbild ein binäres Konturbild liefern.

[9] *Operatorkette*: Siehe Operatorpfad.

[10] Das hier beschriebene System ist kein vollständiges Konfigurationssystem. Es bietet lediglich eine Unterstützung für die Erfüllung von Daten- und Parameter- Constraints bei der Verknüpfung einzelner Operatoren.

[11] Beschreibt das System COLLAGE, das eine Kombination aus graphischem Programmiersystem (Khoros, wird z.B. in [JG93] beschrieben) und automatischem Konfigurationssystem darstellt.

[12] *Pfad*: Kurzform für Operatorpfad.

Der Anwender des Systems gibt außer dem zu verarbeitenden Eingangsbild noch eine oder mehrere Grauwertkanten[13] vor (Handmarkierung), die detektiert werden sollen und drei Gewichtungsfaktoren für die Bestimmung eines Qualitätsmaßes. Die Auswahl eines Pfades inkl. der Parameter erfolgt iterativ. Zu Beginn einer Schleife werden die vorgegebenen Kanten analysiert, z.B. der Signalrauschabstand, die Höhe und die Art der Kanten bestimmt. Aufgrund der dadurch ermittelten Eigenschaften der Kanten werden regelbasiert ein Pfad und die zugehörigen Parametereinstellungen ausgewählt. Dieser Pfad wird ausgeführt und das Ergebnis bewertet. Die Bewertung erfolgt durch einen Vergleich des Ergebnisses mit den Referenzkanten. Es wird ein Qualitätsmaß als gewichtete Summe (Gewichtsfaktoren vom Anwender vorgegeben) der drei Einzelbewertungen Genauigkeit, Störungsunterdrückung und Ausführungszeit berechnet. Ist die Qualität zu schlecht, werden neue Referenzkanten bestimmt, in dem von den zuletzt verwendeten Referenzkanten diejenigen entfernt werden, die bereits einwandfrei gefunden wurden. Am Ende wird der Pfad mit der besten Qualität ausgewählt.

Ein Schwachpunkt des Verfahrens ist die notwendige Handmarkierung der Kanten. Dies ist sehr aufwendig und fehleranfällig. Außerdem findet bei diesem System keine echte Parameteradaption statt. Es wird lediglich versucht in einem iterativen Prozeß die kritischen Kanten (bzw. ihre Eigenschaften) genau zu bestimmen und mit diesem Wissen die Auswahl eines geeigneten Pfades (inkl. seiner Parameter) zu verbessern.

Leider wird in [ZK98] nicht erläutert, wie das System reagiert, wenn zwar alle markierten Kanten gefunden wurden, dafür aber auch zu viele unerwünschte Konturpunkte im Ergebnisbild enthalten sind. Eine Verbesserung kann in diesem Fall mit dem beschriebenen System nicht erreicht werden.

Dennoch stellt [ZK98] einen interessanten Ansatz da, der auch in Systemen, die eine Konfiguration und eine Adaption der Parameter durchführen, dafür verwendet werden kann, die Konfiguration durch zusätzliche Benutzerangaben (Markierung nicht detektierter, wichtiger Kanten) zu verbessern, wenn das System im ersten Schritt keine befriedigenden Ergebnisse geliefert hat.

Analytische Bestimmung der Bildverarbeitungsparameter

Inzwischen gibt es auch eine ganze Reihe von Arbeiten, die sich mit der Lösung des Problems der (Leistungs-) Bewertung von Bildverarbeitungsalgorithmen beschäftigen, z.B. [LLS91], [RH92], [SVdH92], [RH93], [För94], [Har94a], [Har94b],

[13] *Grauwertkante*: Wird in der Literatur auch als Kante oder Grauwertübergang bezeichnet. Gemeint ist damit der Übergang zwischen zwei Bildregionen mit unterschiedlichen Grauwerten. Siehe auch [Wah84] und [Hab95].

[Har95], [SBG96], [CM96c], [CF97], [WD97] und [CTC97]. In [För96] werden jeweils zehn Gründe für und gegen eine solche Bewertung angeführt und diskutiert. Die Ergebnisse der oben aufgeführten Arbeiten können dazu verwendet werden, um Wissenbasen mit Operatoreigenschaften für die Konfiguration von Bildverarbeitungspfaden aufzubauen. In [RH94a] und [Ram94] wird eine Methode vorgestellt, wie man mit Hilfe dieser Bewertungen, bzw. der eingesetzten Bewertungsmethoden, die Parameterwerte eines Bildverarbeitungsoperators analytisch festlegen kann. Zu diesem Zweck werden zunächst die idealen Eingangsdaten und danach die idealen Ausgangsdaten modelliert. Anschließend werden die Störungen der Ein- und Ausgangsdaten modelliert und schließlich eine Bewertungsfunktion für den Algorithmus aufgestellt. Diese Funktion wird dann analytisch im Parameterraum des Algorithmus optimiert. Obwohl diese (auch laut [RH94a]) sehr aufwendige Vorgehensweise in bestimmten Fällen zum Erfolg führt, stellt sie keine allgemeingültige Methode da. In [CTC97] wird z.B. erklärt, daß es im allgemeinen unmöglich ist die Eingangsdaten zu modellieren um so das Verhalten eines Bildverarbeitungsoperators exakt vorherzusagen: *The data from the world are, after all, an unknown quantity with such diversity and hidden (unobserved and unobservable) parameters that any predictions about their behaviour can never be guaranteed in advance for an algorithm with heuristic components.*

Konfigurationssysteme mit interaktiver Parameteradaption

Es gibt auch Systeme, bei denen zwar die Konfiguration automatisch erfolgt aber die Adaption der Parameter interaktiv mit dem Benutzer durchgeführt wird. Er muß hierbei in jeder Adaptionsschleife eine Bewertung der Ergebnisse vornehmen. Aufgrund dieser Bewertungen wird dann eine Parameteranpassung vorgenommen. In [TIY87], [Mat89], [MH90], [HPP90] und [Mat93] werden derartige Systeme beschrieben. Hauptnachteil dieser Systeme ist, daß die aufwendige Adaption nicht vollständig automatisiert ist.

Konfiguration und Adaption mit Referenzbild

Aber auch für die automatische Konfiguration und Adaption von Bildverarbeitungsaufgaben wurden bereits zahlreiche Systeme vorgestellt. Der größte Teil dieser Systeme adaptiert die Parameter im wesentlichen anhand eines einzigen numerischen Gütemaßes. Dieses Maß wird automatisch durch einen Soll/Ist-Vergleich der Bildverarbeitungsergebnisse berechnet. Der Sollwert muß dabei häufig in Form eines Referenzbildes vorgegeben werden, in dem z.B. die interessierenden Primitive wie Ecken, Ellipsen oder Geraden (siehe [EL86], [LE87] und [End87]) per Hand zu markieren sind (in [LN82] und [WR90] werden formale

Fehlermessungen vorgestellt, die automatisch segmentierte Bilder im Vergleich zu handsegmentierten bewerten). Der Nachteil derartiger Systeme besteht u.a. in dem großen Aufwand der Segmentierung von Hand, die mit einer hohen Genauigkeit auszuführen ist. Dieser Markierungsvorgang durch den Menschen ist sehr fehleranfällig. Beruht wie bei [End87] das Bewertungssystem auf der Übereinstimmung der Lage der Konturpunkte auf den markierten Primitiven, so führen Markierungsfehler zwangsläufig zu einer zu schlechten Bewertung. Weitere Systeme dieser Art werden z.B. in [HKT86], [HKT89], [Mes92a], [Mes92b], [REK$^+$92] und [Bod95] beschrieben.

In einigen Anwendungsfällen läßt sich die Handmarkierung vermeiden, indem ein anderer Operator (ein anderes Verfahren) ein Referenzbild liefert (siehe z.B. die Adaption der Binärisierungsschwelle in [CEPR99]). Aber auch hier tritt das Problem auf, daß unterschiedliche Verfahren die gleiche Kontur nicht unbedingt an der exakt gleichen Position finden.

Die Adaption anhand eines einzelnen Gütemaßes funktioniert meistens noch relativ gut, wenn damit nur ein einzelner Parameter adaptiert werden muß (siehe [CEPR99]). Besitzt ein Operatorpfad dagegen mehrere Parameter, so ist die Adaption damit relativ aufwendig, da anhand des einen Gütemaßes keinerlei Aussagen über die voraussichtlich notwendigen Parameteränderungen gemacht werden können. Es kann daher nur eine einfache und relativ aufwendige Maximumsuche durchgeführt werden, die bei kleinen Parameterräumen oft daraus besteht, alle möglichen Parameterwerte durchzuprobieren.

Außerdem ist es unmöglich bestimmte Eigenschaften des zu erzielenden Bildverarbeitungsergebnisses zu gewichten (z.B. ob fehlende Konturpunkte wichtiger oder weniger wichtig als zu breite Konturen sind). Eine Gewichtung ist aber notwendig um einen Kompromiß zu finden, wenn das ideale Bildverarbeitungsergebnis nicht erzeugt werden kann.

Konfiguration und/oder Adaption mit Hilfe Genetischer Algorithmen

Ein etwas anderer Ansatz eines Konfigurations- und Adaptionssystems, bei dem nur eine Bewertungszahl[14] verwendet wird, besteht in der Verwendung eines Genetischen Algorithmus (Einführung siehe [Hol75], [Gol89] und [Hol92]). Derartige Systeme werden z.B. in [BLM90][15], [BML91], [BL94] und [KW97][16] beschrie-

[14]Diese besteht allerdings manchmal auch aus einer gewichteten Summe mehrerer Bewertungen, wie z.B. in [BL94].

[15]Ältere Version siehe [BLM89].

[16]Hier wird ein Genetischer Algorithmus zur Merkmalsauswahl (Reduktion) bei texturorientierten Verfahren eingesetzt und mit anderen Verfahren verglichen.

ben. Hierbei kann eine reine Parameteradaption oder eine gleichzeitige Konfiguration des Pfades und Adaption der Parameter stattfinden.

Um einen Genetischen Algorithmus anwenden zu können, müssen die Operatorpfade mit ihren Parameterwerten als Bitstrings kodiert werden. Die Bitstrings entsprechen dabei den in der Natur vorhandenen Chromosomen und die einzelnen Bits den Genen der Chromosome. Ausgehend von einer Startpopulation mit verschiedenen Bildverarbeitungspfaden (Bitstrings), für die jeweils eine Bewertungszahl berechnet wird, werden aus den am besten bewerteten Bildverarbeitungspfaden[17] neue Pfade erzeugt. Die neuen Pfade unterscheiden sich von den alten durch eine Änderung ihrer Parameter, geänderte Filterkerne und/oder ihre Operatoren. Die Erzeugung erfolgt mit Hilfe von genetischen Operatoren, die z.B. aus zwei gut bewerteten Pfaden (den Eltern) einen neuen erstellen, in dem Teile von beiden Eltern miteinander kombiniert werden (wird als Cross Over bezeichnet). Ein anderer genetischer Operator (Mutation) erzeugt neue Pfade in dem Teile der Elternpfade (genauer: einzelne Bits der Bitstrings) zufällig geändert werden. Die schlechtesten Pfade einer Population werden gelöscht (sterben ohne sich weiter zu vererben).

In der Regel wird bei den Genetischen Algorithmen nur ein Bewertungskriterium (nur eine Fitneßfunktion) verwendet. Es gibt aber auch die Möglichkeit mehrere Bewertungskriterien gleichzeitig in Genetischen Algorithmen zu verwenden (Englisch: *Multiobjective Optimization*). Derartige Verfahren werden z.B. in [Sch85], [FF93] oder [FF95] (Übersicht) beschrieben. In [KR98] und [KTN97] wird ein Genetischer Algorithmus vorgestellt, der in einem Neuronalen Netz integriert ist und der mehrere Bewertungskriterien gleichzeitig benutzt, um ein Texturfilter zu entwickeln. Dabei findet allerdings keine Gewichtung der Kriterien statt.

Die Genetischen Algorithmen simulieren den Vererbungs- und Mutationsprozeß der Natur, mit der eine Spezies im Laufe von mehreren Populationen an die Umweltbedingungen angepaßt wird. Sie haben Vorteile gegenüber anderen Suchverfahren (z.B. gradientenbasierte) wenn der Suchraum über sehr viele, lokale Maxima verfügt, wie das z.B. bei der Suche nach dem Maximum einer Bewertungsfunktion im Parameterraum eines Bildverarbeitungspfades der Fall ist. Allerdings verwenden sie keinerlei Wissen über den Zusammenhang zwischen Parameter- und Bewertungsänderungen und besitzen daher ähnliche Nachteile wie die oben beschriebenen Systeme. Zusätzlich gibt es aufgrund der Abhängigkeiten zwischen den Teilpfaden Probleme, wenn gute Teilpfade zu neuen Pfaden kombiniert werden (der Cross-Over-Operator funktioniert aufgrund der Abhängigkeiten nicht besonders gut). Die häufig gewählte, klassische Vorgehensweise einer Kodierung der Pfade als Bitstrings ist außerdem sehr umständlich.

[17] *Bildverarbeitungspfad*: Andere Bezeichnung für Operatorpfad.

Konfiguration und/oder Adaption mit Hilfe Genetischer Programmierung

Den Nachteil des Kodierungsaufwandes vermeidet die Genetische Programmierung, indem die genetischen Operatoren direkt auf Teile eines Programmes angewendet werden. Zu diesem Zweck werden die Programme in Form von Bäumen (Expression-Trees) dargestellt, deren Knoten aus atomaren Funktionen und deren Blätter aus den zu verarbeitenden Daten gebildet werden. Zu Beginn wird genau wie beim Genetischen Algorithmus eine zufällige Startpopulation erstellt, deren einzelne Individuen hier Expression-Trees sind. Die Bäume, bzw. die dadurch repräsentierten Programme einer Population werden einzeln ausgeführt und bewertet. Die am besten bewerteten Bäume werden dann ausgewählt und mit Hilfe Genetischer Operatoren verändert. So erzeugt z.B. der Cross Over Operator aus zwei Eltern-Bäumen einen neuen, in dem Teilbäume ausgetauscht werden.

Der Prozeß der Erzeugung von Programmen mit Hilfe der Genetischen Programmierung wird häufig als Design[18]- und nicht als Konfigurationsprozeß bezeichnet (z.B. [KN97]: *Design of Image Exploring Agent using Genetic Programming*). Der Grund hierfür ist, daß die verwendeten Grundfunktionen im Gegensatz zu den komplexen Operatoren bei einer Konfiguration häufig sehr elementar (z.B. die vier Grundrechenarten) sind. Dadurch können in der Bildverarbeitung durch die Genetische Programmierung Programme entstehen, deren zugrundeliegenden Algorithmen bisher noch nicht bekannt waren.

Die Nachteile sind, daß bei dem Designprozeß Wissen über bestehende, gute Algorithmen nicht genutzt wird. Außerdem müssen die so entwickelten Algorithmen häufig noch hinterher von Hand analysiert (um z.B. sicherzugehen, daß keine zu stark spezialisierten Algorithmen gefunden wurden) und optimiert werden (Zitat aus [KN97]: *... it is not possible to do both: find the optimal genetic program and improve its performance. It is up to the human designer of image processing algorithms to understand the functionality of the optimal program and to improve the results.*). Diese Analyse kann unter Umständen sehr aufwendig werden, da ein Genetisches Programm nicht in der Lage ist seine Funktionalität in Menschlichen Begriffen auszudrücken (Zitat aus [KN97]: *In general, a genetic program is not conscious, so it is not able to express its functionality in human terms.*). Das Werkzeug der Genetischen Programmierung kann daher sinnvoll nur von Bildverarbeitungsexperten zur Entdeckung und Entwicklung neuer Algorithmen eingesetzt werden.

[18] *Design*: Laut [BC89] kann man drei verschiedene Designklassen unterscheiden: "design class 1: creative design", "design class 2: innovative design", "design class 3: routine design". Konfigurationsaufgaben gelten dabei als Routine Design Aufgaben. Die Erzeugung von Programmen mit Hilfe der Genetischen Programmierung gehört dagegen eher in die Klasse des innovativen Designs und wird in dieser Arbeit verkürzt als Design bezeichnet.

Beispiele für den Einsatz der Genetischen Programmierung zur Erzeugung von Bildverarbeitungsprogrammen sind neben [KN97][19] auch [Tac93] und [KTN98][20]. Eine allgemeine Beschreibung und Übersicht der Genetischen Programmierung ist in [Koz92] und [Koz94] zu finden.

Ein weiterer Nachteil vieler Ansätze der Genetischen Programmierung zur Lösung von Bildverarbeitungsproblemen besteht darin, daß sie nur eine Bewertungsfunktion (als Fitneßfunktion) verwenden (z.B. Vergleich der Übereinstimmung des Ergebnisbildes mit einem von Hand gelabelten Referenzbild in [KTN98]).

Konfiguration und Adaption mit mehreren Bewertungen

Abhilfe schaffen hier nur Systeme, die ein Bewertungssystem verwenden, das aus mehreren einzelnen Bewertungen besteht, die jeweils bestimmte Eigenschaften des Bildverarbeitungsergebnisses bewerten. Hierzu gehören die Systeme Conny[21] [BL89], [GBML90], [LBG90], [BL92], [LB92], [LSB93] und [LB94] und SOLUTION[22] [RO97], [LMR98], [RM98] und [RML98] sowie das in [Vu99] vorgestellte System.

Aufgrund des komplexeren Bewertungssystems kann hier zum einen eine Gewichtung unterschiedlicher Eigenschaften des Bildverarbeitungsergebnisses und zum anderen meistens eine gezieltere Änderung der Parameter vorgenommen werden. So existiert zum Beispiel ein Zusammenhang zwischen einem Bewertungsmaß, das in einem Konturbild die Breite der Konturen bewertet und dem Schwellwertparameter eines Binärisierungsoperators, der wie folgt ausgedrückt werden kann: Wenn die Schwelle erhöht wird, verringert sich die Breite. Durch die gezielten Änderungen kann die Adaption ganz wesentlich beschleunigt werden.

[19] Kurzfassung: [KN96].

[20] Vergleicht die Erzeugung eines Textur Filters mit Hilfe eines Genetischen Algorithmus mit der Erzeugung mit Hilfe der Genetischen Programmierung.

[21] *Conny*: System zur Konfiguration und Adaption von Bildverarbeitungspfaden zur Segmentierung von Grauwertbildern. Conny wurde von Arnold Blömer am Institut für Theoretische Nachrichtentechnik und Informationsverarbeitung der Universität Hannover entwickelt. Es ist eine Weiterentwicklung der Arbeiten von Manfred Ender (s.a. [End87]). Der Name Conny steht für "**Con**figuration S**y**stem".

[22] *SOLUTION*: System zur Konfiguration und Adaption von Bildverarbeitungspfaden zur Segmentierung von Grauwertbildern. SOLUTION wurde als Nachfolgesystem von Conny gemeinsam von Ursula Rost und vom Autor am Institut für Theoretische Nachrichtentechnik und Informationsverarbeitung der Universität Hannover entwickelt. SOLUTION steht für "**SO**lution for a **L**earning Config**U**ration Sys**T**em for **I**mage pr**O**cessi**N**g".

In der Bildverarbeitung wird die Low-Level-[23] von der High-Level-Bildverarbeitung[24] unterschieden (s. [LE89]). Eine Aufgabe der Low-Level-Bildverarbeitung ist z.B. die Erzeugung eines Konturbildes aus einem Grauwertbild und eine High-Level-Aufgabe die Erkennung der Bedeutung von Objekten anhand ihrer Konturen. Die Art und das Ziel der High-Level-Aufgabe bestimmen dabei die Anforderungen an das Ausgangsbild der Low-Level-Verarbeitung und damit auch die Sollwerte für das Bewertungssystem. Im System Borg [CEPR99] werden die Anforderungen an die Low-Level-Bildverarbeitung daher direkt aus den Anforderungen der High-Level-Bildverarbeitung abgeleitet und eine Bewertung der Low-Level-Bildverarbeitung erfolgt teilweise über eine Bewertung der Ergebnisse der High-Level-Verarbeitung (z.B. Vergleich der Anzahl erkannter Objekte mit der vom Benutzer vorgegebenen Anzahl Objekte). Die Bewertung wird dabei aber nur für eine Entscheidung über die Eignung eines konfigurierten und adaptierten Low-Level-Bildverarbeitungspfades getroffen. Ein ähnliches Bewertungsmaß wird auch in [End87] durch den Vergleich einer Liste von gefunden Primitiven[25] mit vom Anwender vorgegebenen Primitiven, zusätzlich zum oben beschriebenen Vergleich von Konturbildern, verwendet. In [PR90], [Pau90] und [PR92] wird ein etwas umfangreicheres Bewertungssystem verwendet, das aus Bewertungen von erzielten Ergebnissen eines Strukturvergleiches besteht. Hiermit wird allerdings nur der High-Level-Teil des eingesetzten Bildverarbeitungssystems adaptiert.

Hinsichtlich einer breiten Einsetzbarkeit eines Adaptions- und Konfigurationssystems für Low-Level-Aufgaben ist es wünschenswert, daß das Bewertungssystem möglichst unabhängig von den Aufgaben des High-Level-Teils ist. So bestimmen die Anforderungen der High-Level-Verarbeitung zwar die Sollwerte und die Gewichtung der Bewertungen, aber die Berechnung der Bewertungen sollte nicht auf den Ergebnissen der High-Level-Verarbeitung beruhen. Im übrigen ist es häufig sehr schwierig, wenn nicht sogar unmöglich, aus einer Bewertung der High-Level-Ergebnisse Rückschlüsse über die Qualität der Low-Level-Verarbeitung oder gar über die notwendigen Änderungen ihrer Parameter zu ziehen.

Diese Forderungen und Erkenntnisse standen im Vordergrund bei der Entwicklung der Bewertungssysteme von Conny und dessen Nachfolgern SOLUTION und FuzzySOLUTION. Für die Adaption konturorientierter Segmentierungssysteme verwenden sie ausschließlich Bewertungen der Eigenschaften der erzeug-

[23] *Low-Level-Bildverarbeitung*: Transformation eines Bildes in ein anderes Bild (ikonische Bildverarbeitung).

[24] *High-Level-Bildverarbeitung*: Transformation eines Bildes in eine symbolische Beschreibung und die Transformation einer symbolischen Beschreibung in eine andere (symbolische Bildverarbeitung).

[25] Z.B. Ecken und Ellipsen.

ten Konturbilder, die weitgehend unabhängig vom Kontext, d.h. von der High-Level-Verarbeitung und von dem Inhalt der Eingangsbilder sind. Eine völlige Unabhängigkeit bzgl. des Bildmaterials ließ sich dabei leider nicht erreichen. Während ältere Implementierungen von Conny daher implizit eine Einschränkung des Bildmaterials (z.B. gleiche Mindestlänge von Konturgeraden) vornahmen, verfügen die Systeme seit 1991 (s. [Mün90]) über Bewertungssysteme, die mit Hilfe von Parametern an den Bildkontext angepaßt werden können[26]. Dies unterscheidet das hier eingesetzte Bewertungssystem von den meisten anderen Bewertungssystemen.

Eine weitere besondere Eigenschaft dieses Bewertungssystems ist die Verwendung von hochsprachlichen[27], symbolischen Werten anstatt von numerischen Werten. Dies erleichtert es einem menschlichen Anwendungsexperten Sollwerte für die Bewertungen anzugeben, da ein Mensch meistens eher in Begriffen wie "Die Parallelität der Konturen soll schwach sein." als in Begriffen wie "Die Parallelität der Konturen soll den Wert 1.5 besitzen." denkt. In [ELMG+93] wird davon gesprochen, daß es notwendig ist, auch die natürlichsprachliche Information für *Computed Aided Vision Engineering* (CAVE, s. [REK+92]) zu formalisieren, wobei eine besondere Bedeutung der Wirkung der Parameteränderungen zukommt. Wie dies genau geschehen soll, wird allerdings offen gelassen und in der späteren Veröffentlichung [Vu99], die das Nachfolgesystem des in [ELMG+93] beschriebenen Systems beschreibt, werden anstatt hochsprachlicher Bewertungen verschiedene numerische Bewertungen verwendet.

Eine der wenigen Veröffentlichungen, die sich mit hochsprachlichen Bewertungen von Bildverarbeitungsergebnissen beschäftigen, ist [NL83]. Die beiden Autoren benutzten die hochsprachlichen Bewertungen später in [NL84] für ein Experten System, um eine regelbasierte Segmentierung in Abhängigkeit von den hochsprachlichen Bewertungen durchzuführen.

In dem in [CT93] beschriebenen Konfigurations- und Adaptionssystem gibt es zum einen Bewertungsregeln wie: *"If the number of the segmented regions is greater than 100, the segmentation is too fine."* und zum anderen Adaptionsregeln, die zu einer Parameteränderung führen, wie: *"If the segmentation is too fine, increase the value of the threshold th-sigma"*. Im Gegensatz zu den Systemen SOLUTION und FuzzySOLUTION werden die hochsprachlichen Begriffe hier nur in den Regeln und nicht zur Beschreibung des Adaptionsziels durch den Anwender verwendet.

[26] Erstmalig verwendet für die Adaption wurde dies aber erst im System FuzzySOLUTION.

[27] *Hochsprachlicher Wert*: Ein symbolischer Ausdruck (z.B. "Schwach"), der einem numerischen Wert bzw. einer Menge von numerischen Werten zugewiesen wird. In dieser Arbeit wird außerdem noch der in der Literatur übliche Begriff *linguistischer Wert* verwendet. Letzterer wird immer dann benutzt, wenn der Wert einem Fuzzy Set (einer unscharfen Menge) zugewiesen wird.

Bereits bei der Entwicklung von Conny und SOLUTION wurde durch den Einsatz von Regeln der Form "WENN Parallelität kleiner oder gleich schwach DANN wähle nächstkleinere Rangfolgefenstergröße"[28] versucht die Vorgehensweise eines menschlichen Experten nachzubilden. Das in dieser Arbeit beschriebene System FuzzySOLUTION (s.a. [MLR98]) unterscheidet sich von seinen Vorgängersystemen und von allen anderen bekannten Systemen dadurch, daß die Vorgehensweise des Systems speziell bei der Adaption noch stärker an die Strategien eines menschlichen Experten (s. Abschnitt 2) angelehnt sind. Beobachtungen von Experten bei der Adaption von Bildverarbeitungssystemen zeigten, daß diese Strategien wesentlich umfangreicher sind als die reine Anwendung von Regeln, die einen festen Zusammenhang zwischen einer aktuellen Bildverarbeitungssituation und den notwendigen Parameteränderungen zum Erreichen einer neuen, gewünschten Situation darstellen. Zu den Erweiterungen gehört der Einsatz eines Simulated Annealing[29] Verfahrens, das Neuaufsetzen (Verwendung neuer Startpunkte) wenn die Adaption noch nicht zum Ziel geführt hat, das Erkennen von Zusammenhängen zwischen der Änderung von Bildverarbeitungssituation und durchgeführten Parameteränderungen sowie ihrer Anwendung während der laufenden Adaption. Zusätzliche Erweiterungen sind der Einsatz von Fuzzy Sets[30] und Sicherheiten[31] zur besseren Modellierung des menschlichen Bewertungssystems sowie der Einsatz einer Fuzzy Inferenzmachine[32], die in der Lage ist mehrere Regeln gleichzeitig zu berücksichtigen und die durchzuführenden Änderungen dadurch mittelt.

Neu ist in FuzzySOLUTION auch der Einsatz eines speziellen Benutzerinterfaces, das es dem Anwender, der kein Experte auf dem Gebiet der Bildverarbeitung ist, erleichtert die von FuzzySOLUTION benötigten Angaben zu liefern. Durch

[28]Regel stammt aus Conny. In SOLUTION wird der gleiche Sachverhalt etwas anders formuliert: "WENN die Parallelität schwach verringert werden soll DANN verringere die Rangfolgefenstergröße schwach".

[29]*Simulated Annealing*: Randomized Suchverfahren in Anlehnung an physikalische Abkühlungsprozesse bei Metallen. In [Dav87] wird gezeigt, daß das Simulated Annealing Verfahren nicht nur verwandt mit den Genetischen Algorithmen ist, sondern sogar als Spezialfall der Genetischen Algorithmen angesehen werden kann.

[30]*Fuzzy Set*: Ein Fuzzy Set ist eine unscharfe Menge (Fuzzy Menge). Im Gegensatz zu den Elementen einer scharfen Menge (engl.: *Crisp Set*) gilt für die Elemente einer unscharfen Menge, daß sie sowohl zur Menge als auch nicht zur Menge gehören können. Im Abschnitt 4.1.3 wird eine allgemeine Einführung in die Theorie der Fuzzy Sets vorgestellt. Eine leicht verständliche Einführung ist z.B. auch in [Fri97] und [Bot95] zu finden.

[31]*Sicherheit*: Ein Maß für das Vertrauen in die Korrektheit von Wissen. In dieser Arbeit wird die Sicherheit von Regeln und Fakten mit der Hilfe von Sicherheitsfaktoren (engl.: *Certainty Factors*) ausgedrückt. Siehe auch Abschnitt 5.5.

[32]*Fuzzy Inferenz*: Inferenz mit der Verwendung von Fuzzy Sets (Unscharfes Wissen). In der Literatur wird die Fuzzy Inferenz auch als Approximate Reasoning (deutsch: Unscharfes Schließen) bezeichnet. Sie stellt eine Verallgemeinerung der (scharfen) Inferenz da. Siehe auch Abschnitt 5.5.

das Interface wird z.B. berücksichtigt, daß ein "unbedarfter" Benutzer oft andere Vorstellungen vom Bewertungssystem (bzw. von den von ihm anzugebenden Sollwerten) hat als das System und das es oft schwierig ist auf Anhieb eine geeignete Aufgabenstellung vorzugeben. Das Benutzerinterface unterstützt daher die Suche und Behebung der Ursachen für ungenügende Adaptionsergebnisse aufgrund falscher Vorgaben.

Nicht weiter eingegangen wird im Rahmen dieser Arbeit auf Lernkomponenten, die die Fähigkeit des Menschen umsetzen, anhand einer durchgeführten Aufgabe Rückschlüsse für die Optimierung der Aufgabe zu ziehen um die nächste Aufgabe dadurch effizienter zu lösen. Diese Komponenten lassen sich sehr gut von der eigentlichen Adaptionsaufgabe trennen, da sie sich mit der Aquisition von Adaptionswissen beschäftigen, das erst in zukünftigen Adaptionsaufgaben eine Rolle spielt. Beschrieben werden sie z.B. in [LSB93], [LB94], [RO97], [LMR98] und [Ros99].

1.3 Ziel der Arbeit

Ziel der vorliegenden Arbeit ist es, ein robusteres Adaptionssystem zu entwickeln, das in der Lage ist für eine größere Klasse von Bildern in einer vertretbaren Zeit Low-Level-Bildverarbeitungssysteme zu adaptieren. Gerade die Arbeiten mit SOLUTION für die Entwicklung geeigneter Lernkomponenten haben gezeigt, daß die bisherigen Systeme zu speziell an ein bestimmtes Bildmaterial angepaßt sind. D.h. die mit SOLUTION gelernten Regeln ermöglichen oft nur die Adaption von sehr ähnlichen Bildern. Bei einer zu starken Abweichung muß die Regelbasis durch erneute Lernschritte angepaßt werden, was zum einen relativ aufwendig ist und zum anderen oft dazu führt, daß die bisher adaptierbare Bildklasse mit der veränderten Regelbasis nicht mehr adaptiert werden kann.

Erreicht werden soll die größere Robustheit durch die genauere[33] Modellierung der Vorgehensweise eines menschlichen Experten bei der Adaption von Bildverarbeitungsaufgaben. Dies bedeutet zum einen, daß verschiedene Strategien (z.B. allgemeine Suchverfahren und Wissen über den Einfluß von Parameteränderungen) miteinander kombiniert (sowohl gleichzeitig als auch nacheinander) werden müssen und zum anderen, daß Fuzzy Sets und Sicherheitsfaktoren für die hochsprachliche Bewertung der Bildverarbeitungsergebnisse und der Bestimmung der Parameteränderungen eingesetzt werden sollen.

Dabei wird die These aufgestellt, daß ein Adaptionssystem, das sich stark an der Vorgehensweise eines menschlichen Experten orientiert, bessere Ergebnisse lie-

[33]Genauer im Vergleich zu den anderen bekannten Systemen, siehe Abschnitt 1.2.

fert bzw. ein besseres, robusteres Verhalten aufweist als Systeme, die die menschliche Vorgehensweise überhaupt nicht oder nur teilweise implementieren. Zu zeigen, daß diese These zutrifft, ist ein weiteres Ziel dieser Arbeit.

1.4 Aufbau der Arbeit

Im Abschnitt 2 wird beschrieben wie ein Experte bei der Lösung der gestellten Aufgaben der Konfiguration, Adaption und Bewertung von Bildverarbeitungsverfahren zur konturorientierten Segmentierung vorgeht. In den Abschnitten 3, 4, 5 und 6 wird beschrieben, wie die Vorgehensweise eines menschlichen Experten bei einem Expertensystem umgesetzt werden kann und welche zusätzlichen Strategien sich noch als sinnvoll erwiesen haben.

Dabei wird im Abschnitt 3 eine Übersicht über das Gesamtsystem gegeben. Dort werden auch die verwendeten Bildverarbeitungsverfahren (Operatoren) und die Konfiguration von Bildverarbeitungspfaden aus einzelnen Bildverarbeitungsoperatoren kurz vorgestellt. Der Abschnitt 4 befaßt sich mit der Bewertung der Eignung eines Bildverarbeitungspfades für die Lösung einer bestimmten Aufgabenstellung anhand einer Beschreibung und Bewertung der Eigenschaften der Ergebnisbilder. Der Abschnitt 5 beschreibt den Kern der Arbeit, das Adaptionssystem zur Anpassung der freien Parameter der Bildverarbeitungsaufgabe an die gegebene Aufgabenstellung. Im Abschnitt 6 werden das Benutzerinterface und die implementierten Strategien zur Eingabe und eventuellen Anpassung der Aufgabenstellung durch den Benutzer beschrieben. Die mit dem implementierten System FuzzySOLUTION erzielten Ergebnisse werden im Abschnitt 7 vorgestellt und diskutiert. Im Abschnitt 8 wird die gesamte Arbeit noch einmal kurz zusammengefaßt.

2 Strategie eines menschlichen Experten

Wie bereits in der Einleitung erläutert, ist es sinnvoll die Vorgehensweise eines Systems zur automatischen Konfiguration und Adaption von Bildverarbeitungspfaden an den Strategien menschlicher Experten zu orientieren. Die im folgenden beschriebene Expertenstrategie beruht nicht auf statistisch gesicherten Untersuchungen. Sie ist durch Beobachtungen und Diskussionen mit Studenten und Wissenschaftlichen Mitarbeitern, die über jahrelange Erfahrungen in der Bildverarbeitung verfügen, ermittelt worden. Natürlich geht nicht jeder Experte exakt nach der hier vorgestellten Strategie vor. Sie hat sich jedoch als sehr erfolgreich für einen großen Anwendungsbereich erwiesen und stellt daher die Grundlage für die Implementierung der Konfigurations- und Adaptionsstrategien in Fuzzy-SOLUTION da.

2.1 Konfiguration

Da die Anzahl der bekannten Bildverarbeitungsoperatoren und die damit theoretisch erzeugbaren Kombinationen (Operatorpfade) sehr hoch ist, versucht ein menschlicher Experte zunächst aufgrund von Wissen aus der Aufgabenstellung ungeeignet erscheinende Operatoren von vornherein auszuschließen und nur die besten für einen Vergleich zu berücksichtigen. Dafür berücksichtigt er Eigenschaften des Bildmaterials (z.B. Höhe und Form von Grauwertkanten), Randbedingungen (z.B. Rechenzeitanforderungen) und gewünschte Eigenschaften des Ausgangsbildes und vergleicht sie mit den Eigenschaften der Operatoren (siehe [Sch90]).

Im nächsten Schritt kombiniert er die einzelnen Operatoren zu kompletten Pfaden und berücksichtigt dabei, daß bestimmte Kombinationen keinen Sinn machen. Da es häufig Empfehlungen für die Wertebereiche und Defaultwerte der freien Parameter gibt, kann ein Experte diese freien Parameter auf die vorgegebenen oder aus den Eingangsdaten zu berechnenden Defaultwerte einstellen und die Wertebereiche während der Adaption berücksichtigen.

2.2 Adaption

Für die Adaption wählt ein Experte ein Bild aus, das möglichst gut das Bildmaterial der Aufgabenstellung repräsentiert. Dieses Bild wird als erstes mit dem Operatorpfad und den voreingestellten Defaultwerten bearbeitet. Anschließend beurteilt er die Qualität des Bildes hinsichtlich der Erfüllung der vorgegebenen Aufgabenstellung. Dabei beurteilt er je nach Aufgabenstellung Eigenschaften wie die Breite der Linien, ihre Zerstückelung und das Auftreten bzw. Unterdrücken von Störungen. Die Beurteilung der Zerstückelung und der Störungen wird häufig noch feiner unterteilt (z.B. parallele Scheinkonturen und Ausfransungen der Kontur).

Auch einem Experten gelingt es oft nicht alle Forderungen aus der Aufgabenstellung zu erfüllen, da sie sich häufig gegenseitig ausschließen (z.B. Unterdrückung von Störungen und das Verhindern von Zerstückelungen). Er muß daher Kompromisse schließen. Hierfür bietet sich ein Qualitätsmaß an, das aus den gewichteten Forderungen der Bildeigenschaften besteht.

Wenn die Qualität des Ausgangsbildes noch nicht ausreicht, versucht ein Experte die freien Parameter solange iterativ zu verändern, bis er eine hinreichend gute Einstellung gefunden hat oder bis er aufgrund der bereits großen Anzahl an Iterationsschritten der Meinung ist, daß die Aufgabenstellung nicht oder nicht besser erfüllt werden kann.

Bei der Veränderung der Parameter stützt sich ein Experte zunächst auf ihm bekannte Zusammenhänge zwischen der Änderung der Parameter und der Änderung der Eigenschaften des Bildes. Er kann häufig vorhersagen, welche Eigenschaftsänderungen aufgrund einer bestimmten Parameteränderung zu erwarten sind, wenn das Ausgangsbild vor der Änderung bestimmte Eigenschaften aufweist. Dieses Wissen läßt sich in Form von Regeln[1] beschreiben.

Die Regeln die er verwendet, besitzen unterschiedliche Sicherheiten, d.h. sein Vertrauen in die Wirkung einzelner Regeln ist unterschiedlich groß. Ein Experte versucht meistens mehrere dieser Regeln unter Berücksichtigung seines Vertrauens in die Regeln und des Erfüllungsgrades der Bedingungsteile miteinander zu verknüpfen und daraus die notwendige Änderung zu ermitteln.

Es gibt dabei Situationen, in denen er die Stärke der durchzuführenden Änderung sehr hoch wählt. Dies ist z.B. der Fall, wenn das Ausgangsbild sehr stark vom Ideal abweicht. Je näher er dem Ideal kommt, desto kleiner werden die Schritte gewählt.

[1]*Regel*: Regeln lassen sich z.B. in Form von Wenn-Dann-Beziehungen, die einen Bedingungsteil mit einem Aktionsteil verknüpfen, beschreiben: "Wenn die Bedingungen erfüllt sind, dann führe die Aktionen durch".

Wenn sich ein Experte sehr sicher über die Wirkung seiner Parameteränderungen ist, ändert er meistens mehrere oder sogar alle Parameter auf einmal. Ist er sich nicht sicher, so ändert er oft nur einen Parameter zur Zeit, um die Wirkung der Änderung erkennen zu können und auf Grund des beobachteten Zusammenhanges seine Vorgehensweise anzupassen. Dabei wechselt er iterativ die Parameter.

Auch bei einem Bildverarbeitungsexperten treten immer wieder Situationen auf, in denen er durch die strikte Anwendung seines Wissens (seiner gelernten Regeln über die Zusammenhänge) nicht zum Ziel kommt. In solchen Situation versucht er entweder völlig neue Startpunkte zu wählen und seine Regeln erneut anzuwenden oder aber einzelne Änderungen zufällig zu machen um zu sehen, ob es in der Nähe der aktuellen Einstellungen bessere Einstellungen gibt, die aufgrund der angewendeten Regeln bisher nicht verwendet wurden.

Wenn dies alles nicht zum Ziel führt, überprüft ein Experte häufig noch einmal die Aufgabenstellung, um durch eine eventuelle Abschwächung einzelner Ziele doch noch zu einem brauchbaren Kompromiß zu kommen.

Am Ende einer Adaption nimmt ein Experte meistens noch eine Feineinstellung vor. Dabei werden die Parameter einzeln in sehr kleinen Schritten verändert. Führt eine Änderung zu einer Verbesserung, so wird er eine weitere Änderung des gleichen Parameters in die gleiche Richtung durchführen. Bei einer Verschlechterung wird die Richtung geändert und schließlich die Adaption beendet.

Durch jede neue Aufgabe die ein Experte löst, lernt er dazu, d.h. sein Wissen verändert sich.

2.3 Bewertung

Die Bewertung eines Bildverarbeitungspfades hinsichtlich der Eignung für eine bestimmte Bildverarbeitungsaufgabe führt ein Experte durch einen Vergleich der erzielten Eigenschaften des Ausgangsbildes mit den gewünschten Eigenschaften aus der Aufgabenstellung und der eventuellen Erfüllung von Randbedingungen wie z.B. Rechenzeit und Speicherbedarf durch. Auf die Bewertung der Randbedingungen soll hier nicht näher eingegangen werden, da sie aufgrund ihrer oft sehr starken Implementierungsabhängigkeiten nur schlecht von einem automatischen System ermittelt werden können.

Wie bereits im Abschnitt 2.2 erläutert, verwendet ein Experte für die Beschreibung eines Ausgangsbildes Eigenschaften wie die Breite der Linien, ihre Zerstückelung, das Auftreten bzw. Unterdrücken von Störungen usw. Die einzelnen Beschreibungen lassen sich grob in die folgenden fünf Gruppen aufteilen: *Konturqualität*, *Zerstückelung* und *Parallelität* von gewünschten Konturen sowie

Störungen und *Dichte*. Genau wie diese fünf Gruppen sind die einzelnen Beschreibungen dabei nicht immer linear unabhängig. So bestimmt z.B. der Kehrwert der (Kontur-) Zerstückelung auch ganz wesentlich die Konturqualität. Die Ursache für die Verwendung linear abhängiger Beschreibungen liegt darin begründet, daß es für einen menschlichen Experten wichtig ist, daß er sich etwas unter den verwendeten Begriffen vorstellen kann.

Aus dem gleichen Grund verwendet der Mensch im allgemeinen für derartige Beschreibungen lieber hochsprachliche Aussagen anstatt Zahlen. Also z.B. "Die Konturlinien haben eine mittlere Breite!" anstatt "Die Konturenlinien haben eine Breite von 2,456!". Meistens werden dafür nur relativ wenige hochsprachliche Werte unterschieden.

Die Grenzen zwischen den verwendeten hochsprachlichen Werten sind dabei nicht scharf, d.h., daß z.B. eine bestimmte Breite von der selben Person mal als "Mittel" und mal als "Stark" empfunden wird. Außerdem kann es je nach Bildmaterial und persönlicher Erfahrung sein, daß er sich bei der Vergabe von Werten für einzelne Eigenschaften unterschiedlich sicher ist.

Für die Auswahl des besten Ausgangsbildes und damit des am besten geeigneten Bildverarbeitungspfades spielen die Unsicherheiten in der Bewertung eines einzelnen Bildes keine große Rolle, da er hier einen direkten Vergleich der Eigenschaften der verschiedenen Ausgangsbilder durchführen kann und der Mensch bei einem Vergleich feinere Abstufungen erkennt, als bei einer absoluten Beschreibung [Mey89].

3 Übersicht über FuzzySOLUTION

Im folgenden wird das System FuzzySOLUTION, das wissensbasiert eine automatische Konfiguration und Adaption von Bildsegmentierungsverfahren für vom Anwender vorgegebene Aufgabenstellungen durchführen kann, vorgestellt. FuzzySOLUTION ist für den Offline-Einsatz gedacht, d.h. die Konfiguration und Adaption findet vor dem Produktionseinsatz des Bildverarbeitungssystems statt. Als Eingangsbilder müssen dabei während der Konfiguration und Adaption Bilder verwendet werden, die charakteristisch für die Klasse der Bilder sind, die später während der Produktion verarbeitet werden.

Einen Überblick über die Struktur des Systems gibt Abschnitt 3.1. Die verwendeten Bildverarbeitungsverfahren werden im Abschnitt 3.2 beschrieben. Da sich diese Arbeit im wesentlichen mit der Verbesserung der Adaption beschäftigt, wird die Konfiguration nur der Vollständigkeit halber kurz im Abschnitt 3.3 erläutert. Im Anschluß an diesen Abschnitt wird dann noch einmal genauer auf den Kern der Arbeit, die Bewertung und die Adaption, eingegangen.

3.1 Struktur des Konfigurations- und Adaptionssystems FuzzySOLUTION

In diesem Abschnitt wird die grobe Struktur des wissensbasierten Konfigurations- und Adaptionssystems FuzzySOLUTION vorgestellt. FuzzySOLUTION wurde aus dem Vorgängersystem SOLUTION entwickelt, das seinerseits eine Weiterentwicklung des Systems Conny darstellt. Große Teile von SOLUTION wurden dabei in FuzzySOLUTION weiterverwendet.

Die auf den ersten Blick wesentlichen Unterschiede liegen in der Verwendung von Fuzzy Sets für die Parameteränderungen und die Beschreibungen[1] der Konturbilder, der Möglichkeit die Berechnung der Beschreibungen an die Eigenschaf-

[1] *Beschreibung*: Die Beschreibungen (Eigenschaften) von Konturbildern werden von Routinen geliefert, die in dieser Arbeit als Kontursensoren oder vereinfacht als Sensoren bezeichnet werden. Durch einen Vergleich der gemessenen (berechneten) Werte mit Benutzervorgaben (Sollwerte) wird das Ergebnis und damit der zugehörige Operatorpfad bewertet.

ten der Bildobjekte anzupassen und den Beschreibungen ein Vertrauensmaß zuzuordnen. Einige der Beschreibungen sind ebenfalls neu hinzugekommen. Der Einsatz von Fuzzy Sets führt nicht nur zu einer besseren Modellierung von unscharfem und unsicherem Wissen. Aufgrund der Eigenschaft der hierfür benötigten Fuzzy Inferenzmaschine, daß mehrere Regeln gleichzeitig feuern[2] können, ist es in FuzzySOLUTION einfacher möglich unterschiedlichste Adaptionsstrategien miteinander zu kombinieren. Dabei kommen in FuzzySOLUTION gegenüber Conny und SOLUTION auch völlig neue Adaptionsstrategien zum Einsatz.

Der Kern von SOLUTION wurde mit dem kommerziellen Entwicklungstool KnowledgeWorks der Firma Harlequin entwickelt. Die dort eingesetzte Inferenzmaschine ist nicht in der Lage eine Fuzzyinferenz durchzuführen. Daher wurde für FuzzySOLUTION das System FuzzyCLIPS für die Inferenz verwendet. Um nicht alle Teile neu implementieren zu müssen, wurde FuzzyCLIPS an KnowledgeWorks angebunden.

Abb. 3.1 zeigt die Struktur von FuzzySOLUTION. Die zentrale Steuereinheit besteht in FuzzySOLUTION aus einer in Lisp programmierten Funktion. Nach der Initialisierung wird eine Schleife aufgerufen. Dort wird als erstes über das Benutzerinterface vom Benutzer die Aufgabenstellung eingegeben. Sie besteht zunächst aus der Festlegung des Eingangsbildes, Eigenschaften des Eingangsbildes (z.B. Rauschen), Randbedingungen (z.B. Rechenzeit) und Anforderungen an die Eigenschaften des Ergebnisbildes (z.B. die gewünschte Breite der Konturen).

Mit diesen Informationen stößt die Steuereinheit als erstes die Konfigurationseinheit an, die aus der Menge aller möglichen Operatorpfade diejenigen auswählt, die als am besten geeignet erscheinen um die Aufgabenstellung zu erfüllen. Die freien Parameter der ausgesuchten Operatoren werden außerdem mit geeigneten Defaultwerten initialisiert.

Danach wird von der Steuereinheit die Adaptionseinheit angestoßen, die für jeden konfigurierten Pfad die Parameter seiner Operatoren an die vorgegebene Aufgabenstellung anpaßt. Anhand eines Qualitätsmaßes, das von den Angaben des Benutzers abhängt und festlegt wie gut ein Pfad die vorgegebene Aufgabenstellung erfüllt, wird schließlich der beste Pfad ausgewählt.

Im nächsten Schritt wird dem Benutzer das Ergebnis in Form des Konturbildes, hochsprachlicher Beschreibungen des Konturbildes und des Qualitätsmaßes präsentiert. Anhand dieser Informationen muß der Benutzer jetzt entscheiden, ob das Ergebnis seinen Anforderungen genügt. Ist dies der Fall, so ist die Konfiguration und Adaption beendet.

[2] *Feuern einer Regel*: Ausführen (anwenden) der Regel.

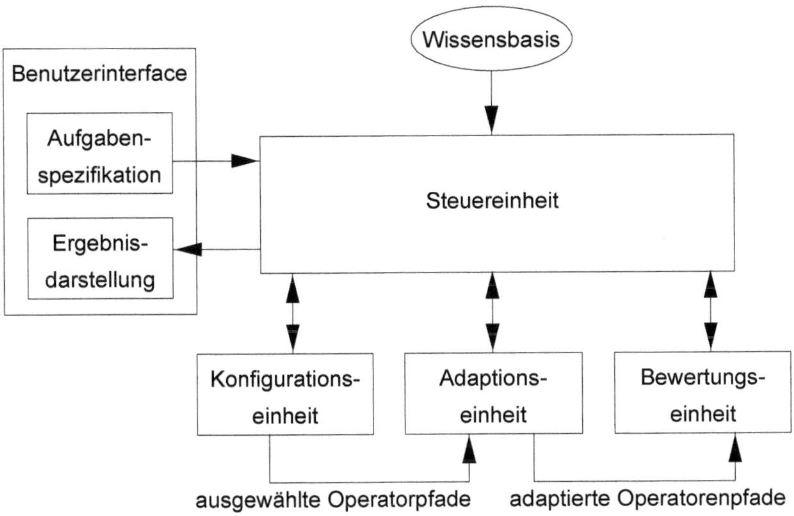

Abbildung 3.1: Struktur von FuzzySOLUTION

Falls der Benutzer nicht mit dem Ergebnis zufrieden ist, muß er dies dem System mitteilen. Das System versucht jetzt in einem intelligenten Benutzerdialog herauszufinden woran das liegt. Ursachen hierfür können eine falsche Aufgabenstellung durch den Benutzer oder falsche Beschreibungen des Konturbildes durch das System sein. Es besteht natürlich auch die Möglichkeit, daß es unmöglich ist das vom Benutzer erwünschte Ergebnis zu erzielen. In diesem Fall bleibt dem Benutzer nur übrig die Aufgabenstellung zu ändern, d.h. seine Idealvorstellungen der Realität anzupassen.

Wenn der Benutzer der Meinung ist, daß das System das Konturbild falsch beschreibt, so kann es hierfür auch wieder zwei Ursachen geben. Zum einen kann es sein, daß der Benutzer sich etwas anderes unter einzelnen Begriffen vorgestellt hat, als das System. In diesem Fall sollte der Benutzer über eine neue Aufgabenstellung nachdenken und seine Vorstellungen an die des Systems anpassen. Zum anderen kann es aber auch sein, daß die Berechnung der Beschreibungen fehlerhaft war, da das System von falschen Voraussetzungen ausgegangen ist. Für diesen Fall besitzen die Routinen zur Berechnung der Beschreibungen Parameter, die an das vorliegende Bildmaterial angepaßt werden müssen.

Sofern der Benutzer Änderungen an der Aufgabenstellung oder an den Parametern der Beschreibungsroutinen vorgenommen hat, wird die Schleife mit Konfiguration, Adaption und Ergebnisdarstellung erneut durchgeführt. Der Benutzer entscheidet also mit Hilfe des Benutzerinterfaces ob die Abbruchbedingung der Schleife erfüllt ist.

Das ganze System arbeitet wissensbasiert. Die Wissenbasis besteht dabei aus explizitem Wissen über die Konfiguration und Adaption und aus Wissen über die eigentliche Bildverarbeitung. Während das Wissen über die Bildverarbeitung in Form von Klassenhierachien und Prozeduren abgelegt ist, ist das Adaptions- und Konfigurationswissen in Form von Regeln kodiert.

3.2 Verwendete Bildverarbeitungsverfahren

Die Abbildung 3.2 zeigt in Form eines Operatorenbaumes alle theoretisch möglichen Kombinationen (Operatorpfade) der in FuzzySOLUTION eingesetzten Operatoren. Es handelt sich dabei ausschließlich um Pfade zur konturorientierten[3] Segmentierung von Grauwertbildern.

Die Pfade lassen sich grob in die Stufen Vorverarbeitung, Konturverstärkung, Konturfindung und Nachbearbeitung einteilen. Zur Vorverarbeitung gehören der Mittelwertfilter ([RK82a] und [Geu83]), der Medianfiler ([RK82b], [BHMJ87] und [Tub87]) und der Gaußfilter ([MH79] and [RK82a]). Der Roberts-Operator ([RK82b] und [LHS87]), der Sobel-Operator ([RK82b] und [LHS87]), der Nichtlineare Laplace- ([Bor84], [LHS87] und [VYB89]) und der Morphologische Konturoperator [LHS87] zählen zu den Konturverstärkungsoperatoren. Als Konturfindungsoperatoren stehen ein Schwellwertoperator und ein Rangfolgefilter ([DHZ86] und [GJD88]) zur Verfügung. Ein Konturverdünnungsoperator [SA87] kann am Ende des Pfades noch zur Nachbearbeitung eingesetzt werden. Eine zusammenfassende Beschreibung der Operatoren und des notwendigen Konfigurationswissens kann [Sch90] entnommen werden.

Die einzelnen Operatoren wurden in C geschrieben und stammen zum größten Teil aus der Bildverarbeitungsbibliothek TopPic der Firma Viscom. Für jeden Operator existiert eine Klasse im CLOS[4]-Teil von FuzzySOLUTION. Für die einzelnen Klassen sind Methoden zur Parameteränderung und zum Ausführen der Operatoren definiert. Die Verknüpfung der Operatoren zu Operatorpfaden erfolgt auf Lisp-Ebene. Dabei werden automatisch evtl. notwendige Formatwand-

[3][Bau98] und [Mey99] zeigen, wie FuzzySOLUTION auch für die Konfiguration und Adaption regionenorientierter Segmentierungs- und Klassifikationsverfahren eingesetzt werden kann.

[4]*CLOS*: Common Lisp Object System. Objektorientierte Erweiterung der Programmiersprache Common Lisp.

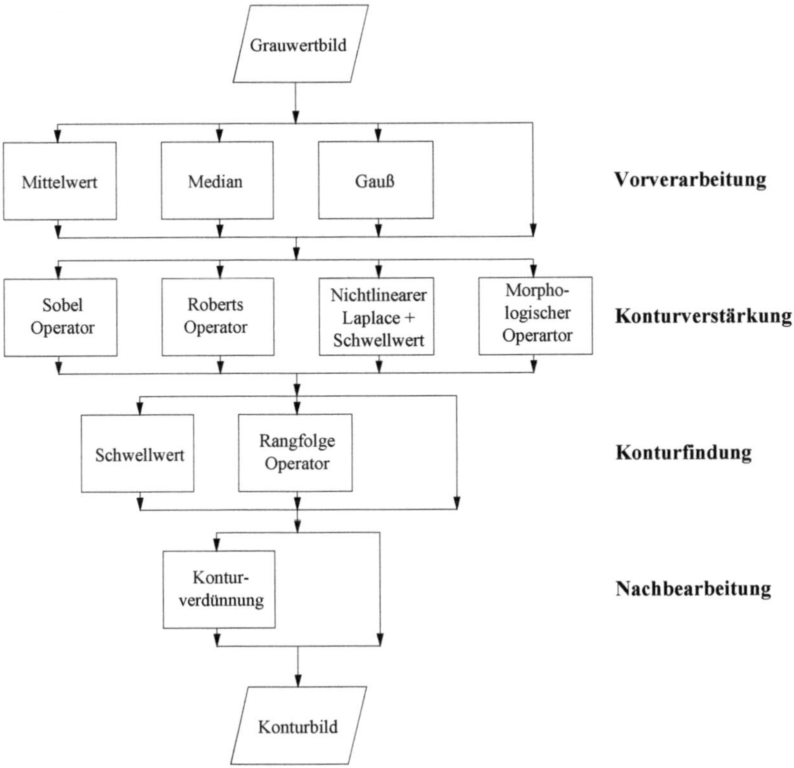

Abbildung 3.2: Operatorenbaum

lungen der Bilder und Parameter und die Einhaltung von Randbedingungen (z.B. ungeradzahlige Fenstergrößen größer als 3) berücksichtigt.

In der oberhalb der Lisp-Ebene liegenden FuzzyCLIPS-Ebene existiert nur noch eine OPERATOR-PARAMETER Klasse für alle Operatorparameter. Die Änderungen der Parameter sind hier normiert auf einen Bereich von -4.0 bis 4.0. Das heißt alle Parameter werden auf dieser Ebene gleich behandelt. Die notwendigen Umwandlungen (Normierung/Denormierung, Typwandlung etc.) werden in der darunterliegenden Lisp-Ebene durchgeführt. Dies vereinfacht die Adaptionsregeln sehr stark.

3.3 Konfiguration von Bildverarbeitungsverfahren

Abb. 3.3 zeigt die Konfiguration in FuzzySOLUTION (und SOLUTION). Für die Konfiguration werden der Aufgabenstellung Informationen über die Eigenschaften des Eingangsbildes entnommen. Diese Informationen liegen in hochsprachlicher Form vor, z.B. "das Rauschen ist stark", "die Kantenanstiegsbreiten sind gering" und "die Kantenanstiegshöhen sind groß". Weitere Informationen aus der Aufgabenstellung betreffen Forderungen nach der Rechenzeit oder der Lagegenauigkeit von Objektecken und Kanten. Auch hier werden hochsprachliche Angaben verarbeitet, z.B. "die Rechenzeit ist irrelevant", "es ist wichtig, daß die Lagegenauigkeit der Ecken hoch ist" usw.

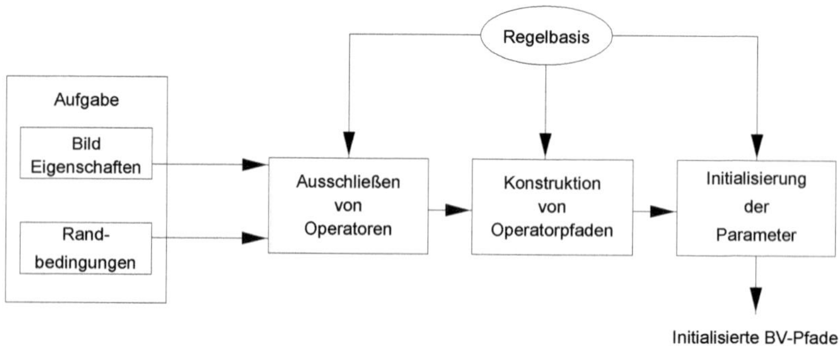

Abbildung 3.3: Konfiguration

Aufgrund dieser Informationen werden im ersten Schritt ungeeignete Operatoren ausgeschlossen. Im zweiten Schritt werden aus den verbliebenen Operatoren alle gültigen Operatorpfade erzeugt und im letzten Schritt die freien Parameter initialisiert.

Da die Konfigurationseinheiten von SOLUTION und FuzzySOLUTION identisch sind, wird hier für eine detailliertere Beschreibung der Konfiguration auf [RM98] verwiesen.

4 Bewertung von Bildverarbeitungsverfahren

Um einen Operatorpfad zu adaptieren, d.h. ihn durch Änderung seiner Parameter optimal an eine Aufgabenstellung anzupassen, ist es erforderlich ihn zu bewerten (den Grad der Aufgabenerfüllung zu ermitteln) und so seine Qualität bezogen auf die Aufgabenstellung zu bestimmen. Da das Ziel einer Low-Level-Bildverarbeitung die Erzeugung eines Bildes mit bestimmten, vorgegebenen Eigenschaften ist, kann die Qualität eines Operatorpfades durch einen Vergleich der tatsächlichen Eigenschaften (Istwerte) des Ergebnisbildes mit den gewünschten Eigenschaften (Sollwerte) erfolgen. In FuzzySOLUTION geschieht dies mit Hilfe eines hochsprachlichen Bewertungssystems, das in diesem Abschnitt beschrieben wird.

Es wird sowohl zur iterativen Optimierung der Parameterwerte während der Adaption als auch für die Bewertung und den Vergleich der verschiedenen Bildverarbeitungsverfahren (Operatorpfade) nach der Konfiguration und Adaption verwendet. Das System basiert auf 17 verschiedenen Sensoren (Meßroutinen), die Eigenschaften im Konturbild (Ergebnisbild) messen und damit das Ergebnis beschreiben. Das Bewertungssystem wurde an das eines menschlichen Experten angelehnt (siehe Abschnitt 2.3).

Von der Qualität des Bewertungssystems hängt unmittelbar auch die Qualität der Parameteradaption ab. Nur ein gutes Bewertungssystem kann auch zu optimal ausgewählten und angepaßten Operatorpfaden führen. Das ein gutes Bewertungssystem für Bildverarbeitungsaufgaben sehr schwierig zu realisieren ist, erkennt man an der Tatsache, daß nur relativ wenige Konfigurationssysteme eine Bewertung ihrer Ergebnisse durchführen. In [CEPR99] wird hierzu angemerkt: *Very few systems really take this evaluation step into account, because defining assessment rules is one of the most difficult problems in image processing.*

Die Sensoren werden im Abschnitt 4.1 beschrieben. Der Abschnitt 4.2 beschreibt, wie das globale Adaptionsziel[1] vom Anwender mit Hilfe von Vorgaben für die

[1] *Globales Ziel*: Das globale (Adaptions-) Ziel besteht aus mehreren Teilzielen. Jedes Teilziel gibt für genau einen Sensor an, welchen (Soll-) Wert (bzw. welche Werte) dieser Sensor haben soll, wie er erreicht werden soll (mindestens, höchstens usw.) und welches Gewicht (Priorität) das Teilziel im Verhältnis zu den anderen Teilzielen hat. Das globale Ziel hängt vom jeweiligen Kontext ab und wird vom Anwender vorgegeben.

Sensorwerte festgelegt wird. Aus der Differenz zwischen den Vorgaben des globalen Ziels und den tatsächlich gemessenen Sensorwerten werden die lokalen Ziele[2] erzeugt. Dies stellt die eigentliche Bewertung da und wird im Abschnitt 4.3 beschrieben. Im Abschnitt 4.4 wird beschrieben, wie aus den lokalen Zielen ein Qualitätsmaß[3] berechnet wird, das die Bewertung in einer einzigen Zahl ausdrückt.

4.1 Sensoren

4.1.1 Kurzbeschreibung der eingesetzten Sensoren

Die Sensoren lassen sich aufgrund ihrer Verwendung in zwei Gruppen aufteilen. Zur ersten Gruppe gehören Sensoren, die hauptsächlich eingesetzt werden, um schnell und zuverlässig extreme Bildzustände erkennen zu können. In diesen Zuständen besitzt das Konturbild entweder sehr viele Konturpunkte, so daß die Berechnung der übrigen Sensoren extrem lange dauern würde, oder aber nur sehr wenige Konturpunkte, so daß die übrigen Sensoren entweder gar keine oder nur unzuverlässige Werte liefern.[4] Diese Sensoren werden daher hauptsächlich während der Adaption benötigt, um das System aus diesen Extremzuständen zu bringen. Zur Qualitätsbeurteilung für einen Vergleich verschiedener Bildverarbeitungspfade spielen sie nur eine untergeordnete Rolle. Hierfür sind hauptsächlich die Sensoren der zweiten Gruppe gedacht. Sie werden aber auch für die Adaption benötigt, wenn sich das System nicht in einem Extremzustand befindet.

Im Abschnitt 2.2 wurde bereits ein anderes Schema angesprochen, nachdem die Sensoren eingeteilt werden können. Hierbei erfolgt ihre Einteilung aufgrund der

[2] *Lokales Ziel*: Ein lokales Ziel gibt für genau einen Sensor an, wie sich der Wert des Sensors ändern muß, damit er die Vorgaben des Anwenders erfüllt. Die lokalen Ziele werden in jedem Adaptionsschritt neu berechnet. Sie werden in den Bedingungsteilen von Adaptionsregeln und zur Berechnung des Qualitätsmaßes verwendet.

[3] *Qualitätsmaß*: Das Qualitätsmaß wird aus den lokalen Zielen, d.h. aus den Abweichungen der Istwerte von den Sollwerten ermittelt. Es ist dadurch ein Maß für die Güte des Konturbildes und des zugehörigen Bildverarbeitungspfades mit den verwendeten Parametereinstellungen. Eingesetzt wird es hauptsächlich als Abbruchkriterium für die Adaption.

[4] Eine wichtige Ursache für die Unzuverlässigkeit der Sensorwerte bei einem fast leeren Bild ist die Verwendung der Gesamtpunktzahl (oder Gesamtlinienzahl usw.) im Nenner der Berechnungsvorschriften. So wird z.B. die Körnung aus dem Verhältnis der isolierten (Einzel-) Konturpunkte zu allen Konturpunkten gebildet. Existieren nur noch ganz wenige Konturpunkte, von denen die meisten Einzelpunkte sind (dies tritt häufig bei zu stark verdünnten Bildern auf), so liefert der Sensor Körnung einen großen Wert, obwohl ein Mensch der Körnung nur einen niedrigen Wert zuordnen würde.

Bildeigenschaften, die sie beschreiben, grob in die fünf Gruppen *Dichte*, *Konturqualität*, *Parallelität*, *Störungen* und *Zerstückelung*.

Die Tabelle 4.1 zeigt eine Übersicht über alle Sensoren, die in FuzzySOLUTION zur Beschreibung von Konturbildern eingesetzt werden, ihre zugehörige Gruppe (s.o.), wofür sie hauptsächlich eingesetzt werden und eine Kurzbeschreibung. In der Spalte Einsatz bedeutet dabei der Eintrag *Extrem*, daß der Sensor hauptsächlich während der Adaption für die Detektion von Extremzuständen (Bild zu voll; Bild zu leer; s.o.) eingesetzt wird. Der Eintrag *Normal* bedeutet dagegen, daß der Sensor während der Adaption hauptsächlich außerhalb der Extremzustände eingesetzt wird.

Sensor	**Gruppe**	**Einsatz**	**Kurzbeschreibung**
Dichte	Dichte	Extrem	Dichte (Konturanteil) gemessen nur in Gebieten mit Konturpunkten
Konturanteil	Dichte	Extrem	Verhältnis der Konturpunkte zur gesamten Bildpunktzahl
Leere	Dichte	Extrem	Kehrwert des Konturanteils mit anderer Skalierung
Ausfransung	Konturqualität	Normal	Anteil der Ausfransungen (kurze Linien, die von anderen Linien abzweigen) an den Konturlinien
Breite	Konturqualität	Normal	Breite der Konturlinien
Verflechtung	Konturqualität	Normal	Verflechtung (Vernetzung) von Konturlinien
Geradenparallelität	Parallelität	Normal	Anteil nah beieinanderliegender paralleler Geraden an allen Geraden

Tabelle 4.1: Sensoren für die Bewertung von Konturbildern

Sensor	Gruppe	Einsatz	Kurzbeschreibung
Parallelität	Parallelität	Normal	Anteil nah beieinanderliegender paralleler Linien an allen Linien
Deutlichkeit	Störungen	Normal	Verhältnis der Konturpunkte auf bestimmten Konturformen (z.B. Geraden und Ellipsen) zu allen Konturpunkten
Körnung	Störungen	Normal	Verhältnis der Konturpunktanzahl kleiner zusammenhängender Konturpunktansammlungen zur Anzahl aller Konturpunkte
Texturkonzentration	Störungen	Normal	Häufigkeit kurzer Linien (Störkonturen) in einigen Teilen des Bildes (Bild sieht dadurch in einigen Teilen texturiert aus)
Texturstärke	Störungen	Normal	Häufigkeit kurzer Linien (Störkonturen) im gesamten Bild
Ellipsenzerstückelung	Zerstückelung	Normal	Zerstückelung (fehlende Konturstücke) von Ellipsen und Ellipsenbögen
Geradenzerstückelung	Zerstückelung	Normal	Zerstückelung (fehlende Konturstücke) von Geraden

Tabelle 4.1: Sensoren für die Bewertung von Konturbildern

Sensor	Gruppe	Einsatz	Kurzbeschreibung
Geschlossenheit	Zerstückelung	Normal	Verhältnis von Punkten auf geschlossenen Konturen zur Gesamtzahl der Konturpunkte
Objektgröße	Zerstückelung	Normal	mittlere Größe zusammenhängender Konturpunktansammlungen bezogen auf die Bildgröße
Vollständigkeit	Zerstückelung	Normal	Vollständigkeit der Konturen von 2D-Objekten im Bild

Tabelle 4.1: Sensoren für die Bewertung von Konturbildern

Eine ausführliche Beschreibung mit den zugehörigen Berechnungsvorschriften der Sensoren aus Tabelle 4.1 kann in [Mün90], [Meh98], [BL89] und [LMR98] nachgelesen werden.

4.1.2 Numerische und hochsprachliche Sensorwerte

Die Sensoren liefern im ersten Schritt numerische Werte mit Wertebereichen zwischen 0.0 und $\max(S_i)$. Dabei ist $\max(S_i)$ die sensorspezifische Obergrenze des Sensors S_i. Für $\max(S_i)$ gilt:

$$0.0 < \max(S_i) \leq \infty \tag{4.1}$$

Im zweiten Schritt wird der für die Adaption interessante Wertebereich eines Sensors auf den Bereich 0 bis 4 abgebildet. Dies geschieht durch Skalierung mit sensorspezifischen Faktoren, die heuristisch aufgrund von umfangreichen Untersuchungen an industriellem Bildmaterial gewonnen wurden. Danach werden die Werte auf den Maximalwert von 4.0 begrenzt, in dem Werte die größer als 4.0

sind auf 4.0 gesetzt werden. Damit gilt für die numerischen Werte $W_{num}(S_i)$ eines Sensors S_i jetzt:

$$0.0 \leq W_{num}(S_i) \leq 4.0 \tag{4.2}$$

Wie im Abschnitt 2 bereits beschrieben, kann ein Mensch mit diesen numerischen Sensorwerten nur wenig anfangen. Daher werden die numerischen Sensorwerte im nächsten Schritt in hochsprachliche Sensorwerte $W_{hoch}(S_i)$ abgebildet. In den Systemen Conny (s. [LBG90] und [LB92]) und SOLUTION (s. [LMR98] und [RM98]) geschieht die Abbildung wie folgt:

$$W_{hoch}(S_i) = \begin{cases} Nicht & \text{falls } 0.0 \leq W_{num}(S_i) < 1.0, \\ Schwach & \text{falls } 1.0 \leq W_{num}(S_i) < 2.0, \\ Mittel & \text{falls } 2.0 \leq W_{num}(S_i) < 3.0, \\ Stark & \text{falls } 3.0 \leq W_{num}(S_i) \leq 4.0 \end{cases} \tag{4.3}$$

In der Abbildung 4.1 sind ein Originalbild und zwei Konturbilder, die von dem Originalbild erzeugt wurden, dargestellt. Das linke der beiden Konturbilder hat eine gute und das rechte eine schlechte Qualität. Die Tabelle 4.2 enthält für beide Bilder die hochsprachlichen Sensorwerte, die laut Gleichung 4.3 von SOLUTION ermittelt wurden.

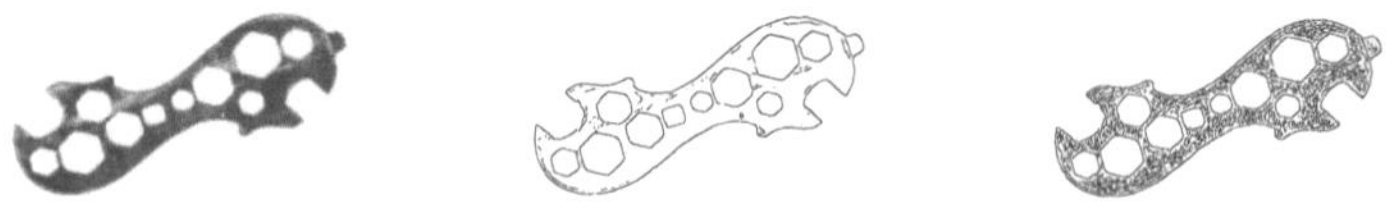

(a) Originalbild (b) Gutes Konturbild (c) Schlechtes Konturbild

Abbildung 4.1: Bewertungsbeispiele

Sensor	Gutes Konturbild	Schlechtes Konturbild
Dichte	Mittel	Stark
Konturanteil	Nicht	Nicht
Leere	Nicht	Nicht
Ausfransung	Nicht	Stark
Breite	Mittel	Schwach
Verflechtung	Nicht	Nicht
Geradenparallelität	Stark	Stark
Parallelität	Nicht	Mittel
Deutlichkeit	Stark	Schwach
Körnung	Nicht	Schwach
Texturkonzentration	Nicht	Nicht
Texturstärke	Nicht	Nicht
Ellipsenzerstückelung	Mittel	Mittel
Geradenzerstückelung	Schwach	Stark
Geschlossenheit	Nicht	Nicht
Objektgröße	Stark	Mittel
Vollständigkeit	Mittel	Schwach

Tabelle 4.2: Hochsprachliche Sensorwerte für die Konturbilder aus Abb. 4.1

Probleme bei der Bestimmung hochsprachlicher Werte

Ein großes Problem bei der Abbildung der numerischen Sensorwerte in hochsprachliche Werte nach Gl. 4.3 sind die harten Grenzen. So ist es z.B. für einen Menschen nicht einzusehen, warum ein numerischen Wert von 0.9999 noch dem hochsprachlichen Wert *Nicht* zugeordnet wird, obwohl ein numerischer Wert von 1.0 bereits dem hochsprachlichen Wert *Schwach* zugeordnet wird.

Ein weiteres Beispiel für derartige Zuordnungsprobleme, das jeder kennt, ist die Einteilung der Temperaturwerte für Wasser in Bereiche, denen die hochsprachlichen Werte *kalt*, *warm* und *heiß* zugewiesen werden sollen. Unbestritten ist vermutlich nur, daß Temperaturen knapp über 0 Grad Celsius als *kalt* und Temperaturen knapp unter 100 Grad Celsius als *heiß* empfunden werden und das der Bereich für *warm* irgendwo dazwischen liegt. Eine grobe Einteilung, der vermutlich die meisten zustimmen würden, wäre, daß Temperaturen zwischen 0 und 10 Grad als *kalt*, Temperaturen zwischen 20 und 30 Grad als *warm* und Temperaturen über 40 Grad als heiß bezeichnet werden. Zwischen den einzelnen Bereichen werden die meisten vermutlich eine "sowohl als auch"-Zuordnung einer Zuordnung mit harten Grenzen vorziehen.

Um Probleme dieser Art mathematisch lösen zu können, entwickelte Lofti A. Zadeh bereits 1965 in Berkley an der Universität von Kalifornien die Theorie der Fuzzy Sets (s. [Zad65]). Eine sehr gute Einführung in die Theorie und ihre Anwendung ist [KY95]. Das Buch enthält außerdem über 1700 Referenzen (mit einem bibliographischen Index) auf Veröffentlichungen, die sich mit dieser Theorie, ihrer Erweiterung, ihrer Anwendung und verwandten Bereichen beschäftigen. Im Bereich der Regelungstechnik hat sich die Theorie inzwischen in Form von Fuzzy-Reglern (Fuzzy-Controller) etabliert.

Ein wesentlicher Unterschied zwischen den älteren Konfigurations- und Adaptionssystemen Conny und SOLUTION und dem daraus entwickelten System FuzzySOLUTION ist die Verwendung von Fuzzy Sets für die hochsprachlichen Sensorwerte. Dies wird auf den folgenden Seiten näher beschrieben.

4.1.3 Allgemeine Einführung in die Fuzzy Set Theorie

Ein Fuzzy Set ist eine Verallgemeinerung einer klassischen Menge[5]. Für eine klassische Menge $\mathbb{A}$ gilt, daß ein Element x entweder ein Element oder kein Element der Menge $\mathbb{A}$ ist. Es gilt daher entweder

$$x \in \mathbb{A} \tag{4.4}$$

oder

[5] *Klassische Menge*: Engl. *Classical Set*. Wird auch als scharfe Menge bezeichnet (engl. *Crisp Set*). Die klassische Mengenlehre wurde Ende des 19. Jahrhunderts von Georg Cantor [Can66] entwickelt.

$$x \notin \mathbb{A} \tag{4.5}$$

Eine klassische Menge $\mathbb{A}$ kann z.B. durch Auflistung aller ihre Mitglieder beschrieben werden:

$$\mathbb{A} = \{a_1, a_2, ..., a_n\} \tag{4.6}$$

Eine derartige Menge ist definiert durch ihre charakteristische Funktion $\chi_A(x)$, die für jedes $x \in \mathbb{U}$ angibt, ob es zur Menge $\mathbb{A}$ gehört oder nicht:

$$\chi_A(x) = \begin{cases} 1 & \text{falls } x \in \mathbb{A} \\ 0 & \text{falls } x \notin \mathbb{A} \end{cases} \tag{4.7}$$

Das bedeutet, die charakteristische Funktion $\chi_A(x)$ bildet die Elemente der Menge $\mathbb{U}$ (Grundmenge[6]) auf die Menge $\mathbb{A}$ wie folgt ab:

$$\chi_A(x) : \mathbb{U} \rightarrow \{0, 1\} \tag{4.8}$$

Dadurch werden die Elemente der Menge $\mathbb{U}$ hart in Mitglieder und Nichtmitglieder der Menge $\mathbb{A}$ eingeteilt. In der Fuzzy Set Theorie werden Mengen, die den Gleichungen 4.7 und 4.8 gehorchen, als Crisp Sets bezeichnet.

Die charakteristische Funktion $\chi_A(x)$ wird in der Fuzzy Set Theorie verallgemeinert, so daß sie den Zugehörigkeitsgrad[7] angibt, zu dem ein Element $x \in \mathbb{U}$ der Menge $\mathbb{A}$ angehört. Üblicherweise hat der Zugehörigkeitsgrad einen Wertebereich von 0.0 bis 1.0, wobei ein Element, dessen Zugehörigkeitsgrad 0.0 beträgt, nicht zur Menge $\mathbb{A}$ gehört und ein Element mit einem Zugehörigkeitsgrad von 1.0 voll zur Menge $\mathbb{A}$ gehört. Es wird in diesem Zusammenhang nicht mehr von einer charakteristischen Funktion, sondern von einer Zugehörigkeitsfunktion[8] gesprochen, die oft als $\mu_A(x)$ bezeichnet wird. Die Gleichung 4.8 geht damit in die folgende Gleichung über:

$$\mu_A(x) : \mathbb{U} \rightarrow [0, 1] \tag{4.9}$$

[6] *Grundmenge*: Engl. *Universe of Discourse, Universal Set* oder *Base Variable*. In der deutschsprachigen Literatur wird hierfür auch der Begriff Basisdefinitionsbereich verwendet. Es bezeichnet die Menge (Bereich) über der ein Fuzzy Set definiert ist.

[7] *Zugehörigkeitsgrad*: *Zugehörigkeit* (engl. *Grade of Membership*). Es ist ein Maß für die Stärke der Zugehörigkeit eines Elementes zu einem Fuzzy Set.

[8] *Zugehörigkeitsfunktion*: Engl. *Membership Function*. Die Zugehörigkeitsfunktion eines Fuzzy Sets gibt den Zugehörigkeitsgrad aller Elemente der Grundmenge zu dem Fuzzy Set an.

Fuzzy Sets, deren Zugehörigkeitsfunktionen, der Gleichung 4.9 gehorchen, werden als *Ordinary Fuzzy Sets* (s. [KY95]) bezeichnet. Es gibt noch eine ganze Reihe weiterer Arten von Fuzzy Sets, die durch Verallgemeinerungen der Gleichung 4.9 beschrieben werden. Diese haben jedoch bisher nur eine geringe praktische Bedeutung und werden daher hier nicht weiter erläutert.

Es gibt verschiedene Möglichkeiten, wie Fuzzy Sets repräsentiert werden. Die Gl. 4.10 zeigt eine gebräuchliche Form für die Darstellung eines Fuzzy Sets $\mathbb{A}$ mit einer *Grundmenge* $\mathbb{U}$ (Wertebereich der Basisvariablen, z.B. der Wertebereich von $W_{num}(S_i)$ aus Gl. 4.2), wenn $\mathbb{U}$ keine endliche Menge, sondern z.B. eine Teilmenge der Reellen Menge $\mathbb{R}$ ist.

$$\mathbb{A} = \int_{x \in \mathbb{U}} \mu_A(x)/x \text{ mit } \mathbb{U} \subseteq \mathbb{R} \tag{4.10}$$

Dabei ist $\mu_A(x)/x$ ein *Wert/Zugehörigkeitsgrad*-Paar, das auch als Singleton[9] bezeichnet wird (s. [Orc98]). Das Integrationszeichen steht hier für die Vereinigung aller Singletons.

4.1.4 Sensorwerte als Fuzzy Sets

In FuzzySOLUTION wird ein Singleton als Paar in der Form $(x \; \mu_A(x))$ dargestellt. Eine spezielle Art von Fuzzy Sets läßt sich als geordnete Menge von N Punkten darstellen, die durch Geraden verbunden werden. Die Gl 4.11 zeigt wie ein derartiges Fuzzy Set $\mathbb{A}$ in FuzzySOLUTION als geordnete Liste abgebildet wird.

$$\begin{aligned} \mathbb{A} &= (x_1 \; \mu_1)\,(x_2 \; \mu_2) \ldots (x_N \; \mu_N) \\ \text{mit: } x_i &\in \mathbb{U} \text{ und } x_i \leq x_{i+1} \text{ mit } i = 1, 2, \ldots, N-1 \\ \mu_i &= \mu(x_i) \end{aligned} \tag{4.11}$$

In der Abb. 4.2 ist ein Fuzzy Set abgebildet, das sich mit Hilfe von Gl. 4.11 beschreiben läßt. Es ist das Fuzzy Set $\mathbb{A} = (x_1 \; \mu_1)\,(x_2 \; \mu_2)\,(x_3 \; \mu_3)\,(x_4 \; \mu_4)\,(x_5 \; \mu_5) = (0.5 \; 0.0)\,(1.2 \; 0.6)\,(2.1 \; 0.9)\,(2.7 \; 0.8)\,(3.5 \; 0.0)$.

Für ein beliebiges $x \in \mathbb{A}$ läßt sich der Zugehörigkeitsgrad $\mu(x)$ für das Fuzzy Set $\mathbb{A}$ aus Gl. 4.11 mit Hilfe von Gl. 4.12 berechnen. Die Gl. 4.11 stellt somit eine

[9] *Singleton*: Ein Singleton (o.a. Fuzzy Singleton) ist ein Fuzzy Set, das nur ein einziges Element enthält. In der deutschsprachigen Literatur wird es manchmal auch als Fuzzy-Einermenge bezeichnet (s. z.B. [Bie97]).

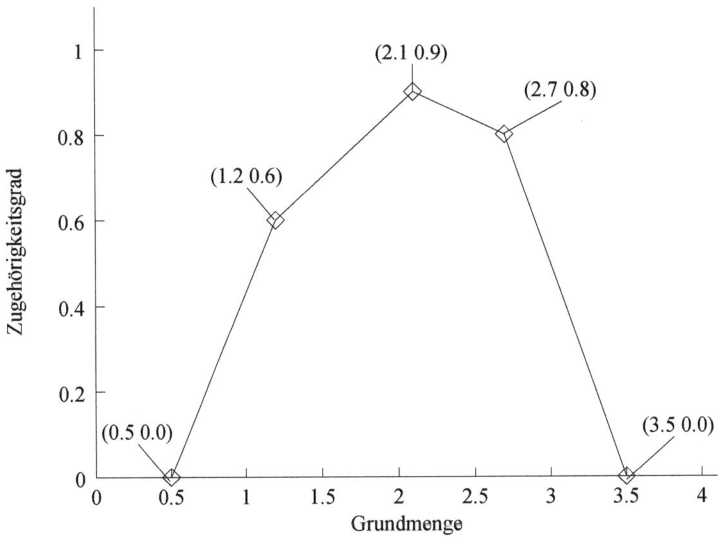

Abbildung 4.2: Beispiel für ein Fuzzy Set laut Gl. 4.11

einfache und vollständige Möglichkeit da derartige Fuzzy Sets zu beschreiben.

$$\mu(x) = \begin{cases} \mu(x_1) & \text{falls } x \leq x_1, \\ \mu(x_i) + \frac{\mu(x_{i+1})-\mu(x_i)}{x_{i+1}-x_i}(x - x_i) & \text{falls } x_i < x \leq x_{i+1}, \\ \mu(x_N) & \text{falls } x_N < x \end{cases} \tag{4.12}$$

In der Nomenklatur der Fuzzy Sets werden die hochsprachlichen Sensorwerte (*Nicht, Schwach, Mittel, Stark*), die den einzelnen Fuzzy Sets zugewiesen werden, als *Linguistische Werte* einer *Linguistischen Variablen* (hier z.B. Breite) bezeichnet. Die Abb. 4.3 zeigt eine graphische Darstellung dieser Werte für den Fall, daß sie laut Gl. 4.3 abgebildet werden.

Wie bereits oben erläutert, entsprechen die harten Grenzen der Linguistischen Werte aus Abb. 4.3 nicht den Grenzen, die ein Mensch in derartigen Fällen verwendet. Ein Mensch verwendet eher Abbildungen der Werte, die denen in Abb. 4.4 ähneln. Es wurden hier die häufig für Fuzzy Sets verwendeten Standardfunktionen S, Π und Z (siehe z.B. [Bie97] und [Orc98]) verwendet. Das Fuzzy Set

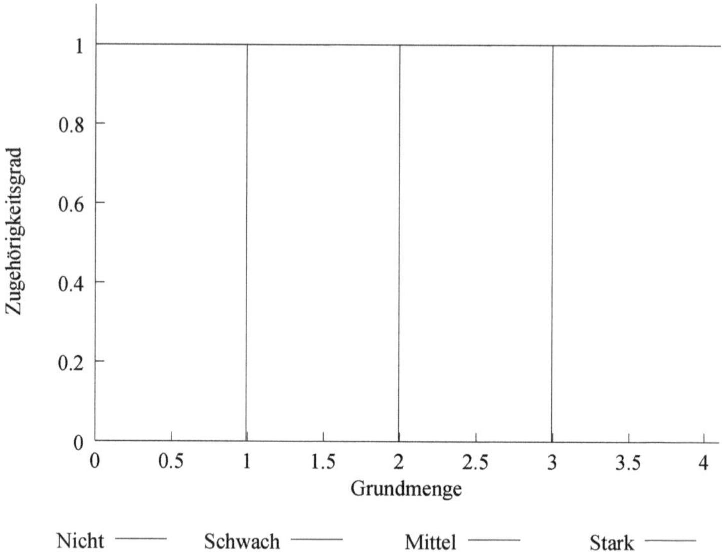

Abbildung 4.3: Sensorwerte mit Rechteckform

für den Wert *Nicht* wurde mit Hilfe einer Z-Funktion, die Fuzzy Sets der Werte *Schwach* und *Mittel* mit Π-Funktionen und das Fuzzy Set für den Wert *Stark* mit einer S-Funktion realisiert.

Die Verwendung der Standardfunktionen hat den Nachteil, daß sich der Rechenaufwand bei der Fuzzy Inferenz und der Fuzzy-Arithmetik deutlich erhöht (s. [Orc98]). Daher werden in FuzzySOLUTION einfachere Fuzzy Sets eingesetzt, die die Standardfunktionen grob annähern und die sich mit Hilfe von Gl. 4.11 darstellen lassen. Es wurde sowohl die Verwendung der dreieckförmigen Fuzzy Sets aus Abb. 4.5 als auch die der trapezförmigen Fuzzy Sets aus Abb.4.6 untersucht. Die Ergebnisse der Untersuchungen werden im Abschnitt 7 beschrieben.

Bei der Verwendung der Fuzzy Sets aus Abb. 4.5 erfolgt die Abbildung der numerischen Werte W_{num} des Sensors S_i in die hochsprachlichen (linguistischen) Werte W_{ling} anstatt nach Gl. 4.3 nach Gl. 4.13:

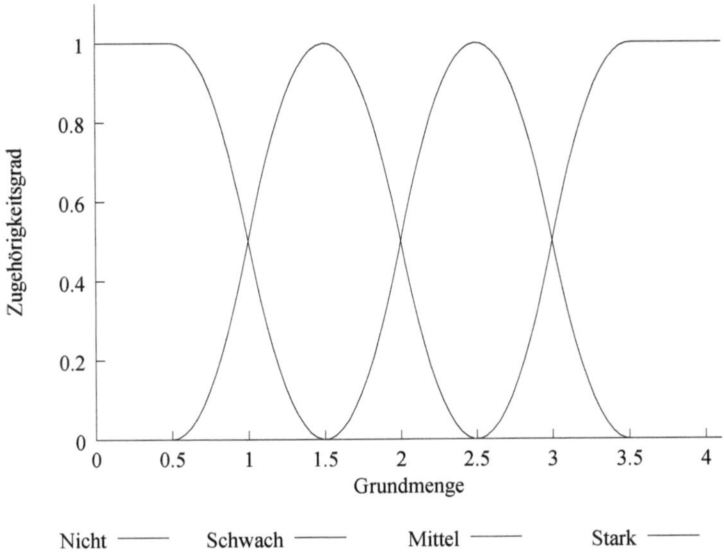

Abbildung 4.4: Sensorwerte mit kontinuierlichen Übergängen

$$W_{ling}(S_i) = \begin{cases} (Nicht|1.0) & \text{falls } 0.0 \leq W_{num}(S_i) < 0.5, \\ (Nicht|1.5 - W_{num}) & \\ und & \\ (Schwach|W_{num} - 0.5) & \text{falls } 0.5 \leq W_{num}(S_i) < 1.5, \\ (Schwach|2.5 - W_{num}) & \\ und & \\ (Mittel|W_{num} - 1.5) & \text{falls } 1.5 \leq W_{num}(S_i) < 2.5, \\ (Mittel|3.5 - W_{num}) & \\ und & \\ (Stark|W_{num} - 2.5) & \text{falls } 2.5 \leq W_{num}(S_i) < 3.5, \\ (Stark|1.0) & \text{falls } 3.5 \leq W_{num}(S_i) \leq 4.0 \end{cases} \tag{4.13}$$

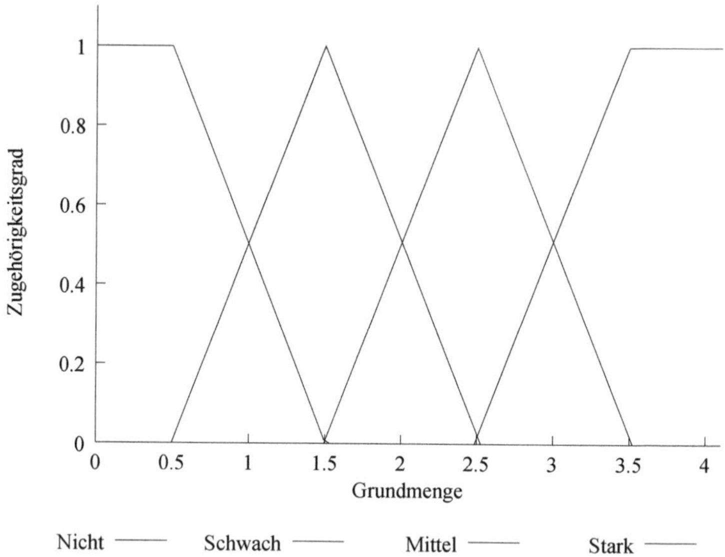

Abbildung 4.5: Sensorwerte mit dreieckförmigen Fuzzy Sets

Damit würde z.B. bei einem numerischen Sensorwert $W_{num}(S_i) = 0.8$ die linguistische Variable den Wert $W_{ling}(S_i) = (Nicht|0.7)und(Schwach|0.3)$ erhalten. Dies würde bedeuten, daß der Wert des Sensors S_i mit einem Zugehörigkeitsgrad von 0.7 *Nicht* und mit einem Zugehörigkeitsgrad von 0.3 *Schwach* ist.

Innerhalb von FuzzySOLUTION wird diese Art der Umwandlung der Sensorwerte nicht benötigt. Sie dient lediglich dazu, dem Menschen zu verdeutlichen, was ein numerischer Sensorwert hochsprachlich zu bedeuten hat. Für diesen Zweck ist es allerdings sinnvoller auf die genaue Angabe des Zugehörigkeitsgrad zu verzichten und stattdessen Aussagen wie z.B. "Der Wert liegt ungefähr in der Mitte zwischen Mittel und Stark!", "Der Wert liegt eher bei Mittel als bei Stark!" oder "Der Wert beträgt ungefähr Mittel!" zu verwenden.

Die Fuzzy Sets der Abbildungen 4.5 und 4.6 kommen in FuzzySOLUTION nur für die Modellierung des globalen Ziels (s. Abschnitt 4.2) zum Einsatz. Im Abschnitt 4.1.5 sind die Fuzzy Sets dargestellt, die direkt für die Meßwerte verwendet werden. Aus dem globalen Ziel und den Meßwerten werden lokale Ziele berechnet. Die Beschreibung der Berechnung der lokalen Ziele und ihre Darstellung als Fuzzy Sets erfolgt im Abschnitt 4.3.

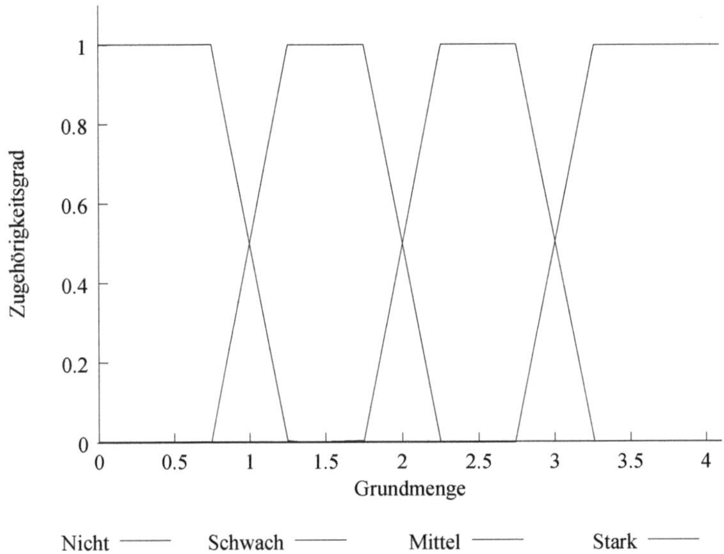

Abbildung 4.6: Sensorwerte mit trapezförmigen Fuzzy Sets

4.1.5 Umwandlung der Sensorwerte in Fuzzy Sets

Weiter oben wurde erläutert, daß es sinnvoll ist, die Zielvorgaben (globales Ziel, Sollwerte) für die Sensoren, die vom Anwender vorgegeben werden, als Fuzzy Sets abzubilden. Da während der Adaption die Sollwerte mit den Istwerten (gemessene Werte) verglichen werden, müssen auch die gemessenen Werte in Fuzzy Sets umgewandelt werden. Bei den Meßwerten macht es wenig Sinn, unscharfe Werte zu verwenden, da es sich um Zahlenwerte und nicht um linguistische Ausdrücke handelt (es findet kein Vergleich mit den Sollwerten auf der Ebene der linguistischen Ausdrücke statt). Allerdings können die Meßroutinen der Sensoren ähnlich wie z.B. elektromechanische Meßgeräte Fehler aufweisen, so daß die gemessenen Werte nicht mit den echten Werten übereinstimmen. Wenn in derartigen Fällen die Fehler nicht herausgerechnet und somit die exakten Größen nicht bestimmt werden können, erhält man ungenaue Meßwerte.

In FuzzySOLUTION werden gemessene Sensorwerte daher in Crisp Werte[10] oder in rechteckförmige Fuzzy Sets umgewandelt. Dies ist in Abb. 4.7 beispielhaft für einen Meßwert von 2.4 dargestellt.

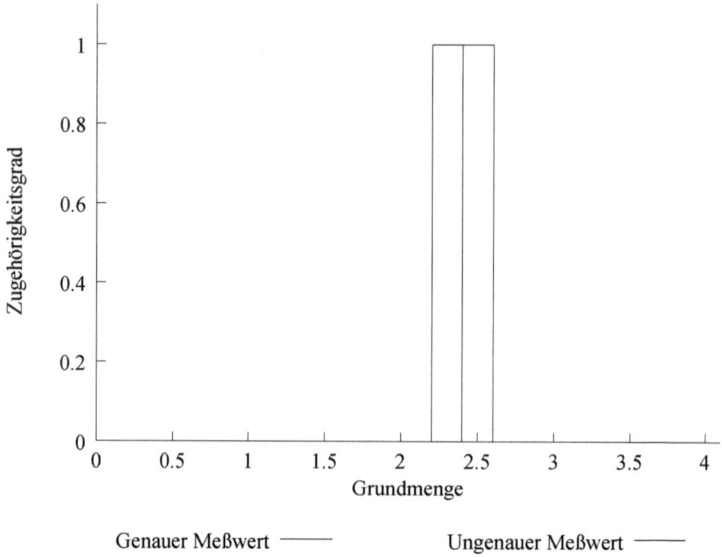

Abbildung 4.7: Gemessene Sensorwerte als Fuzzy Sets

Als Crisp Wert wird ein Fuzzy Set bezeichnet, das nur ein einziges Element enthält. Dieses Element hat außerdem einen Zugehörigkeitsgrad von 1.0. In FuzzySOLUTION werden Meßwerte, die keine Meßfehler enthalten, bzw. deren Meßfehler nicht betrachtet werden, als Crisp Werte abgebildet. Es handelt sich sich hierbei also um genaue Meßwerte.

Ungenaue Meßwerte, d.h. Meßwerte die einen Meßfehler enthalten, können als rechteckförmige Fuzzy Sets abgebildet werden. Dies bedeutet, daß der tatsächliche Wert des Sensors sich irgendwo innerhalb der Grenzen des Rechtecks befindet.

[10] *Crisp Wert*: Engl.: *Crisp Value*. Ein Crisp Wert ist ein Fuzzy Set, das einen scharfen Wert repräsentiert. Dies bedeutet, daß nur genau ein Element der Grundmenge (der scharfe Wert) einen Zugehörigkeitsgrad von 1.0 zum Fuzzy Set besitzt. Alle anderen Elemente besitzen einen Zugehörigkeitsgrad von 0.0.

Ursachen für ungenaue Sensorwerte

Es gibt verschiedene, meistens sensorspezifische Ursachen, die zu ungenauen oder falschen Sensorwerten führen. Im folgenden werden einige anhand des Sensors Geradenzerstückelung erläutert.

Ein Konturbild besteht aus Kontur- und Hintergrundpunkten (Pixel). Die Konturpunkte lassen sich aufteilen in erwünschte und unerwünschte Punkte. Erwünschte Konturpunkte bilden die Konturen der Objekte, die im Originalbild segmentiert werden sollen. Je nach Objekt lassen sich die Konturen in mehrere Geraden einteilen, d.h. in Bereiche, in denen die dort vorhandenen Konturpunkte auf einer Geraden liegen. Die Geradenzerstückelung ist im Idealfall ein Maß für das Verhältnis von fehlenden Punkten zu allen bei einer optimalen Segmentierung vorhandenen Punkten, die sich auf diesen Geraden befinden.

Um die Geradenzerstückelung zu berechnen, müssen im ersten Schritt die Geraden ermittelt werden, die auf den gewünschten Konturen liegen. Damit die gewünschten Konturen nicht vorgegeben werden müssen (dies müßte in der Regel durch eine aufwendige manuelle Segmentierung geschehen), werden Annahmen über verschiedene Eigenschaften der gewünschten Konturgeraden getroffen. Die Annahmen beruhen auf a priori Wissen und können größtenteils vom Anwender verändert werden.

Die wichtigste Annahme ist, daß unerwünschte Geraden kürzer als erwünschte Geraden sind. Defaultmäßig werden nur Geraden betrachtet, deren Länge mindestens 15 Pixel beträgt.

Wenn dieser Wert zu niedrig gewählt wird, werden nicht nur gewünschte sondern auch unerwünschte Geraden bei der Berechnung der Geradenzerstückelung betrachtet. Da kurze Geraden häufig weniger zerstückelt sind als lange Geraden (durch eine Zerstückelung zerfallen lange Geraden oft in kürzere unzerstückelte Geraden), wird dies meistens zur Folge haben, daß die Geradenzerstückelung niedriger berechnet wird, als sie tatsächlich ist. Es kann aber natürlich auch der Fall auftreten, daß die Geradenzerstückelung dadurch höher wird. Dies passiert, wenn es ausreichend viele unerwünschte und stark zerstückelte kurze Geraden gibt.

Wird der Wert der Mindestgeradenlänge zu hoch gewählt, fließen Teile der Kontur nicht mehr in die Berechnung der Geradenzerstückelung ein. Da es durch eine Zerstückelung häufig passiert, daß Konturgeraden kürzer werden oder in mehrere kürzere zerfallen, ist die Wahrscheinlichkeit hoch, daß durch eine zu große Mindestgeradenlänge die Geradenzerstückelung zu niedrig berechnet wird. Es ist aber auch möglich, daß sie stattdessen zu hoch berechnet wird. Dieser Fall tritt ein, wenn die Zerstückelung der langen Geraden wesentlich größer als die mittlere Zerstückelung aller Geraden ist.

Der Parameter Mindestgeradenlänge stellt daher eine Ursache für Abweichungen der berechneten Werte des Sensors Geradenzerstückelung von der tatsächlichen Geradenzerstückelung da.

Eine weitere Ungenauigkeitsquelle ist ein Parameter, der den Maximalabstand zweier Teilgeraden festlegt. Mit diesem Parameter kann verhindert werden, daß sich zwei Konturgeraden, die sich hintereinander auf einer gedachten längeren Geraden befinden, als eine zerstückelte Gerade betrachtet werden. Wählt man diesen Parameter zu groß, so folgt daraus eine berechnete Geradenzerstückelung, die zu groß ist. Ist der Parameter dagegen zu klein, so wird insbesondere bei einer großen Geradenzerstückelung ihr Wert zu klein berechnet.

Selbst wenn alle Parameter des Sensors Geradenzerstückelung richtig eingestellt sind, wird sein Wert häufig zu niedrig berechnet. Dies liegt daran, daß Pixel, die am Ende oder am Anfang einer Geraden fehlen, nicht erkannt werden. Die ermittelte Gerade ist in solchen Fällen immer kürzer als die Gerade in einem optimalen Konturbild. Dadurch wird die Geradenzerstückelung zu niedrig berechnet. Im Extremfall, wenn ganze Geraden komplett fehlen, kann der berechnete Wert 0 sein, obwohl der tatsächliche Wert 1 (100% Zerstückelung) beträgt.

Abgemildert werden könnte dieses Problem z.B. in Fällen, in denen die Schnittpunkte der gedachten Geradenverlängerungen ihre tatsächlichen Anfangs- bzw. Endpunkte darstellen. Anhand der Verbindungslinien könnten dann die tatsächlichen Längen (Längen in einem optimalen Konturbild) und daraus die Zerstückelung berechnet werden.

Eine andere Lösung wäre die Ermittelung der tatsächlichen Geraden anhand eines anderen, optimalen oder zu mindestens besseren Konturbildes. Dieses Konturbild könnte entweder das Ergebnis eines früheren Adaptionsschrittes sein oder besser noch das Ergebnis eines anderen, besseren (hinsichtlich der Konturbildqualität) Segmentierungsverfahrens. Hierfür wären Verfahren geeignet, die zwar rechenzeitintensiver sind und/oder eine Unterstützung durch den Anwender (z.B. markieren einiger Grauwertübergänge per Hand) erfordern, aber dafür eine sehr hohe Qualität ohne hohen Adaptionsaufwand ermöglichen.

Bei einigen Sensoren können Ergebnisbildzustände auftreten, in denen die Sensorwerte überhaupt nicht berechnet werden können. Dies ist z.B. bei der Geradenzerstückelung der Fall, wenn keine einzige Gerade gefunden wurde. In solchen Fällen werden Abschätzungen über die Größe der Sensorwerte und die Größe des Schätzfehlers (Ungenauigkeitsbereichs) getroffen. Im Fall der Geradenzerstückelung wird z.B. davon ausgegangen, daß die Ursache für die fehlenden Geraden eine zu hohe Geradenzerstückelung ist. Da der genaue Wert nicht bekannt ist, wird willkürlich festgelegt, daß sich der tatsächliche numerische Wert im Bereich zwischen 1.0 und 4.0 befindet.

Eine ausführlichere Beschreibung der Berechnungsvorschriften der meisten der eingesetzten Sensoren und ihrer Ungenauigkeiten ist in [Mün90] zu finden.

Modellierung der ungenauen Sensorwerte

In FuzzySOLUTION können diese Ungenauigkeiten durch rechteckförmige Fuzzy Sets (s. Abb. 4.7) und durch die zusätzliche Vergabe eines Sicherheitsfaktors (Certainty Factor) modelliert werden. Die Modellierung durch rechteckförmige Fuzzy Sets führt dazu, daß bei der Adaption alle Aktionen (Parameteränderungen) berücksichtigt werden, die einen Meßwert innerhalb des Ungenauigkeitsbereichs voraussetzen.[11] Durch die zusätzliche Verknüpfung des Meßwertes mit einem Sicherheitsfaktor wird der Einfluß dieser Aktionen auf die gesamte Aktion (auf die tatsächlich durchgeführte Parameteränderung) verringert.[12]

Ein großes Problem liegt darin, die Größe der Ungenauigkeiten zu berechnen bzw. abzuschätzen. Ein Verfahren, das im Rahmen von FuzzySOLUTION implementiert wurde, ist die Variation der Sensorparameter. Hierbei werden die Parameter eines Sensors, die einen Einfluß auf die Korrektheit seiner Berechnung haben, leicht variiert und anhand der Auswirkungen auf den berechneten Wert eine Abschätzung über die Größe der Ungenauigkeit gemacht. Anhand des Sensors Geradenzerstückelung wird das Verfahren im folgenden näher erläutert.

1. Berechnung der Geradenzerstückelung $W_{num}(S_g)$ mit den Parametern Mindestgeradenlänge $l_{g,min,num}$ und Maximalabstand $\delta_{g,max,num}$.
2. Wenn $W_{num}(S_g)$ ungültig ist, wird die untere Grenze des (Un-) Genauigkeitsbereichs $U_{min}(S_g)$ auf 1.0 und die obere Grenze $U_{max}(S_g)$ auf 4.0 gesetzt. Die Berechnung von $W_{num}(S_g)$ ist ungültig, wenn keine Geraden gefunden wurden, die die vorgegebenen Bedingungen (Parameter der Berechnung) erfüllen. Die Wahrscheinlichkeit ist hoch, daß dies die Folge einer hohen Zerstückelung ist. Da der genaue Wert der Zerstückelung nicht bekannt ist, wird der Bereich in dem der tatsächliche Wert liegen kann willkürlich auf den Bereich von 1.0 bis 4.0 (hochsprachlich: *Schwach* bis *Stark*) festgelegt.

[11] D.h. während der Regelinferenz feuern auch Regeln, die bei Verwendung eines Crisp Wertes aufgrund des zu großen Abstandes zwischen dem Meßwert und dem Vergleichswert im Bedingungsteil der Regel nicht feuern würden.

[12] Der Sicherheitsfaktor verringert den Einfluß der Regeln, die sich auf den ungenauen Meßwert beziehen, auf die Änderung, die sich aufgrund aller gefeuerten Regeln ergibt.

3. Wenn $W_{num}(S_g)$ gültig und gleich 0.0 ist, wird $U_{min}(S_g)$ auf 0.0 festgelegt, da er nicht niedriger als 0.0 sein kann.

4. Wenn $W_{num}(S_g)$ gültig und gleich 4.0 ist, wird $U_{max}(S_g)$ auf 4.0 festgelegt, da er nicht größer als 4.0 sein kann.

5. Wenn $W_{num}(S_g)$ gültig ist und $U_{min}(S_g)$ noch nicht festgelegt wurde, wird $U_{min}(S_g)$ ähnlich wie $W_{num}(S_g)$ berechnet. Dabei werden aber die Parameter so gewählt, daß die Zerstückelung vermutlich (läßt sich nicht genau vorhersagen) niedriger berechnet wird. Für den Parameter Mindestgeradenlänge $l_{g,min,min}$ bedeutet dies, daß er, wenn möglich, leicht erhöht wird:

   $$l_{g,min,min} = \min(l_{g,max,num}, l_{g,min,num} + 2) \tag{4.14}$$

   Dabei ist $l_{g,max,num}$ ein weiterer Parameter der Geradenzerstückelung, der die maximale Länge von Geraden festlegt. Die Erhöhung der Mindestgeradenlänge bedeutet, daß kürzere Geraden nicht mehr betrachtet werden. Ob dadurch die Geradenzerstückelung kleiner oder größer wird, läßt sich nicht eindeutig vorhersagen.

   Der Parameter Maximalabstand $\delta_{g,max,min}$ wird dagegen leicht verringert:

   $$\delta_{g,max,min} = \max(0, \delta_{g,max,num} - 2) \tag{4.15}$$

   Durch die Verringerung des Maximalabstandes können stark zerstückelte Geraden in mehrere Teilgeraden zerfallen. Der Fehlanteil und damit auch die Zerstückelung werden dadurch geringer.

6. Wenn $W_{num}(S_g)$ gültig ist und $U_{max}(S_g)$ noch nicht festgelegt wurde, wird $U_{max}(S_g)$ ähnlich wie $W_{num}(S_g)$ berechnet. Dabei werden aber die Parameter so gewählt, daß die Zerstückelung vermutlich höher berechnet wird. Für den Parameter Mindestgeradenlänge $l_{g,min,max}$ bedeutet dies:

   $$l_{g,min,max} = \max(0, l_{g,min,num} - 2) \tag{4.16}$$

   Der Parameter Maximalabstand $\delta_{g,max,max}$ wird dagegen hier leicht erhöht:

   $$\delta_{g,max,max} = \delta_{g,max,num} + 2 \tag{4.17}$$

7. Nach der Festlegung bzw. Berechnung von $W_{num}(S_g)$, $U_{min}(S_g)$ und $U_{max}(S_g)$ wird noch einmal überprüft, welche der Werte das tatsächliche Minimum bzw. Maximum darstellen und ob die Werte im gültigen

Wertebereich von 0.0 bis 4.0 liegen. Für $U_{min}(S_g)$ und $U_{max}(S_g)$ ergibt sich damit:

$$U_{min}(S_g) = \max(0.0, (\min(W_{num}(S_g), U_{min}(S_g), U_{max}(S_g), 4.0))) \qquad (4.18)$$

$$U_{max}(S_g) = \min(4.0, (\max(W_{num}(S_g), U_{min}(S_g), U_{max}(S_g), 0.0))) \qquad (4.19)$$

8. Der Sicherheitsfaktor (Certainty Factor) C_F des Meßwertes $W_{num}(S_g)$ wird anschließend nach Gl. 4.20 aus $U_{min}(S_g)$ und $U_{max}(S_g)$ berechnet.

$$C_F(W_{num}(S_g)) = 1.0 - \frac{U_{max}(S_g) - U_{min}(S_g)}{4.0} \qquad (4.20)$$

   Er hat einen Wertebereich von 0.0 bis 1.0. Dabei bedeutet ein Wert von 0.0 keine Sicherheit und ein Wert von 1.0 eine hohe Sicherheit. Hat ein Sensorwert einen Sicherheitsfaktor von 0.0, folgt daraus, daß Regeln, die diesen Sensor in ihrem Bedingungsteil haben, nichts zur Aktion (Parameteränderung) beitragen.

   Die Gl. 4.20 führt dazu, daß der Sicherheitsfaktor 0.0 beträgt, wenn der gemessene Wert im gesamten Wertebereich von 0.0 bis 4.0 liegen kann. Ist die Breite des (Un-) Genauigkeitsbereichs dagegen 0, d.h. wird der Meßwert als Crisp Wert und nicht als Fuzzy Set abgebildet, so hat der Sicherheitsfaktor den Wert 1.0.

4.2 Formulierung des globalen Adaptionsziels

Durch die Formulierung des globalen Adaptionsziels (kurz: globales Ziel) legt der Benutzer fest, wie das gewünschte (ideale) Konturbild aussehen soll. Das globale Ziel besteht dabei aus einer Reihe von Teilzielen. Entsprechend den Forderungen aus Abschnitt 2.3 erfolgt die Formulierung der Teilziele hochsprachlich.

Ein Teilziel besteht im allgemeinen aus den drei Angaben *Wert, Relation* und *Priorität*. Jedes Teilziel bezieht sich auf genau einen Sensor (s. Abschnitt 4.1.1).

Der *Wert* legt den Sollwert eines Sensors fest. Er kann die vier hochsprachlichen (linguistischen) Werte *Nicht, Schwach, Mittel* oder *Stark* besitzen. Die linguistischen Werte werden in FuzzySOLUTION entsprechend Abschnitt 4.1.4 als Fuzzy Sets abgebildet.

Die *Relation* gibt an, wie dieser Wert erreicht werden soll. Sie kann die Werte *Identisch, Mindestens, Höchstens, Minimieren* und *Maximieren* annehmen. Dabei bedeutet *Identisch,* daß der zugehörige Sensor genau den vorgegebenen Wert annehmen soll. *Mindestens* bedeutet, daß der Sensor den angegeben oder einen höheren Wert annehmen soll und *Höchstens* bedeutet dementsprechend, daß der Wert niedriger oder genauso hoch wie die Vorgabe sein soll. Die Relation *Minimieren* bedeutet dagegen, daß der Wert so klein wie möglich und *Maximieren,* daß er so groß wie möglich sein soll. Bei der Verwendung der letzten beiden Relationen entfällt die Angabe eines Wertes, da die Relationen die Werte *Nicht* bzw. *Stark* implizieren.

Durch die unterschiedlichen Relationen wird die Aufgabenstellung sehr flexibel. Dies ist ein wesentlicher Unterschied zum Vorgängersystem Conny, in dem die globalen Teilziele fest in den Regeln vorgegeben waren. Ein Unterschied zu SOLUTION besteht darin, daß die Angabe der Wert-Relations-Paare *Identisch / Stark* oder *Mindestens / Stark* bzw. *Identisch / Nicht* oder *Höchstens / Nicht* nicht identisch ist mit der Angabe *Maximieren* bzw. *Minimieren.* Während in den ersten Fällen das Teilziel erfüllt ist, wenn der Meßwert im Bereich *Stark* bzw. *Nicht* liegt, ist im letzten Fall das Teilziel erst voll erfüllt, wenn der numerische Meßwert den Wert 4.0 bzw. 0.0 besitzt. Siehe hierzu auch Abschnitt 4.3.

Die Relation *Identisch* ist nur sehr selten erforderlich. So ist es mit ihr z.B. möglich festzulegen, daß die Parallelität genau *Mittel* sein soll. Ein höherer Wert würde dann in der Regel auf zusätzliche parallele Störkonturen und ein zu niedriger Wert auf eine Zerstückelung der Konturen hinweisen.

Die Priorität legt fest, wie wichtig die Erfüllung des Teilziels ist. Je nach Adaptionsstrategie hat die Priorität Auswirkungen auf die Auswahl der zu erfüllenden Teilziele. Aus der Priorität wird aber auch ein Gewichtungsfaktor für die Berechnung eines Gütemaßes (Qualitätsberechnung, Abschnitt 4.4) ermittelt. Der Anwender wählt für die Priorität einen der hochsprachlichen Werte *Nicht-verwenden, Unwichtig, Mittlere-Priorität, Wichtig* und *Notwendig* aus. Im Prinzip könnten die Prioritäten genau wie die Sensorwerte in Fuzzy Sets abgebildet werden. Da sie aber im Gegensatz zu den Sensorwerten nicht für einen Vergleich zwischen gemessenen und vorgegebenen Werten verwendet werden, ist es sinnvoller sie stattdessen direkt in Zahlen zwischen 0.0 und 1.0 umzuwandeln. Die Tabelle 4.3 zeigt die Zuordnung zwischen den linguistischen und den numerischen Werten.

Ein globales Teilziel kann somit z.B. wie folgt lauten:

Breite: Wert = Schwach
Relation = Höchstens
Priorität = Wichtig

Es bedeutet: "Es ist wichtig, daß die Breite der Konturlinien höchstens den Wert Schwach besitzt".

Linguistischer Wert	Numerischer Wert
Nicht-verwenden	0.0
Unwichtig	0.25
Mittlere-Priorität	0.5
Wichtig	0.75
Notwendig	1.0

Tabelle 4.3: Linguistische und numerische Prioritäten

4.3 Die lokalen Ziele

Die lokalen Ziele legen fest, welcher Sensorwert sich wie verändern muß, damit das globale Ziel (s. Abschnitt 4.2) erreicht wird. Hochsprachlich läßt sich ein lokales Ziel z.B. wie folgt ausdrücken: "Die Breite muß schwach erhöht werden".

Genau wie in SOLUTION werden in FuzzySOLUTION die lokalen Ziele mit der Hilfe von Rechenvorschriften aus einem Vergleich der globalen Teilziele mit den gemessenen Sensorwerten bestimmt. Da aber in FuzzySOLUTION Fuzzy Sets verwendet werden, weichen die Rechenvorschriften voneinander ab. Im Abschnitt 4.3.1 werden die Fuzzy Sets und die zugehörigen linguistischen Werte der lokalen Ziele beschrieben. Der Abschnitt 4.3.2 beschäftigt sich mit ihrer Berechnung.

4.3.1 Lokale Ziele als Fuzzy Sets

Ein lokales Ziel ist im Prinzip die Differenz zwischen dem Sollwert aus dem globalen Ziel und dem zugehörigen, aktuell gemessenen Sensorwert. Da der Sensorwert laut Gl. 4.2 einen numerischen Wertebereich von 0.0 bis 4.0 hat, ergibt sich für den numerischen Wertebereich des lokalen Ziels L_{num} des Sensors S_i der folgende Wertebereich (Basisdefinitionsbereich, Grundmenge):

$$-4.0 \leq L_{num}(S_i) \leq 4.0 \tag{4.21}$$

Es bietet sich an, für die lokalen Ziele ähnliche Fuzzy Sets zu verwenden wie für die globalen Teilziele (Vorgaben für die Sensorwerte). In der Abb. 4.8 sind Fuzzy

Sets abgebildet, die durch Spiegelung der Fuzzy Sets an der Ordinate (Y-Achse) aus Abb. 4.5 erzeugt wurden.

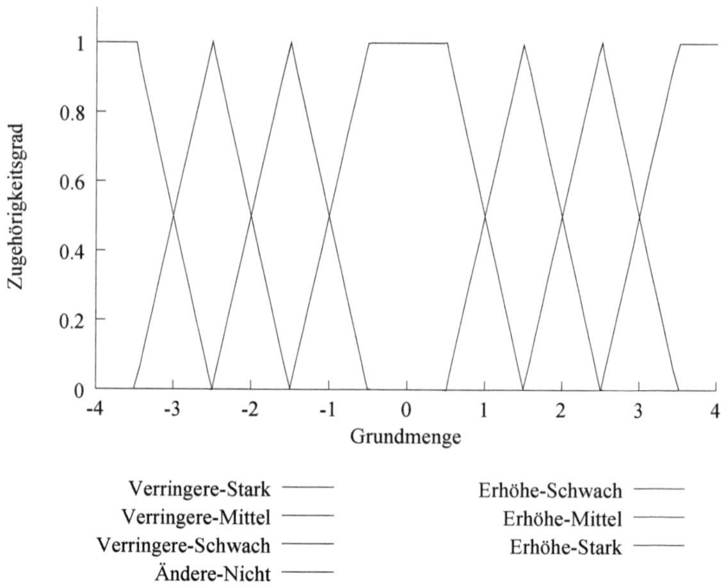

Abbildung 4.8: Lokale Ziele mit dreieckförmigen Fuzzy Sets

Warum es sinnvoll ist, die Fuzzy Sets der lokalen Ziele immer durch Spiegelung der Fuzzy Sets der globalen Teilziele zu erzeugen, wird im Abschnitt 4.3.2 erläutert.

Wie man anhand der Abb. 4.8 erkennen kann, werden als linguistische Werte für die lokalen Ziele $L_{ling}(S_i)$ die Ausdrücke *Verringere-Stark, Verringere-Mittel, Verringere-Schwach, Ändere-Nicht, Erhöhe-Schwach, Erhöhe-Mittel* und *Erhöhe-Stark* verwendet.

Lokale Ziele bestehen zusätzlich noch aus einer Priorität P und einem Sicherheitsfaktor C_F. Die Priorität $P(L(S_i))$ (kurz: P_i) des lokalen Ziels $L(S_i)$ für den Sensor S_i wird vom zugehörigen globalen Teilziel $G(S_i)$ übernommen, d.h.:

$$P(L(S_i)) = P_i = P(G(S_i)) \tag{4.22}$$

Der Sicherheitsfaktor $C_F(L(S_i))$ des lokalen Ziels $L(S_i)$ für den Sensor S_i wird dagegen vom aktuellen Meßwert des Sensors $W_{num}(S_i)$ übernommen:

$$C_F(L(S_i)) = C_F(W_{num}(S_i)) \tag{4.23}$$

4.3.2 Berechnung der lokalen Ziele

Fuzzy-Subtraktion

Die Berechnungsvorschrift eines lokalen Ziels hängt von der Relation[13] des zugehörigen globalen Teilziels ab. Der Hauptteil besteht immer aus einer Subtraktion zweier Fuzzy Sets (meistens: globales Teilziel minus Sensormeßwert). Im folgenden wird kurz auf die in FuzzySOLUTION implementierte Fuzzy-Subtraktion[14] eingegangen.

Etwa ab 1980 wurde von zahlreichen Wissenschaftlern (u.a. Arnold Kaufmann) intensiv an der Theorie der Fuzzy Arithmetik gearbeitet. Eine sehr gute Einführung in diese Theorie und ihre Anwendung ist [KG91]. Aber auch [KY95] besitzt ein eigenes Kapitel über Fuzzy Arithmetik.

Die Fuzzy Arithmetik basiert auf der Theorie der Intervallarithmetik. Zwei geschlossene Intervalle $\mathbb{A} = [a_1, a_2]$ und $\mathbb{B} = [b_1, b_2]$ werden in der Intervalltheorie laut Gl. 4.24 voneinander subtrahiert[15].

$$\begin{aligned} \mathbb{A}(-)\mathbb{B} &= [a_1, a_2](-)[b_1, b_2] \\ &= [a_1 - b_2, a_2 - b_1] \end{aligned} \tag{4.24}$$

Das heißt, der größte Wert des Intervalls $\mathbb{B}$ wird vom kleinsten Wert des Intervalls $\mathbb{A}$ subtrahiert und der kleinste Wert des Intervalls $\mathbb{B}$ vom größten des Intervalls $\mathbb{A}$. Die Ergebnisse legen die Grenzen des Ergebnisintervalls $\mathbb{A}(-)\mathbb{B}$ fest.

Laut [KY95] können Fuzzy Sets auch mit Hilfe ihrer α-Schnitte beschrieben werden. Ein α-Schnitt ${}^{\alpha}\mathbb{A}$ des Fuzzy Sets $\mathbb{A}$ ist eine klassische Menge (Crisp Set), die alle Elemente des Fuzzy Sets $\mathbb{A}$ enthält, deren Zugehörigkeitsgrad zum Fuzzy Set $\mathbb{A}$ größer oder gleich α ist. Für reelle Zahlen können α-Schnitte in Intervallform dargestellt werden. Der α-Schnitt aus Gl. 4.25 enthält alle reellen Zahlen im Intervall zwischen a_1 und a_2.

[13] Die Relation legt fest, wie das globale Teilziel erreicht werden soll (s.a. Abschnitt 4.2).

[14] *Fuzzy-Subtraktion*: Subtraktion zweier Fuzzy Sets. Das Ergebnis ist wieder ein Fuzzy Set.

[15] Die Intervallsubtraktion wird im folgenden als $(-)$ dargestellt.

$$^{\alpha}\mathbb{A} = [a_1, a_2] \tag{4.25}$$

Die Abb. 4.9 zeigt zwei trapezförmige Fuzzy Sets $\mathbb{A}$ und $\mathbb{B}$, deren Zugehörigkeitsfunktionen (siehe Gl. 4.9) in den Gleichungen 4.26 und 4.27 dargestellt sind. In der Abbildung ist zusätzlich der Wert α als horizontale Linie eingezeichnet.

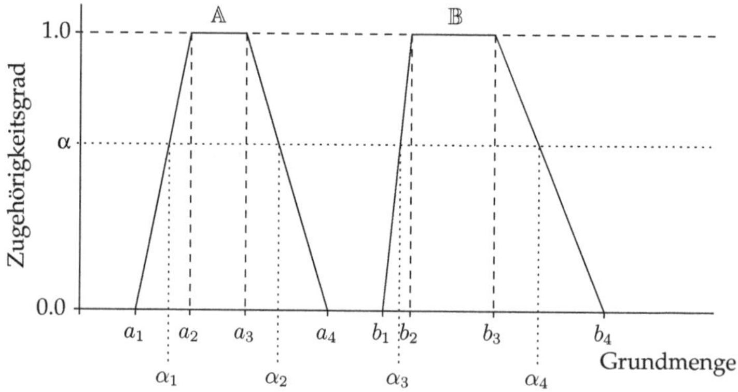

Abbildung 4.9: Zwei trapezförmige Fuzzy Sets

$$\mu_A(x) = \begin{cases} 0.0 & \text{falls } x \leq a_1 \vee x > a_4, \\ \frac{x-a_1}{a_2-a_1} & \text{falls } a_1 < x \leq a_2, \\ \frac{x-a_4}{a_3-a_4} & \text{falls } a_3 < x \leq a_4, \\ 1.0 & \text{falls } a_2 < x \leq a_3 \end{cases} \tag{4.26}$$

$$\mu_B(x) = \begin{cases} 0.0 & \text{falls } x \leq b_1 \vee x > b_4, \\ \frac{x-b_1}{b_2-b_1} & \text{falls } b_1 < x \leq b_2, \\ \frac{x-b_4}{b_3-b_4} & \text{falls } b_3 < x \leq b_4, \\ 1.0 & \text{falls } b_2 < x \leq b_3 \end{cases} \tag{4.27}$$

Aus der Gl. 4.26 läßt sich die α-Schnitt-Darstellung der Gl. 4.25 für das Fuzzy Set $\mathbb{A}$ ermitteln (siehe Gl. 4.28). Entsprechend kann die α-Schnitt-Darstellung für das Fuzzy Set $\mathbb{B}$ aus der Gl. 4.27 bestimmt werden (siehe Gl. 4.29).

$$^{\alpha}\mathbb{A} = [\alpha(a_2 - a_1) + a_1, \alpha(a_3 - a_4) + a_4] \qquad \forall \qquad \alpha \in [0, 1] \tag{4.28}$$

$$^{\alpha}\mathbb{B} = [\alpha(b_2 - b_1) + b_1, \alpha(b_3 - b_4) + b_4] \quad \forall \quad \alpha \in [0,1] \tag{4.29}$$

Da es sich bei den Gleichungen 4.28 und 4.29 um Intervalle handelt, folgt (s.a. [KY95]) für die Differenz der beiden Fuzzy Sets $\mathbb{A}(-)\mathbb{B}$ in der α-Schnitt-Darstellung mit Hilfe von Gl. 4.24 die Gl. 4.30.

$$\begin{aligned} ^{\alpha}\mathbb{C} &= {}^{\alpha}(\mathbb{A}(-)\mathbb{B}) \\ &= {}^{\alpha}\mathbb{A}(-){}^{\alpha}\mathbb{B} \\ &= [\alpha(a_2 - a_1 - b_3 + b_4) + a_1 - b_4, \alpha(a_3 - a_4 - b_2 + b_1) + a_4 - b_1] \\ &\quad \forall \quad \alpha \in [0,1] \end{aligned} \tag{4.30}$$

Für das durch die Subtraktion entstandene Fuzzy Set $\mathbb{C}$ der Gl. 4.30 läßt sich aus Gl. 4.30 wieder die Zugehörigkeitsfunktion $\mu_C(x)$ ermitteln (s. Gl. 4.31).

$$\mu_C(x) = \begin{cases} 0.0 & \text{falls } x \leq a_1 - b_4 \vee x > a_4 - b_1, \\ \frac{x - a_1 + b_4}{a_2 - a_1 - b_3 + b_4} & \text{falls } a_1 - b_4 < x \leq a_2 - b_3, \\ \frac{x - a_4 + b_1}{a_3 - a_4 - b_2 + b_1} & \text{falls } a_3 - b_2 < x \leq a_4 - b_1, \\ 1.0 & \text{falls } a_2 - b_3 < x \leq a_3 - b_2 \end{cases} \tag{4.31}$$

In der Abb. 4.10 ist das Fuzzy Set $\mathbb{C}$ graphisch dargestellt.

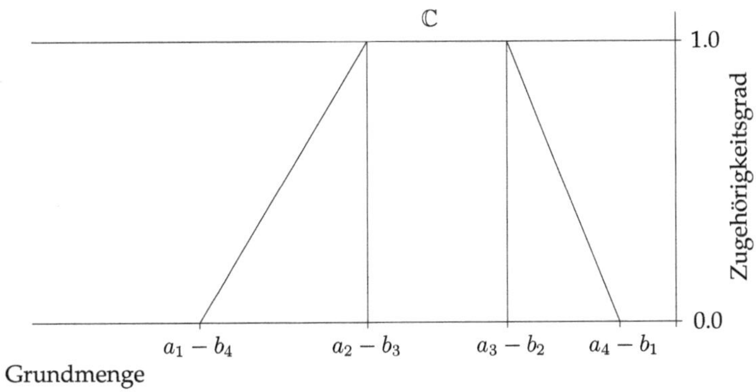

Abbildung 4.10: Fuzzy Set $\mathbb{C} = \mathbb{A}(-)\mathbb{B}$

Im Abschnitt 4.1.4 wurde bereits darauf hingewiesen, daß in FuzzySOLUTION Fuzzy Sets als geordnete Listen von Singletons laut Gl. 4.11 dargestellt werden. In dieser Darstellungsform werden die Fuzzy Sets $\mathbb{A}$, $\mathbb{B}$ und $\mathbb{C}$ laut den Gleichungen 4.32, 4.33 und 4.34 beschrieben.

$$
\begin{aligned}
\mathbb{A} &= (a_1\ 0.0)\,(a_2\ 1.0)\,(a_3\ 1.0)\,(a_4\ 0.0) && (4.32)\\
\mathbb{B} &= (b_1\ 0.0)\,(b_2\ 1.0)\,(b_3\ 1.0)\,(b_4\ 0.0) && (4.33)\\
\mathbb{C} &= (c_1\ 0.0)\,(c_2\ 1.0)\,(c_3\ 1.0)\,(c_4\ 0.0) && (4.34)\\
&= ((a_1 - b_4)\ 0.0)\,((a_2 - b_3)\ 1.0)\,((a_3 - b_2)\ 1.0)\,((a_4 - b_1)\ 0.0)
\end{aligned}
$$

Die Gl. 4.34 zeigt, daß die Rechenvorschrift für die Subtraktion zweier Fuzzy Sets in der Singleton Darstellung besonders einfach wird[16], wenn es sich bei den Fuzzy Sets um trapezförmige Fuzzy Sets wie in Abb. 4.9 handelt. Daher werden in FuzzySOLUTION ausschließlich Fuzzy Sets verwendet, die sich als Trapeze beschreiben lassen. Zu dieser Klasse gehören auch dreieck- und rechteckförmige Fuzzy Sets, sowie Crisp Werte, die alle als Spezialfälle der trapezförmigen Fuzzy Sets aufgefaßt werden können. Die Gl. 4.35 zeigt als Beispiel, wie in FuzzySOLUTION aus der Singleton Darstellung eines dreieckförmigen Fuzzy Sets $\mathbb{D}$ die trapezförmige Singleton Darstellung erzeugt wird.

$$
\begin{aligned}
\mathbb{D} &= (d_1\ 0.0)\,(d_2\ 1.0)\,(d_3\ 0.0) && (4.35)\\
&= (d_1\ 0.0)\,(d_2\ 1.0)\,(d_2\ 1.0)\,(d_3\ 0.0)
\end{aligned}
$$

Die Abb. 4.11 zeigt als Beispiel das Fuzzy Set $\mathbb{L}$ eines lokalen Zieles, das durch Fuzzy-Subtraktion eines genauen Meßwertes $\mathbb{W}$ von einem globalen Teilziel $\mathbb{G}$ laut Gl. 4.36 entstanden ist. Das Fuzzy Set des genauen Meßwertes (Numerischer Sensorwert = 2.4) stammt aus Abb. 4.7. Als globales Teilziel wurde das dreieckförmige Fuzzy Set für den linguistischen Sensorwert *Schwach* aus Abb. 4.5 verwendet.

$$
\begin{aligned}
\mathbb{L} &= \mathbb{G}(-)\mathbb{W} && (4.36)\\
&= (0.5\ 0.0)\,(1.5\ 1.0)\,(1.5\ 1.0)\,(2.5\ 0.0)\ (-)\ (2.4\ 0.0)\,(2.4\ 1.0)\,(2.4\ 1.0)\,(2.4\ 0.0)\\
&= ((0.5 - 2.4)\ 0.0)\,((1.5 - 2.4)\ 1.0)\,((1.5 - 2.4)\ 1.0)\,((2.5 - 2.4)\ 0.0)\\
&= (-1.9\ 0.0)\,(-0.9\ 1.0)\,(-0.9\ 1.0)\,(0.1\ 0.0)
\end{aligned}
$$

[16]Der Umweg über die Verwendung der α-Schnitt-Darstellung entfällt. Bei komplexeren Fuzzy Sets müßten außerdem mehrere Intervalle berücksichtigt werden.

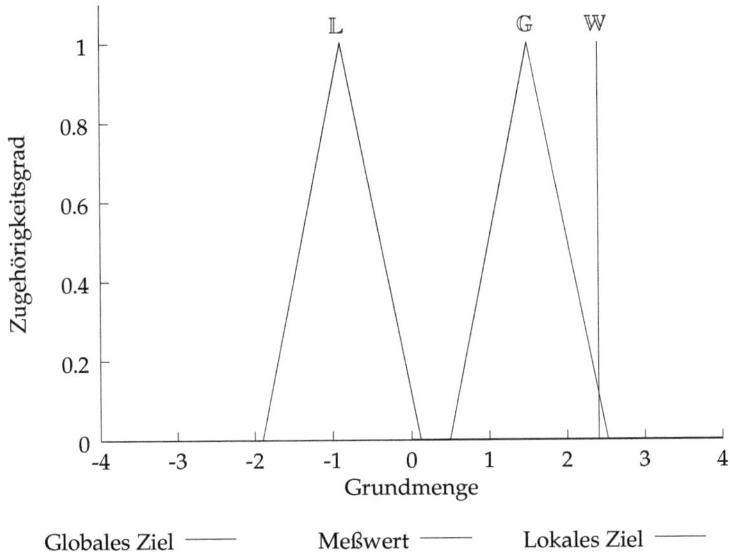

Abbildung 4.11: Erzeugung eines lokalen Ziels $\mathbb{L}$ laut Gl. 4.36

Wenn man die Rechnung in Gl. 4.36 mit den genauen Meßwerten 0.0 und 4.0 und allen möglichen globalen Teilzielen aus Abb. 4.5 in allen Kombinationen durchführt, so erhält man exakt die Fuzzy Sets der Abb. 4.8. Dies war der Grund für die Wahl der Fuzzy Sets für die lokalen Ziele laut Abb. 4.8.

Subtraktionsvorschrift in Abhängigkeit von der Relation

Die genaue Vorschrift für die Berechnung eines lokalen Ziels aus einem gemessenen Sensorwert und einem vorgegebenen Teilziel hängt im wesentlich von der Relation (s. Abschnitt 4.2) ab. Eine Grundvoraussetzung, die erfüllt sein muß, damit ein lokales Ziel erzeugt wird, ist, daß die Priorität des zugehörigen globalen Teilziels nicht den Wert *Nicht-verwenden* hat. Zusätzlich darf entweder das zugehörige globale Teilziel noch nicht erfüllt sein, oder aber der Zweck der Erzeugung muß die Berechnung des Qualitätsmaßes (s. Abschnitt 4.4) sein. Trifft letzteres zu, so wird als Wert für das lokale Ziel ein *Crisp Wert* der Größe 0.0 gewählt.

Für den Fall, daß zwar nicht alle Sensorwerte für den aktuellen Adaptionsschritt berechnet werden sollen,[17] aber sehr wohl die Qualität (s. Abschnitt 4.4) aus allen lokalen Zielen berechnet werden soll, werden lokale Ziele, deren zugehörige Sensorwerte nicht ermittelt wurden, negativ[18] abgeschätzt. Die geschätzten lokalen Ziele werden anschließend nur für die Berechnung des Qualitätsmaßes (s. Abschnitt 4.4) verwendet.

Im folgenden werden für die einzelnen Relationen die Berechnungsvorschriften für die "berechneten" und die "geschätzten" lokalen Ziele $\mathbb{L}(S_i)$ aus den gemessenen und fuzzifizierten Sensorwerten $\mathbb{W}(S_i)$ und den globalen Teilzielen $\mathbb{G}(S_i)$ erläutert.

Relation: Identisch

Sensorwert berechnet:

$$\mathbb{L}(S_i) = \mathbb{G}(S_i)\,(-)\,\mathbb{W}(S_i) \tag{4.37}$$

Sensorwert geschätzt: Für den Fall, daß der Sensorwert geschätzt wurde und das globale Teilziel den Wert *Nicht* oder *Schwach* hat, wird das lokale Ziel laut Gl. 4.38 geschätzt. $\mathbb{C}(4.0)$ steht dabei für den *Crisp Wert* an der Stelle 4.0 (Maximum des Basisdefinitionsbereichs).

$$\mathbb{L}(S_i) = \mathbb{G}(S_i)\,(-)\,\mathbb{C}(4.0) \tag{4.38}$$

Wenn das globale Teilziel dagegen entweder den Wert *Mittel* oder *Stark* hat, erfolgt die Berechnung (Schätzung) nach Gl. 4.39. $\mathbb{C}(0.0)$ steht dabei für den *Crisp Wert* an der Stelle 0.0.

$$\mathbb{L}(S_i) = \mathbb{G}(S_i)\,(-)\,\mathbb{C}(0.0) \tag{4.39}$$

Relation: Mindestens

Sensorwert berechnet:

$$\mathbb{L}(S_i) = \text{clip}_{start}(\mathbb{G}(S_i)\,(-)\,\mathbb{W}(S_i), 0.0) \tag{4.40}$$

[17] Dies ist z.B. sinnvoll, wenn das Konturbild so schlecht ist, daß zum einen die Berechnung bestimmter Sensoren sehr rechenzeitaufwendig ist und zum anderen bereits wenige, spezielle Sensoren ausreichen um Rückschlüsse für verbesserte Parametereinstellungen zu ziehen.

[18] Negative Abschätzung bedeutet, daß die lokalen Ziele die maximal möglichen Werte (hängt vom globalen Teilziel ab) erhalten.

Die Funktion $\text{clip}_{start}(\mathbb{A}, x_{ende})$ aus Gl. 4.40 ist eine Clipping Funktion, die den Zugehörigkeitsgrad für alle Elemente des Fuzzy Sets $\mathbb{A}$, die zwischen dem Start des Basisdefinitionsbereichs $\mathbb{U}$ und x_{ende} liegen, auf 0.0 setzt. Gl. 4.41 beschreibt den resultierenden Zugehörigkeitsgrad $\mu_{\text{clip}_{start}(\mathbb{A}, x_{ende})}$. Dabei gibt μ_A den Zugehörigkeitsgrad von $\mathbb{A}$ an.

$$\mu_{\text{clip}_{start}(\mathbb{A}, x_{ende})} = \begin{cases} 0.0 & \text{falls } x < x_{ende} \wedge x \in \mathbb{U} \\ \mu_A & \text{falls } x \geq x_{ende} \wedge x \in \mathbb{U} \end{cases} \tag{4.41}$$

Sensorwert geschätzt:

$$\mathbb{L}(S_i) = \mathbb{G}(S_i)\,(-)\,\mathbb{C}(0.0) \tag{4.42}$$

Relation: Höchstens

Sensorwert berechnet:

$$\mathbb{L}(S_i) = \text{clip}_{ende}(\mathbb{G}(S_i)\,(-)\,\mathbb{W}(S_i), 0.0) \tag{4.43}$$

Die Funktion $clip_{ende}(\mathbb{A}, x_{start})$ aus Gl. 4.40 ist eine Clipping Funktion, die den Zugehörigkeitsgrad für alle Elemente des Fuzzy Sets $\mathbb{A}$, die zwischen x_{start} und dem Ende des Basisdefinitionsbereichs $\mathbb{U}$ liegen, auf 0.0 setzt. Gl. 4.44 beschreibt den resultierenden Zugehörigkeitsgrad $\mu_{\text{clip}_{ende}(\mathbb{A}, x_{start})}$ mit μ_A als den Zugehörigkeitsgrad von $\mathbb{A}$.

$$\mu_{\text{clip}_{ende}(\mathbb{A}, x_{start})} = \begin{cases} \mu_A & \text{falls } x \geq x_{start} \wedge x \in \mathbb{U} \\ 0.0 & \text{falls } x > x_{start} \wedge x \in \mathbb{U} \end{cases} \tag{4.44}$$

Sensorwert geschätzt:

$$\mathbb{L}(S_i) = \mathbb{G}(S_i)\,(-)\,\mathbb{C}(4.0) \tag{4.45}$$

Relation: Minimieren

Sensorwert berechnet:

$$\mathbb{L}(S_i) = \text{clip}_{ende}(\mathbb{C}(0.0)\,(-)\,\mathbb{W}(S_i), 0.0) \tag{4.46}$$

Sensorwert geschätzt:

$$\mathbb{L}(S_i) = \mathbb{C}(0.0)\,(-)\,\mathbb{C}(4.0) \tag{4.47}$$

Relation: Maximieren

Sensorwert berechnet:

$$\mathbb{L}(S_i) = \text{clip}_{start}(\mathbb{C}(4.0)\,(-)\,\mathbb{W}(S_i), 0.0) \tag{4.48}$$

Sensorwert geschätzt:

$$\mathbb{L}(S_i) = \mathbb{C}(4.0)\,(-)\,\mathbb{C}(0.0) \tag{4.49}$$

4.4 Qualitätsberechnung

Das Qualitätsmaß Q dient unter anderem für einen schnellen, zusammenfassenden Vergleich der Eignung verschiedener Bildverarbeitungspfade zur Lösung der gestellten Bildverarbeitungsaufgabe. Hauptsächlich wird es als ein Abbruchkriterium für den Adaptionsprozeß eingesetzt. Dabei wird die Adaption beendet, sowie eine vorgegebene Mindestqualität erreicht wird. Es wird außerdem bei einigen speziellen Adaptionsverfahren benutzt, die keinerlei Wissen über den Zusammenhang zwischen Parameter- und Sensoränderungen verwenden.

Das Qualitätsmaß wird nach Gl. 4.50 aus allen lokalen Zielen berechnet. Dabei ist N die Anzahl aller globaler Teilziele, deren Priorität nicht den Wert *Nichtverwenden* hat, $L_{num}(S_i)$ der numerische Wert des defuzzifizierten[19] lokalen Zieles $L(S_i)$, P_i seine Priorität aus der Aufgabenstellung und $C_F(L(S_i))$ der Sicherheitsfaktor des lokalen Ziels $L(S_i)$. Es stellt im Prinzip ein mit den Prioritäten und dem Sicherheitsfaktor gewichtetes Abstandsmaß zwischen den Soll-Vorgaben und den Istwerten da und kann Werte zwischen 0.0 (schlecht) und 1.0 (gut) annehmen.

$$Q = 1 - \frac{\sqrt{\sum_{i=1}^{N}(L_{num}(S_i) \cdot P_i \cdot C_F(L(S_i)))^2}}{4 \cdot \sqrt{\sum_{i=1}^{N}(P_i \cdot C_F(L(S_i)))^2}} \tag{4.50}$$

[19] *Defuzzifizierung*: Umwandlung (Abbildung) eines Fuzzy Sets in einen numerischen Wert. Für die Umwandlung werden in der Literatur zahlreiche Verfahren vorgestellt. Auf die wichtigsten, sowie auf ein Verfahren, das speziell für FuzzySOLUTION entwickelt wurde, wird im Abschnitt 5.7 näher eingegangen.

5 Adaption von Bildverarbeitungspfaden

In diesem Abschnitt wird der Adaptionsprozeß der Parameter von Bildverarbeitungspfaden mit FuzzySOLUTION beschrieben. Sie erfolgt durch eine Anpassung der Verfahrensparameter. Hierbei werden lediglich Programmparameter der eingesetzten Operatoren verändert. [1]

5.1 Zusammenhänge zwischen Sensoren und Parametern

Für die Adaption von Bildverarbeitungsverfahren mit Hilfe von Parameteränderungen sind die Zusammenhänge zwischen den Parametern und den Sensoren (siehe Abschnitt 4) interessant. Nur wenn eindeutige Zusammenhänge existieren, die wenigstens für eine Gruppe von Bildern gelten, ist es möglich für die Adaption Regeln anzugeben, die in Abhängigkeit der Sensorwerte und des vorgegebenen Adaptionsziels Parameteränderungen vorschlagen. Ohne diese Zusammenhänge bleibt eigentlich nur eine vollständige Suche. Da diese in der Regel aufgrund der zahlreichen Parameter und ihrer großen Wertebereiche zu aufwendig ist, muß dann versucht werden die Suche mit Hilfe geeigneter Suchstrategien (z.B. Gradientenverfahren oder Simulated Annealing) zu beschleunigen.

In der Abb. 5.1 ist der Zusammenhang zwischen den numerischen Werten des Sensors Körnung und dem Parameter Schwellwert des Rangfolgefilters für sechs verschiedene Bilder dargestellt. Bereits in dieser Abbildung erkennt man Ähnlichkeiten zwischen den einzelnen Kurven.

Deutlicher werden die Ähnlichkeiten, wenn man sich die geglätteten Kurven (ohne die hochfrequenten Anteile) in der Abb. 5.2 anschaut. Betrachtet man den Verlauf der Kurven über dem Schwellwert ausgehend von den niedrigen Werten, so erkennt man, daß die Kurven zunächst von einem relativ hohen Wert für die

[1]Denkbar wäre auch eine Änderung der inneren und/oder äußeren Kameraparameter. In [Hät97] wird z.B. ein System vorgestellt, das die Beleuchtungsparameter der aufzunehmenden Szene adaptiert.

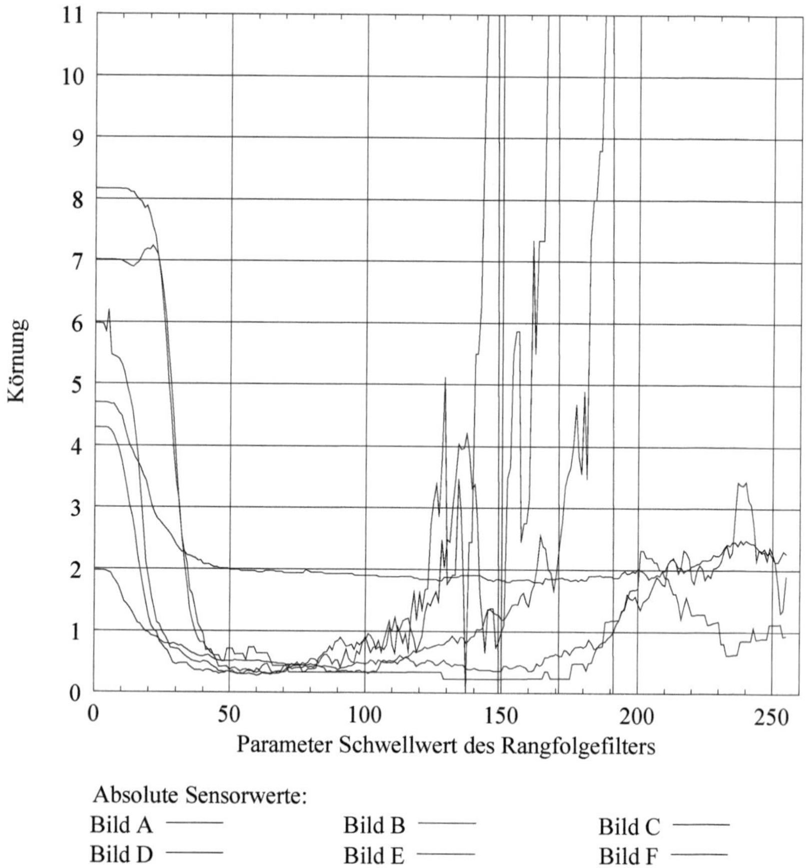

Abbildung 5.1: Abhängigkeit zwischen der Körnung und dem Schwellwert

Körnung abfallen, danach wieder mehr oder weniger stark ansteigen und am Ende meistens wieder abfallen.

Berücksichtigt man, daß bei sehr hohen Schwellwerten meistens überhaupt keine Konturpunkte mehr im Konturbild vorhanden sind und dieser Bildzustand daher im Normalfall unerwünscht ist, so kann man die Kurven vereinfachen und die Zusammenhänge verallgemeinert wie in Abb. 5.3 darstellen.

Aus den so vereinfachten Kurven lassen sich zwei Adaptionsregeln ableiten, die hochsprachlich formuliert lauten: "Wenn der Schwellwert niedrig ist, dann läßt sich die Körnung durch erhöhen des Schwellwertes verringern" und "Wenn der Schwellwert groß ist, dann läßt sich die Körnung durch verringern des Schwellwertes verringern". Dieses Beispiel zeigt, daß tatsächlich die oben geforderten Abhängigkeiten zwischen Sensoren und Parametern existieren und das sich daraus Adaptionsregeln ableiten lassen. Diese Methode der Glättung und Verallgemeinerung der Parameter-Sensor-Kurven wurde beim Aufstellen eines Großteils der Regeln in FuzzySOLUTION verwendet.[2] Der genaue Aufbau der so gewonnenen Regeln wird im Abschnitt 5.3.2 auf den Seiten 79 bis 83 beschrieben.

Anhand der Abbildungen 5.1 bis 5.3 und den daraus abgeleiteten Regeln kann man aber auch erkennen, daß es in vielen Fällen unmöglich sein wird mit den Regeln das absolute Minimum zu finden. Ein Grund dafür sind die Abweichungen der einzelnen (tatsächlichen) Kurvenverläufe von dem verallgemeinerten Verlauf. Es werden daher weitere Strategien benötigt. Eine solche Strategie könnte die dynamische Anpassung der Regeln aufgrund des tatsächlichen, während der Adaption festgestellten Kurvenverlaufes sein (s. Abschnitt 5.3.2). Auch ein Gradientenverfahren, das zur Feinadaption am Ende der Adaption eingesetzt wird, erscheint aufgrund der dargestellten Kurvenverläufe sinnvoll zu sein (s. Abschnitt 5.3.3). Nicht sinnvoll hingegen wäre aufgrund der vielen lokalen Extremwerte der Kurven die ausschließliche Verwendung eines Gradientenverfahrens.

In der Abb. 5.4 sind geglätteten Kurven dargestellt, die die Zusammenhänge zwischen dem Sensor Breite und dem Parameter Schwellwert für die gleichen Bilder wie in den obigen Abbildungen wiedergeben. Auch hier erkennt man wieder Gemeinsamkeiten zwischen den einzelnen Kurven, aus denen man Regeln ableiten kann. Man erkennt aber auch, daß es Fälle gibt, in denen die Kurven stark entarten, wie z.B. die Kurven für die Bilder A und F. Hierfür kann es Sinn machen Suchstrategien wie das Simulated Annealing (s. Abschnitt 5.2.2) zu verwenden, die keinerlei Wissen über die Zusammenhänge voraussetzen.

Es erscheint auch sinnvoll in bestimmten Situationen die Adaption mit neuen Startpunkten (s. Abschnitt 5.2.3) fortzusetzen. So führt z.B. bei allen Kurven der Abb. 5.4 mit Ausnahme der Kurve A im Parameterbereich von 0 bis 120 die Re-

[2] Die Methode ist auch geeignet, um Regeln automatisch zu erzeugen (aus Messungen zu lernen).

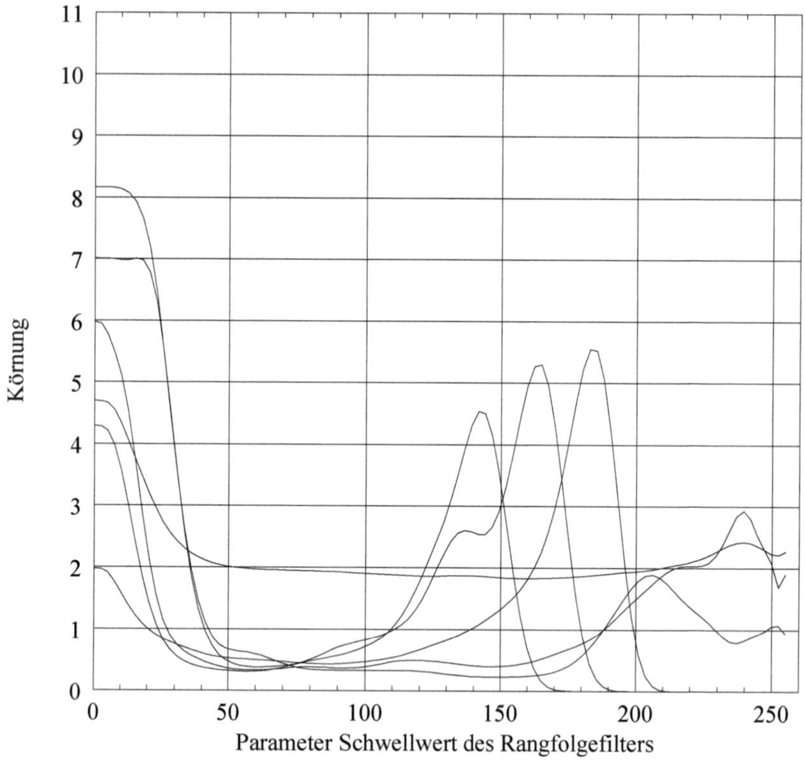

Absolute Sensorwerte:
Bild A ——— Bild B ——— Bild C ———
Bild D ——— Bild E ——— Bild F ———

Abbildung 5.2: Geglättete Kurven aus Abb. 5.1

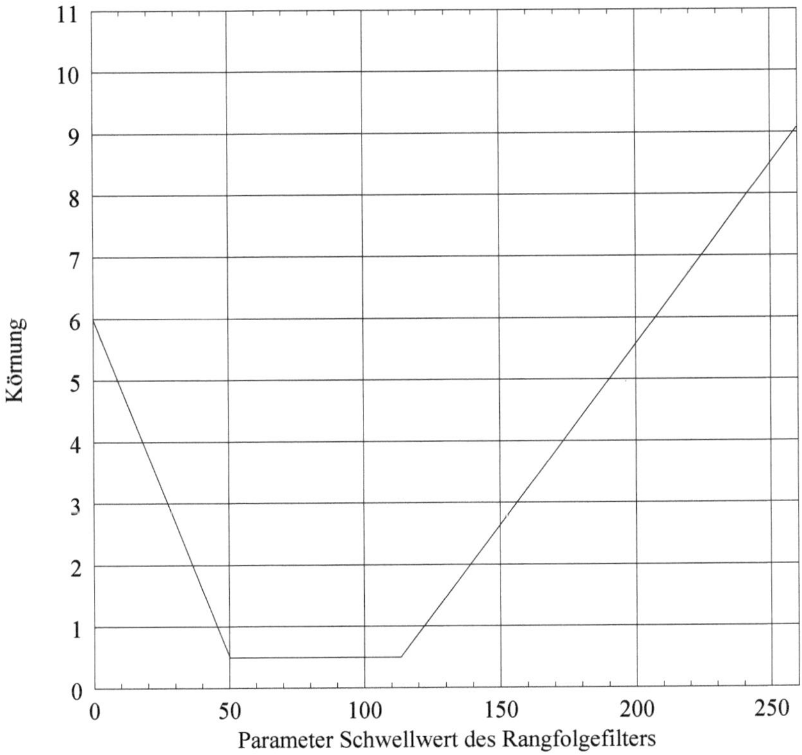

Abbildung 5.3: Vereinfachte und verallgemeinerte Darstellung der Abb. 5.1

gel "Verringere den Schwellwert um die Breite zu verringern" tatsächlich zu einer merkbaren Verringerung der Breite. Für die Kurve A im Bereich von 0 bis 50 trifft dies nicht zu. Liegt daher der Startwert der Adaption in diesem Parameterbereich, so kann die Adaption nur mit Hilfe dieser Regel nicht zum Ziel einer kleineren Breite gelangen. Wird in diesem Fall als neuer Startwert z.B. der Wert 120 für den Schwellwert gewählt, so wird auch für die Kurve A mit der obigen Regel eine niedrigere Breite gefunden.

Aus den dargestellten Beispielen von Zusammenhängen zwischen Parametern und Sensoren läßt sich ableiten, daß die Kombination verschiedener Adaptions-

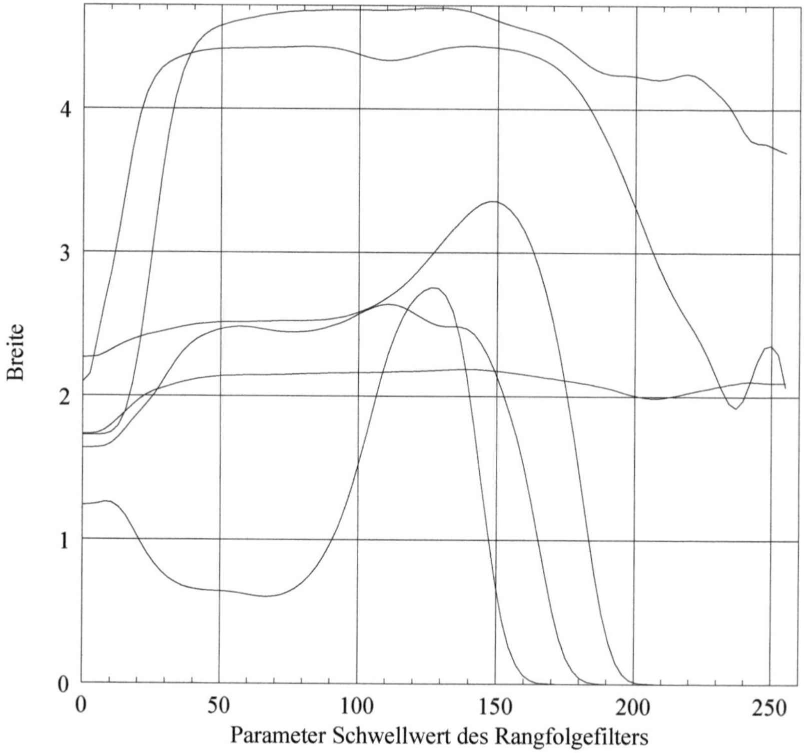

Absolute Sensorwerte:
Bild A —— Bild B —— Bild C ——
Bild D —— Bild E —— Bild F ——

Abbildung 5.4: Abhängigkeit zwischen der Breite und dem Schwellwert (Geglättet)

strategien aufgrund der komplizierten Zusammenhänge sinnvoll ist. Diese Aussage deckt sich auch mit der im Abschnitt 2 erläuterten Vorgehensweise eines menschlichen Experten. Wie diese Vorgehensweise in FuzzySOLUTION umgesetzt wurde, wird im folgenden näher erläutert.

5.2 Adaptionsschleife

5.2.1 Grundprinzip der Adaption

In Abb. 5.5 ist das Grundprinzip einer einfachen Adaptionsschleife dargestellt. Der erste Schritt der Adaption besteht aus der Verarbeitung des Eingangsbildes durch den Bildverarbeitungspfad. Hierfür wird der Parametersatz $\vec{V}_0$ verwendet, der normalerweise von der Konfigurationseinheit (s. Abschnitt 3.3) aufgrund der Eigenschaften des Eingangsbildes festgelegt wird. Er kann aber auch frei gewählt werden.

Das Ergebnis der Bildverarbeitung wird bewertet. Anhand der Bewertung wird festgestellt, ob die Bildverarbeitungseinheit die Zielvorgaben des Anwenders erfüllt, d.h. ob die Verarbeitung des Eingangsbildes in Ordnung ist. Ist dies der Fall, wird die Adaption beendet. Im anderen Fall werden weitere Abbruchbedingungen überprüft (z.B. Anzahl der Schleifendurchläufe, s. Abschnitt 5.6) und bei Erfüllung die Adaption gleichfalls beendet. Da bei einem Abbruch der aktuelle Parametersatz nicht unbedingt der beste der insgesamt getesteten Parametersätze sein muß, folgt in diesem Fall noch ein Schritt, der den besten Satz aus allen Zyklen auswählt.[3]

Falls die Adaption weiterläuft, werden je nach Strategie ein oder mehrere Parameter aufgrund der Bewertung gezielt verändert, d.h. aus der Bewertung folgt die Art und Stärke der Parameteränderungen. Dadurch wird ein neuer Parametersatz $\vec{V}_{i+1}$ erzeugt und die Adaptionsschleife wird erneut durchlaufen.

In den Vorgängersystemen Conny und SOLUTION läuft die Adaption genau nach dem in Abb. 5.5 dargestellten Grundprinzip ab. Auch in FuzzySOLUTION kann die Schleife in dieser einfachen Grundform eingesetzt werden. Sie kann aber auch erweitert werden. Die Erweiterungen werden in den Abschnitten 5.2.2 und 5.2.3 erläutert. Zunächst wird aber noch etwas genauer auf das Grundprinzip eingegangen und die in FuzzySOLUTION eingesetzte Fuzzy-Adaption näher beschrieben.

[3]Ist in der Abb. 5.5 nicht dargestellt.

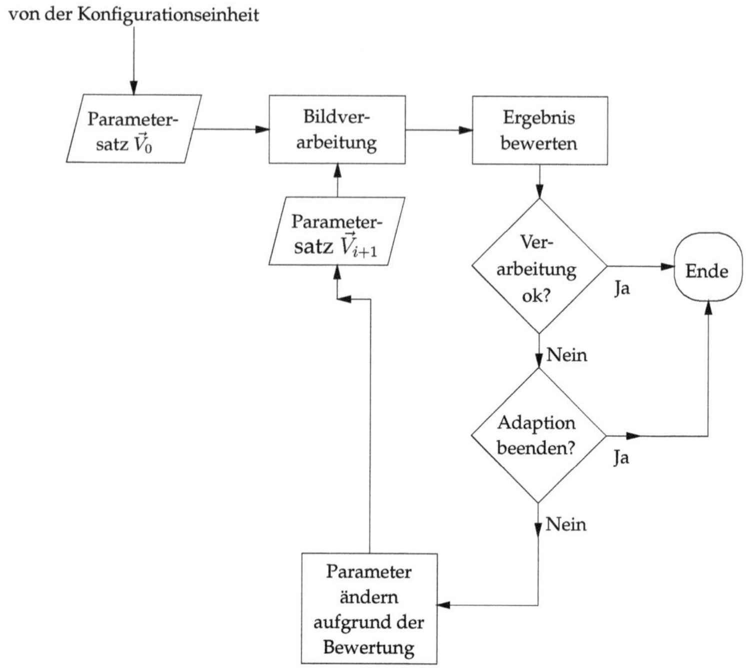

Abbildung 5.5: Einfache Adaptionsschleife

Fuzzy-Adaption

In Abb. 5.6 ist die Adaptionsschleife aus Abb. 5.5 noch etwas detaillierter dargestellt. Die Schleife wird in dieser Form nur in FuzzySOLUTION verwendet. Im ersten Schritt wird aus dem Grauwertbild durch Ausführung des Bildverarbeitungspfades ein Konturbild erzeugt. Dabei wird der initiale Parametersatz $\vec{V}_0$ verwendet.

Mit Hilfe von speziellen Sensoren (Meßroutinen, s. Abschnitt 4) werden Eigenschaften des Konturbildes (z.B. die Breite der Konturen) gemessen. Die gemessenen Werte werden auf einen Wertebereich von 0 bis 4.0 skaliert und in Fuzzy Sets (z.B. Crisp-Werte mit einem Zugehörigkeitswert von 1.0, s. Abschnitt 4.1.2)

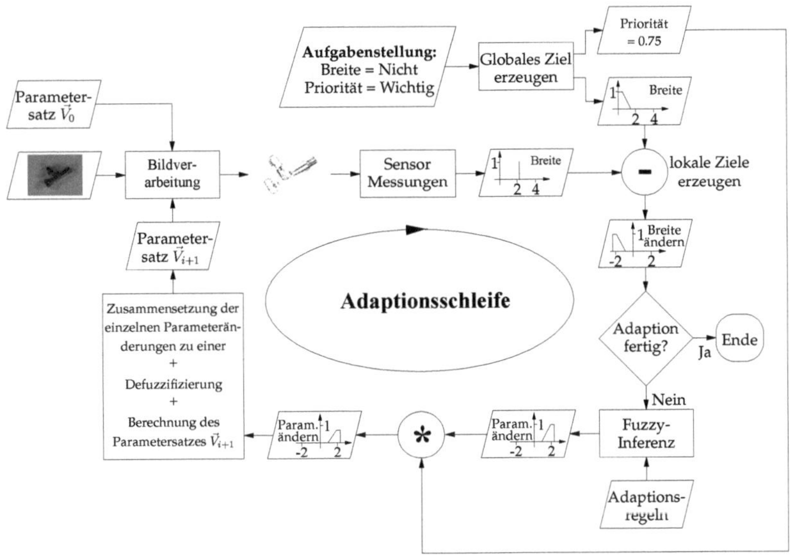

Abbildung 5.6: Adaption in FuzzySOLUTION

umgewandelt.

Aus der vom Anwender vorgegebenen Aufgabenstellung (in der z.B. steht: *Es ist wichtig, daß die Breite der Konturen den Wert Nicht hat*, siehe Abschnitt 4.2) wird das globale Ziel für die Adaption erzeugt. Dabei werden die hochsprachlichen Werte der Konturbildbeschreibungen (z.B.: *Breite = Nicht*) in Fuzzy Sets umgewandelt. Die hochsprachlich vorgegebenen Prioritäten werden in reelle Zahlen von 0.0 bis 1.0 umgewandelt. So wird z.B. aus dem hochsprachlichen Wert *Wichtig* der numerische Wert 0.75.

Die Fuzzy Sets der Zielvorgabe werden mit den gemessenen Fuzzy Sets verglichen. Dies geschieht, indem durch eine Subtraktion die Fuzzy Sets der *lokalen Ziele* (notwendige Änderungen der Meßwerte, um das globale Ziel zu erreichen) ermittelt werden (siehe Abschnitt 4.3). Für die Breite ergibt sich so z.B. ein Fuzzy Set, das die Stärke der notwendigen Änderung der Breite angibt, um ausgehend von dem momentanen Zustand des Konturbildes den gewünschten Zielzustand zu erreichen. Die Fuzzy Sets der lokalen Ziele liegen in einem Wertebereich (Basisdefinitionsbereich) von -4 bis 4. Dabei bedeuten negative Werte, daß der zugehörige Sensorwert verringert und positive Werte, daß er erhöht werden soll. In Abb. 5.7 ist jeweils ein Beispiel für die Breite (Teilbild a) und die Deutlichkeit (Teilbild b) dargestellt. Für jeden Sensor ist der Meßwert, das globale und das resultierende lokale Ziel als Fuzzy Set graphisch dargestellt.

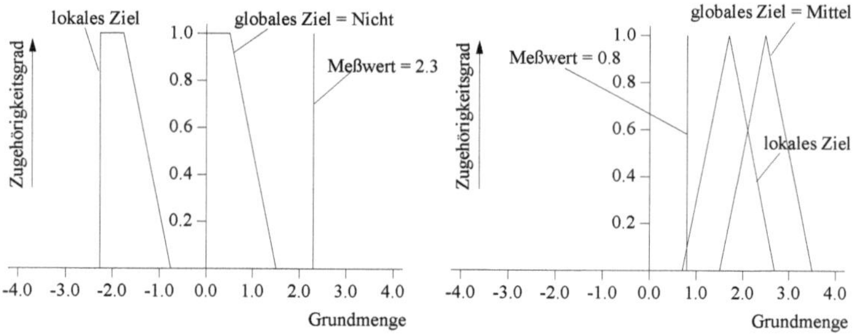

(a) Breite (b) Deutlichkeit

Abbildung 5.7: Beispiele für die Erzeugung lokaler Ziele

Aus allen lokalen Zielen wird im nächsten Schritt ein Qualitätsmaß Q berechnet (siehe Abschnitt 4.4). Für den Fall, daß keine Unsicherheiten bei den Sensorwerten berücksichtigt werden, stellt es ein mit den Prioritäten gewichtetes Abstandsmaß zwischen den Sollvorgaben und den Istwerten da und kann Werte zwischen 0.0 (schlecht) und 1.0 (gut) annehmen.

Wenn das Qualitätsmaß Q eine vorgegebene Mindestqualität erreicht hat, wird die Adaption an dieser Stelle beendet. Ist dies nicht der Fall und ist auch kein anderes Abbruchkriterium (genauer beschrieben im Abschnitt 5.6) erfüllt, wird als nächstes eine Fuzzy Inferenz durchgeführt. Dabei werden Regeln verwendet, die z.B. wie folgt lauten:

Wenn die Breite verringert werden soll,
dann erhöhe den Schwellwert des Binärisierungsoperators.

Wenn die Körnung den Wert Mittel oder Stark hat
und die Deutlichkeit erhöht werden soll,
dann erhöhe den Schwellwert des Binärisierungsoperators.

Als Ergebnis einer gefeuerten Regel wird ein Fuzzy Set für eine Parameteränderung erzeugt, deren Stärke von der Stärke der zu erreichenden Sensoränderung abhängt. Wie bei einer Fuzzy Inferenzmachine üblich, feuert aber nicht nur eine Regel, sondern alle Regeln, die mindestens zu einem gewissen Grad erfüllt sind. Alle *Teiländerungen* werden anschließend miteinander fusioniert (Vereinigung aller Fuzzy Sets). Bei FuzzySOLUTION werden allerdings zuvor noch die *Teiländerungen* mit den Prioritäten der lokalen Ziele gewichtet. Dabei wird der Zugehörigkeitsgrad aller Elemente des Fuzzy Sets mit der Priorität multipliziert. Dies hat zur Folge, daß der Anteil der *Teiländerung* an der gesamten Änderung sinkt, wenn die Priorität kleiner als 1.0 ist. In der Abb. 5.8 ist dies für die Breite mit dem lokalen Ziel aus (a) der Abb. 5.7, der Priorität 0.75 (*Wichtig*) und der oben vorgestellten Beispielregel für den Zusammenhang zwischen der Breite und dem Schwellwertparameter des Binärisierungsoperators dargestellt.

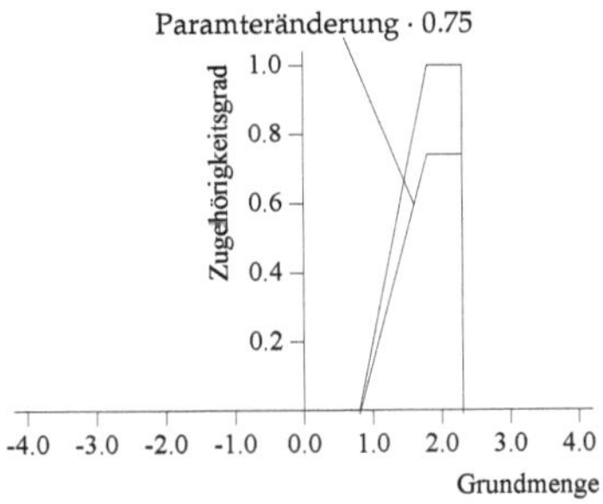

Abbildung 5.8: Teiländerung des Schwellwertes aufgrund der Breite

In der Abb. 5.9 ist in (b) die Teiländerung des gleichen Schwellwertparameters dargestellt, die sich aufgrund der oben angegebenen Regel für seine Abhängigkeit von der Körnung und der Deutlichkeit ergibt. Als lokales Ziel wurde für die Deutlichkeit dabei das Fuzzy Set aus Abb. 5.7 mit einer Priorität von 1.0 verwendet. Die erste Bedingung der Regel, d.h. der Vergleich zwischen dem Meßwert des Sensors Körnung und dem linguistischen Wert *Mittel* ist in (a) dargestellt. Da sich für diesen Vergleich nur eine Übereinstimmung (maximaler Zugehörigkeitsgrad) von 0.4 ergibt, erhält auch die resultierend Teilparameteränderung des Schwellwertes maximal den Zugehörigkeitsgrad 0.4.

In der Abb. 5.10 (a) ist das Fuzzy Set der resultierenden Änderung für den Schwellwertparameter dargestellt, das sich aus der Vereinigung der Fuzzy Sets der Teiländerungen aus Abb. 5.8 und Abb. 5.9 ergibt. Durch Defuzzifizierung wird schließlich der numerische Wert für die Parameteränderung (siehe Beispiel

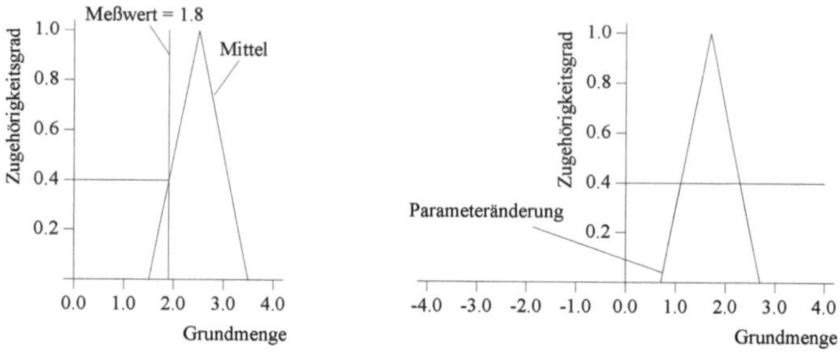

(a) Vergleich: Körnung = *Mittel* (b) Resultierende Teiländerung

Abbildung 5.9: Teiländerung des Schwellwertes aufgrund der Deutlichkeit und der Körnung

in Abb. 5.10 (b)) und daraus dann der neue Parametersatz $\vec{V}_{i+1}$ ermittelt. Mit dem neuen Parametersatz beginnt das ganze wieder von vorn und wird solange durchgeführt, bis eine der Abbruchbedingungen erfüllt ist.

5.2.2 Integration des Simulated Annealing Algorithmus

Grundprinzip des Simulated Annealing Algorithmus

Der Simulated Annealing Algorithmus wurde erstmalig 1983 von Kirkpatrick bei IBM eingesetzt um schwierige, kombinatorische Optimierungsprobleme zu lösen. Eine gute Einführung ist [BBBN92]. Detailliertere Beschreibungen des Simulated Annealing Algorithmus und seiner Anwendung sind in [KGJV83] , [AKvL88], [AK89] und [OvG89] zu finden. In [SS85] wird ein Simulated Annealing Ansatz bei der Bildrestaurierung und -segmentierung eingesetzt.

Der Algorithmus wurde in Anlehnung an den gesteuerten Abkühlungsprozeß von Metallen entwickelt. In der Metallurgie wird dieser Prozeß verwendet, um flüssiges Metall in eine möglichst kristalline Struktur zu überführen und dabei zu vermeiden, daß das Metall stattdessen in einen amorphen (formlosen, unkristallinen), glasähnlichen Zustand übergeht. Durch den Abkühlungsprozeß wird die globale Energie des Metalls verringert. Im kristallinen Zustand hat die Energie ein absolutes Minimum erreicht. Der amorphe, glasähnliche Zustand stellt dagegen nur ein lokales Minimum da, das durch den gesteuerten Abkühlungsprozeß

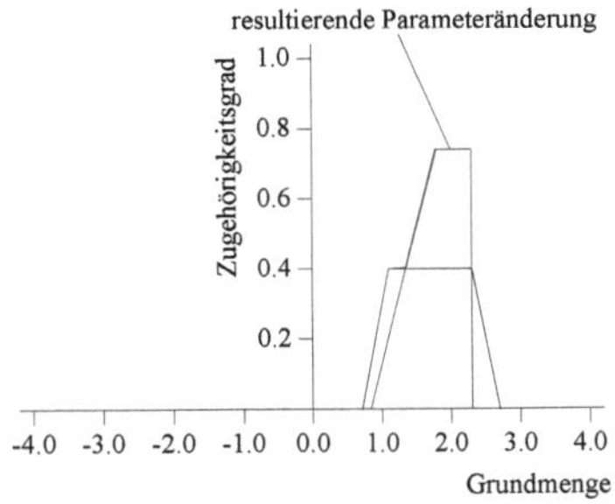

(a) Vereinigung der Teiländerungen

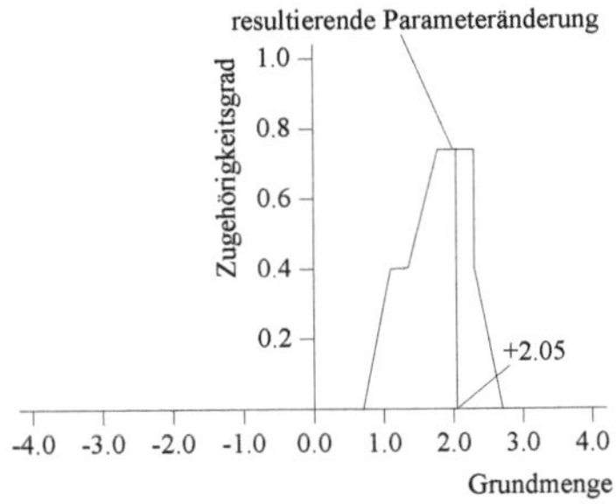

(b) Defuzzifizierung

Abbildung 5.10: Resultierende Änderung des Schwellwertes

vermieden werden soll.

Es gibt verschiedene Varianten des Simulated Annealing Algorithmus. Im folgenden wird das Grundprinzip kurz erläutert.

Beim Simulated Annealing wird eine Ausgangstemperatur und eine Abkühlungsstrategie (z.B. Liste von Folgetemperaturen) vorgegeben. Aus der jeweiligen Temperatur wird die Wahrscheinlichkeit berechnet, mit der Parameteränderungen, die nicht zu einer Verringerung der Energie führen, akzeptiert werden. Die Ausgangstemperatur wird so hoch gewählt, daß praktisch alle Änderungen akzeptiert werden. Durch das Verringern der Temperatur sinkt die Wahrscheinlichkeit für die Akzeptanz von Parameteränderungen, die zu einer Energieerhöhung führen.

Die Energie wird mit Hilfe einer problemspezifischen Energiefunktion berechnet. Eine Zufallsfunktion wählt die Parameteränderungen aus. Dies geschieht in der inneren Schleife des Algorithmus. Sie wird für jeden Parameter des Optimierungsproblems solange durchlaufen, bis entweder die Energie abgenommen hat oder bis die Energieerhöhung zufällig akzeptiert wird.

In einer weiteren Schleife wird die innere Schleife so oft wiederholt, bis ein Abbruchkriterium (engl. *equilibrium criteria* = Gleichgewichtskriterium) erfüllt ist. Dies kann z.B. bei einer konstanten Anzahl von Versuchen oder einer vorgegebenen Anzahl akzeptierter Versuche der Fall sein.

In der äußeren (dritten) Schleife wird die Temperatur entsprechend der Abkühlungsstrategie langsam verringert bis der Prozeß eingefroren ist, d.h. bis eine Abbruchtemperatur unterschritten wird.

Simulated Annealing in FuzzySOLUTION

Das Simulated Annealing Verfahren gehört genau wie z.B. die Genetischen Algorithmen laut [Gol89] zu den "randomized search techniques". Dies bedeutet, daß es sich um ein Verfahren handelt, das zwar Zufallsprozesse bei der Steuerung der Suche verwendet, aber die Suche nicht ausschließlich zufällig erfolgt. Laut [Gol89] und [Hei90] haben diese Verfahren gegenüber Verfahren wie z.B. einer Gradientensuche (Hill Climbing) den Vorteil, daß sie nicht in lokalen Maxima hängenbleiben müssen. Sie sind sehr gut geeignet eine hervorragende Lösung (wenn nicht sogar das globale Maximum) zu finden, wenn im Suchraum sehr viele lokale Maxima existieren. Dagegen ist die Gradientensuche besser geeignet (schneller), wenn nur ein Maximum existiert, oder wenn der Startpunkt in der Nähe des globalen Maximums liegt.

Die Adaption von Bildverarbeitungsverfahren ist ein parametrisiertes Optimierungsproblem, bei dem es neben dem globalen Optimum auch zahlreiche lokale Mimima gibt (siehe Abb. 5.11, die einen Ausschnitt aus einem "Qualitätsgebirge" zeigt). Um zu verhindern, daß die Adaption in einem lokalen Minimum hängen bleibt, erscheint es daher sinnvoll ein solches randomized Suchverfahren auf die Adaption von Bildverarbeitungsverfahren zu übertragen. Gegenüber einem Genetischen Algorithmus hat der Simulated Annealing Prozeß dabei den Vorteil, daß er leichter mit den übrigen Adaptionsmethoden (z.B. regelbasierte Adaption) von FuzzySOLUTION kombiniert und in FuzzySOLUTION integriert werden kann (für einen Genetischen Algorithmus müßten dagegen extra spezielle Kodierungen, z.B. lokale Ziele als Bit-Strings, gefunden werden).

Die zu optimierenden Parameter sind hierbei die Bildverarbeitungsparameter. Das Qualitätsmaß Q (s. Abschnitt 4.4) kann verwendet werden um die Energie E für den Simulated Annealing Prozeß in FuzzySOLUTION zu berechnen (Gl. 5.1).

$$E = 1 - Q \tag{5.1}$$

Die Energieänderung ΔE zwischen den beiden Parameteränderungszyklen (Adaptionsschritten) i und $i+1$ berechnet sich damit nach Gl. 5.2.

$$\Delta E = E_{i+1} - E_i = Q_i - Q_{i+1} \tag{5.2}$$

Aus der Energieänderung wird die Wahrscheinlichkeit p_{trial} für die Akzeptanz von Parameteränderungen, die zu einer Energieerhöhung geführt haben, nach Gl. 5.3 berechnet. Dabei ist T die Prozeßtemperatur.

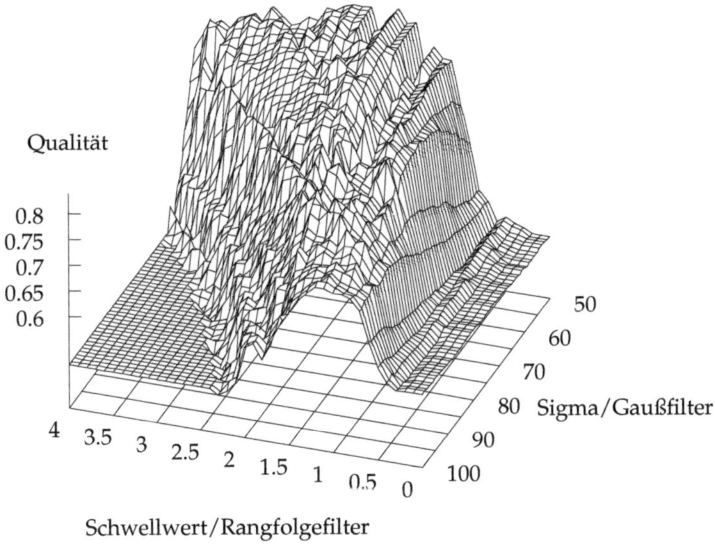

Abbildung 5.11: Qualität in Abhängigkeit von zwei Parametern

$$p_{trial} = e^{-\Delta E/T} \tag{5.3}$$

Als Abkühlungsstrategie wird die Gl 5.4 verwendet, die den Zusammenhang zwischen der aktuellen Temperatur T_i und der neuen Temperatur T_{i+1} beschreibt.

$$T_{i+1} = 0.9 \times T_i \tag{5.4}$$

Als Anfangstemperatur wird der Wert 7.3×10^6 und als Endtemperatur (Gefrierpunkt) 5.0×10^{-19} verwendet. Sowohl die Anfangs- und Endtemperatur als auch die Abkühlungsstrategie bieten noch ein weites Feld zur Optimierung des Verfahrens.

In FuzzySOLUTION kann das Simulated Annealing als eigenständige Strategie zur Adaption eingesetzt werden. Es kann jedoch auch in Kombination mit dem im Abschnitt 5.2.1 beschriebenen Verfahren eingesetzt werden. Durch die Kombination beider Verfahren geht die Abb. 5.5 in die Abb. 5.12[4] über.

[4]Die Änderungen gegenüber Abb. 5.5 sind fett gezeichnet!

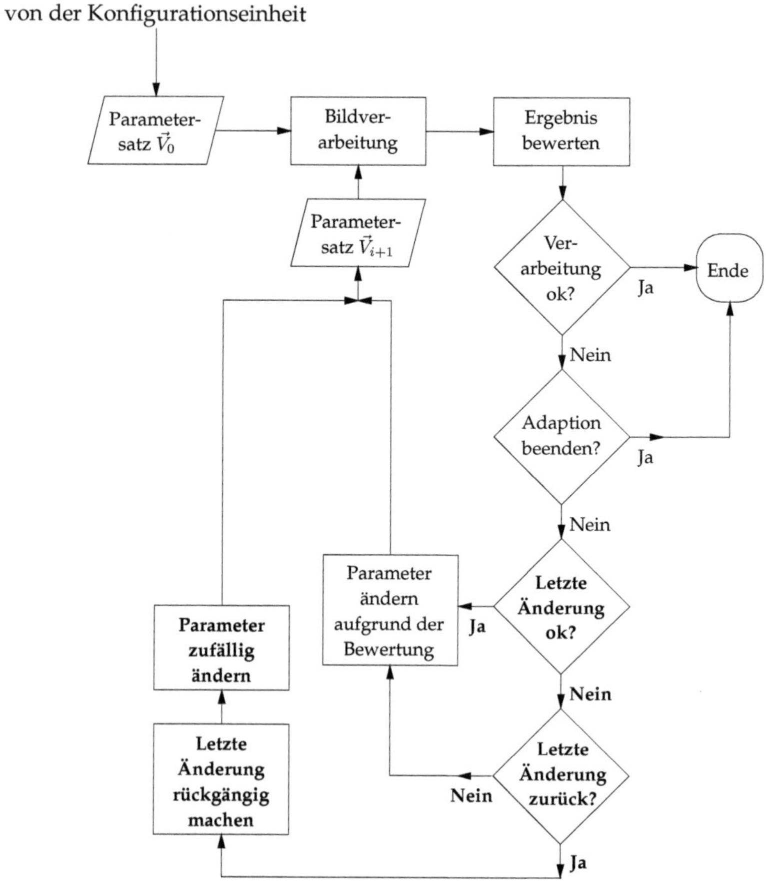

Abbildung 5.12: Adaptionsschleife mit Simulated Annealing

Die Abb. 5.12 zeigt, daß vor einer neuen Parameteränderung zunächst abgefragt wird, ob die letzte Änderung in Ordnung war. Ist dies der Fall, so wird eine neue Änderung aufgrund der Bewertung (genauer aufgrund der lokalen Ziele) bestimmt. Im anderen Fall wird getestet, ob die letzte Änderung rückgängig gemacht wird. Der Ausgang des Tests ist vom Zufall abhängig, wobei die Wahrscheinlichkeit für die Akzeptanz der Änderung nach Gl. 5.3 bestimmt wird.

Falls die Änderung akzeptiert wird, erfolgt die nächste Parameteränderung wieder aufgrund der Bewertung. Bei einer Ablehnung wird zunächst die letzte Änderung zurückgenommen und anschließend eine zufällige Parameteränderung durchgeführt.

Durch die Kombination wird also als erstes immer versucht eine Parameteränderung aufgrund der Adaptionsregeln durchzuführen, bevor eine zufällige Änderung ausprobiert wird. Damit wird das Wissen über den Zusammenhang zwischen den Parameteränderungen und den Sensoränderungen in dieser Phase sehr stark berücksichtigt. Während der ersten Adaptionszyklen kommt es nur sehr selten zur Ablehnung von Parameteränderungen und damit auch nur sehr selten zu rein zufälligen Änderungen. Wird das Adaptionsziel während dieser Phase noch nicht erreicht, nimmt der Einfluß der zufälligen Änderungen immer stärker zu. Dadurch hat das Verfahren auch eine Chance zum Ziel zu gelangen, wenn die vorhandenen Adaptionsregeln (das vorhandene Adaptionswissen) nur schlecht für die Aufgabenstellung geeignet sind.

Die hierdurch implementierte Vorgehensweise einer Kombination aus Wissen, Zufall und Beobachtung entspricht der im Abschnitt 2.2 beschriebenen Vorgehensweise eines menschlichen Bildverarbeitungsexperten.

5.2.3 Verwendung von neuen Startpunkten

Der Erfolg einer Adaption, so wie sie in Abb. 5.5 dargestellt ist, hängt sehr stark von dem initialen Parametersatz $\vec{V}_0$ ab. Auch das in der Abb. 5.12 dargestellte Verfahren hängt von $\vec{V}_0$ ab (allerdings nicht mehr so stark). Wie im Abschnitt 2.2 beschrieben, wählt ein menschlicher Experte meistens völlig neue Startwerte, wenn er in der momentanen Adaptionssituation nicht zum Ziel kommt. Es liegt nahe diese Vorgehensweise auch in einem (maschinellen) Expertensystem zu implementieren. Die Abb. 5.13 zeigt, wie dies in FuzzySOLUTION realisiert ist.[5]

Für den Fall, daß die Adaption ohne Erfolg beendet (abgebrochen) werden soll, wird zunächst noch überprüft, ob die Adaption mit einem neuen Startpunkt (neuer Parametersatz $\vec{V}_{0,j+1}$) erneut gestartet werden soll. Ist dies der Fall, so wird

[5]Die Änderungen gegenüber Abb. 5.12 sind fett gezeichnet!

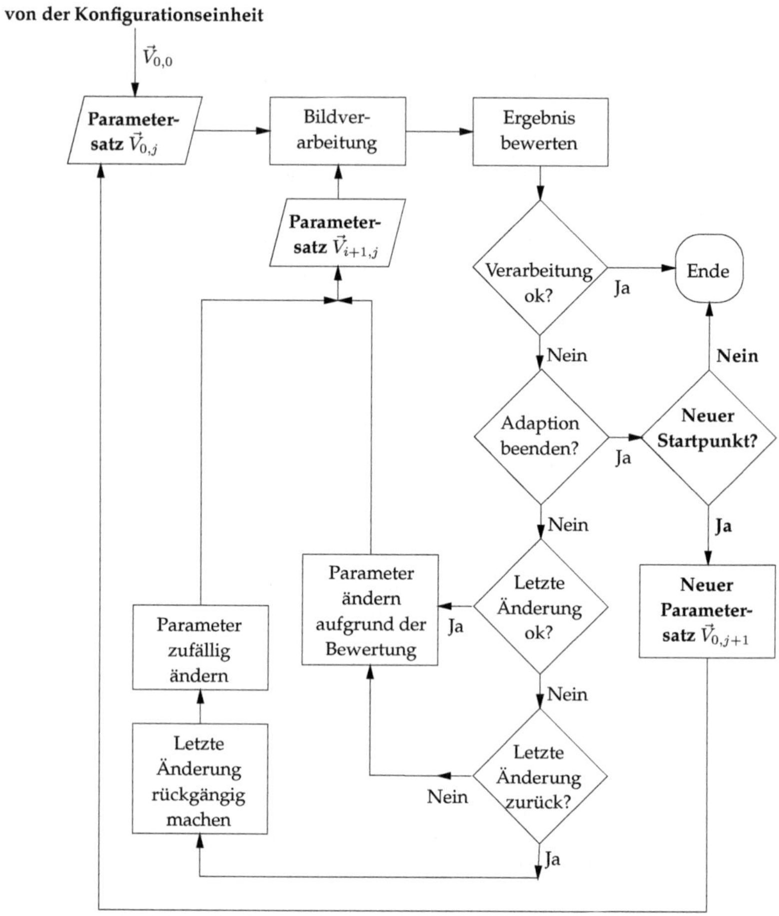

Abbildung 5.13: Adaptionsschleife mit Verwendung neuer Startpunkte

ein neuer Parametersatz $\vec{V}_{0,j+1}$ ausgewählt und die Adaption beginnt von vorn. Im anderen Fall wird die Adaption beendet.

Für die Auswahl neuer Startpunkte merkt sich FuzzySOLUTION alle bereits verwendeten Startpunkte (Parametersätze $\vec{V}_{0,j}$) mit den zugehörigen Endpunkten. Ein Endpunkt besteht dabei aus dem Parametersatz $\vec{V}_{i,j}$, mit dem die Qualität der Adaption, beginnend mit dem Parametersatz $\vec{V}_{0,j}$ am besten war. Für die Wahl eines neuen initialen Parametersatzes $\vec{V}_{0,j+1}$ wird die Annahme gemacht, daß es keine Sinn macht Parameterwerte zu wählen, die zwischen einem Startpunkt und seinem Endpunkt liegen.

Der Wertebereich eines Parameters wird daher in bearbeitete Bereiche eingeteilt, die zwischen $V_{0,j}$ und $V_{i,j}$ liegen, und in freie Bereiche, die außerhalb der bearbeiteten Bereiche liegen. Bei der ersten Wahl wird der Startwert eines Parameters auf den niedrigsten, möglichen Wert und bei der zweiten Wahl auf den höchsten, möglichen Wert gesetzt. Danach wird immer der größte freie Bereich ausgewählt und der Startpunkt genau in die Mitte des Bereichs gesetzt.

Es werden solange neue Startpunkte gewählt, bis entweder eine vorgegebene Anzahl maximaler Startpunkte überschritten wird oder bis keine freien Bereiche mehr vorhanden sind.

5.3 Adaptionsstufen und Verfahren

FuzzySOLUTION ist ein System, bei dem verschiedene Verfahren zur Parameteradaption einzeln oder kombiniert angewendet werden können. Eine Kombination (Strategie), die sich als sinnvoll erwiesen hat, ist an die Vorgehensweise des menschlichen Experten angelehnt (s. Abschnitt 2).

Die Adaption läßt sich in die drei Stufen *Grob-Adaption*, *Normal- oder Haupt-Adaption* und *Fein-Adaption* einteilen. In jeder Adaptionsschleife (s. Abschnitt 5.2) wird als erstes die Stufe *Grob-Adaption* aufgerufen, in der eine grobe Anpassung der Parameter erfolgt. Wird in dieser Stufe keine Adaption durchgeführt, da die Parameter bereits grob angepaßt sind, so folgt als nächstes die Stufe *Normal-Adaption*, in der die Hauptarbeit der Adaption geleistet wird. D.h. diese Stufe soll nach Möglichkeit den Adaptionsprozeß in die unmittelbare Nähe des globalen Maximums (Idealfall) bringen. Die *Normal-Adaption* soll somit den höchsten Berg des Qualitätsgebirges aber noch nicht seine Spitze finden. Hierfür ist die Stufe *Fein-Adaption* verantwortlich. In den folgenden Unterabschnitten werden die einzelnen Adaptionsstufen näher erläutert.

5.3.1 Grob-Adaption

Es gibt zwei Extremzustände (Zustände mit extrem niedriger Qualität[6]), in dem sich ein Adaptionsprozeß befinden kann. Im ersten Fall besteht das Ergebnisbild (Konturbild) des zu adaptierenden Bildverarbeitungspfades fast nur aus Konturpunkten, so daß davon ausgegangen werden kann, daß der Informationsgehalt des Bildes sehr niedrig ist. Dieser Fall zeichnet sich vor allem durch einen starken Konturanteil aus. Aber auch die Sensoren Texturstärke und Texturkonzentration besitzen sehr hohe Werte. Die Hauptprobleme in diesem Zustand sind zum einen der teilweise sehr hohe Rechenaufwand für die Bestimmung der Sensorwerte (z.B. Geradenzerstückelung) und zum anderen die Unzuverlässigkeit ihrer Werte.

Der zweite Fall stellt genau das Gegenteil da, d.h. das Ergebnisbild besitzt so gut wie gar keine Konturpunkte. Erkennen kann man diesen Fall daran, daß die Sensoren Leere und Dichte den Wert *Nicht* besitzen. Problematisch ist an diesem Fall, daß sich die Sensorwerte durch ändern der Parameter nicht unbedingt verändern. Daher arbeiten z.B. gradientenbasierte Verfahren in diesem Fall nicht.

Zweck der Adaptionsstufe *Grob-Adaption* ist es, den Adaptionsprozeß so schnell wie möglich aus diesen Extremzuständen zu bringen. Dabei werden nur einige wenige Sensoren, wie z.B. der Konturanteil und die Leere, verwendet (und berechnet). Die verwendeten Adaptionsregeln besitzen alle einen ähnlichen Aufbau wie die folgende Regel (vereinfacht):

Wenn der Konturanteil den Wert Stark hat
und der Konturanteil verringert werden soll,
dann erhöhe den Schwellwert des Binärisierungsoperators.

Es handelt sich hier um relativ einfache Regeln, die eine hohe Sicherheit besitzen. Die Stärke der Schwellwerterhöhung richtet sich nach der Stärke der Abweichung des jeweiligen Sensors vom globalen Ziel. Meistens benötigen diese Regeln nur ein oder zwei Adaptionsschritte, um die Extrembereiche zu verlassen.

5.3.2 Normal-Adaption

Wie bereits oben erwähnt, ist diese Adaptionsstufe dafür verantwortlich den Adaptionsprozeß in die Nähe des globalen Maximums, d.h. auf den höchsten Berg

[6]Qualitätsberechnung siehe Abschnitt 4.4.

des Qualitätsgebirges oder zu mindestens auf einen ausreichend hohen Berg zu bringen. Hierfür stehen verschiedene Verfahren zur Verfügung, die miteinander kombiniert werden. Die einzelnen Verfahren werden mit einer Ausnahme im folgenden näher beschrieben. Ausgenommen wurde das Simulated Annealing Verfahren, das bereits im Abschnitt 5.2.2 ausführlich beschrieben wurde.

Regeln für monotone Zusammenhänge

Das Grundverfahren zur Adaption verwendet Regeln, die monotone Zusammenhänge zwischen den lokalen Zielen und den Parameteränderungen für bestimmte Arbeitspunkte oder Bereiche beschreiben.[7] In FuzzySOLUTION approximieren diese Regeln die Zusammenhänge in mehr oder weniger spezifischen (lokalen) Arbeitspunkten durch eine Gerade, d.h. sie beschreiben einen linearen Zusammenhang zwischen einem lokalen Ziel und einer Parameteränderung für bestimmte Adaptionszustände. Die Adaptionszustände werden dabei durch die Werte von einem oder mehreren Sensoren und/oder durch Parameterwertbereiche beschrieben. Letzteres ist besonders problematisch, da die exakten Parameterwertbereiche sehr stark von den verwendeten Bildern abhängen. Um dies etwas abzumildern, werden keine absoluten Zahlen sondern Fuzzy Sets verwendet, deren Verlauf aufgrund von Untersuchungen anhand einer größeren Anzahl unterschiedlicher Bilder festgelegt wurde. In der Abb. 5.14 sind die drei Fuzzy Sets der Sigma-Parameter des Gauß-Filters dargestellt.

Im Gegensatz zu den bisher vorgestellten Fuzzy Sets wurde hierbei nicht versucht die charakteristischen Funktionen und linguistischen Werte an die Begriffswelt des Menschen anzupassen. Der Verlauf wurde gewählt, da es Regeln gibt, deren Zuverlässigkeit sehr hoch ist für Parameterwerte, deren *Zugehörigkeitsgrad* in dem zugehörigen (in den Regeln verwendeten) Fuzzy Set sehr hoch ist.

Die Regeln haben im allgemeinen den folgenden (vereinfachten) Aufbau:

Wenn	das lokale Ziel $L(S_i)$ existiert
{**und**	der Parameter V_j den Wert $\mathbb{V}_k$ hat}
[**und**	der Sensor S_l den Wert $\mathbb{S}_m$ hat],
dann	ändere den Parameter V_j um {−} $\mathbb{L}(S_i)$

Dabei können die in {} eingeschlossenen Teile auch entfallen und die in [] eingeschlossene Sensorbedingung überhaupt nicht, einfach oder mehrfach auftreten.[8]

[7] Regeln dieser Art werden im Vorgängersystem SOLUTION ausschließlich verwendet.

[8] In SOLUTION besitzt eine Regel oft mehrere lokale Ziele im Bedingungsteil. Nur so ist hier

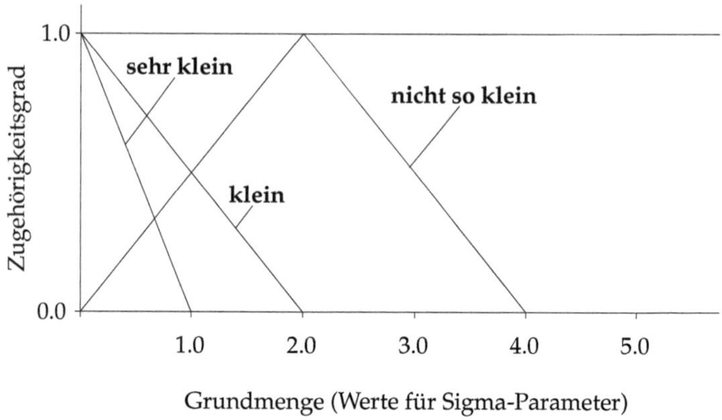

Abbildung 5.14: Fuzzy Sets für Parameterbereiche der Gauß/Sigma-Parameter

Parameteränderungen und lokale Ziele besitzen in FuzzySOLUTION den gleichen normierten Wertebereich von -4.0 bis $+4.0$. Das hat den Vorteil, daß ein linearer Zusammenhang zwischen der Änderung eines lokalen Ziels $L(S_i)$ (und damit indirekt des zugehörigen Sensors S_i) und der Änderung eines Parameters V_i in den Regeln dadurch beschrieben werden kann, daß das Fuzzy Set (der Wert) $\mathbb{L}(S_i)$ des lokalen Ziels $L(S_i)$ der Parameteränderung V_i direkt bzw. invertiert (in der obigen allgemeinen Regelform durch das Minuszeichen vor $\mathbb{L}(S_i)$ symbolisiert) zugewiesen werden kann. Das bedeutet, daß z.B. ein kleiner Wert des lokalen Ziels zu einer kleinen Parameteränderung und ein großer Wert zu einer großen Änderung führt.

Dieser Regelaufbau hat den Vorteil, daß pro Arbeitspunkt nur eine Regel angegeben werden muß. Nicht berücksichtigt wird dabei die Stärke der Abhängigkeit (die Steigung der Geraden; sie hat hier immer den Wert 1 bzw. -1). Von der Stärke hängt lediglich die Anzahl der Adaptionsschritte, nicht aber der grundsätzliche Erfolg der Regel ab. Da es außerdem sehr schwierig ist hierfür allgemeingültige Werte (Werte die für eine große Anzahl von Bildern gelten) festzulegen, ist es günstiger auf diese Angabe zu verzichten. Dies erleichtert es dem Bildverarbei-

eine Kombination des Einflusses mehrerer lokaler Ziele auf eine Parameteränderung möglich. Grundsätzlich können derartige Regeln auch in FuzzySOLUTION eingesetzt werden. Da in FuzzySOLUTION aber immer mehrere Regeln gleichzeitig feuern können, sind derartige Regeln für die Kombination des Einflusses mehrerer lokaler Ziele nicht notwendig. Der einfachere Aufbau der Regeln erleichtert dagegen die Angabe der Regeln und reduziert ihre Anzahl, was insgesamt zu einem übersichtlicheren und vollständigeren System führt.

tungsexperten die Regeln anzugeben.

Im folgenden ist ein Beispiel für eine derartige Regel wiedergegeben:

Wenn das lokale Ziel *Geradenzerstückelung* existiert
und der Parameter $\sigma_{horizontal}$ den Wert *nicht klein* hat
und der Sensor *Breite* nicht den Wert *Nicht* hat,
dann ändere den Parameter $\sigma_{horizontal}$ um den Wert des lokalen Ziels *Geradenzerstückelung*

Regeln für nichtmonotone Zusammenhänge

Genau genommen sind alle Zusammenhänge zwischen den lokalen Zielen und den erforderlichen Parameteränderungen nichtmonoton. Trägt man die numerischen Sensorwerte über den numerischen Parameterwerten im zulässigen (bzw. sinnvollen) Parameterwertebereich auf (s. Abb. 5.15), so erkennt man, daß es zum einen sehr niederfrequente Änderungen und zum anderen sehr hochfrequente Änderungen gibt. Die hochfrequenten Änderungen fallen in der Regel wesentlich geringer aus. Man kann sie als überlagertes Rauschen interpretieren, das auf den diskreten Charakter der Bildverarbeitungsoperatoren, der Sensoren und der Eingangsbilder zurückzuführen ist. Filtert man das Rauschen herraus (s. Abb. 5.16), d.h. betrachtet man nur die niederfrequenten Änderungen, so kann man zwei verschiedene Grundtypen unterscheiden. Der erste Typ besitzt ein (weitgehend) monoton fallendes (Sensor Dichte in Abb. 5.16) bzw. monoton steigendes (Sensor Leere in Abb. 5.16) Verhalten. Diese Zusammenhänge können sehr gut durch die "Regeln für monotone Zusamenhänge" (s. o.) abgebildet werden. Aufgrund des monotonen Verhaltens ist dabei die Angabe des Arbeitspunktes (Bereich, der z.B. durch Sensorwerte festgelegt wird, s.o.) überflüssig.

Der zweite Typ besitzt ein stark nichtmonotones Verhalten (Sensoren Vollständigkeit und Objektgröße in Abb. 5.16). Die Zusammenhänge zwischen lokalem Ziel und Parameteränderung können bei diesem Typ teilweise dennoch durch die "Regeln für monotone Zusamenhänge" beschrieben werden, indem ein Arbeitspunkt (Bereich) im Bedingungsteil angegeben wird, der den Einsatz der Regel auf einen monotonen Teilabschnitt des Parameterbereichs einschränkt. Für die Beschreibung des Zustandes ist es wünschenswert ausschließlich auf Sensorwerte und nicht auf die Parameterwerte zurückzugreifen, da die Parameterwerte sehr stark vom verwendeten Bildmaterial abhängen (Sensor-Parameter-Kurven für verschiedene Bilder sehen oft ähnlich aus, sind aber über den Parameterbereich und den Sensorbereich gestaucht oder gedehnt). In vielen Fällen können die Zustände nicht oder nur sehr ungenau durch die Sensorwerte (und auch nicht

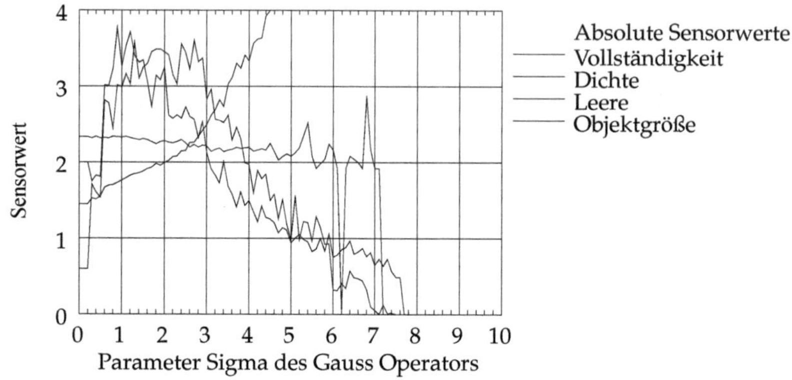

Abbildung 5.15: Numerische Sensorwerte in Abhängigkeit des Sigma Parameters

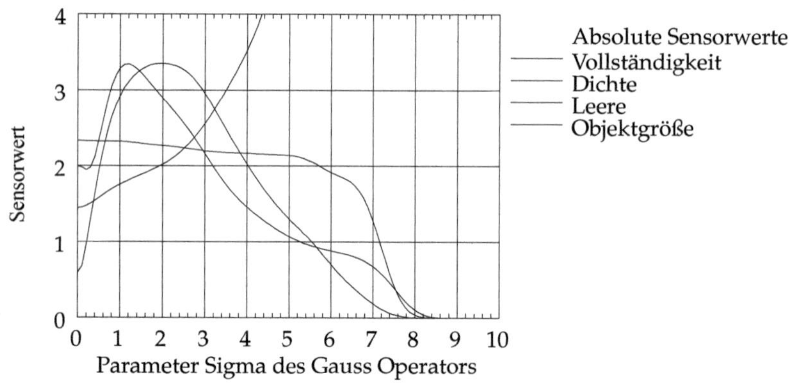

Abbildung 5.16: Geglättete Kurven aus Abb. 5.15

durch fuzzifizierte Parameterwerte) beschrieben werden, was dazu führt, daß die "Regeln für monotone Zusamenhänge" hierfür nicht eingesetzt werden können.

Für diese Fälle existiert ein Modul mit "Regeln für nichtmonotone Zusammenhänge". Die Regeln dieses Modules besitzen einen Bedingungsteil, der gegenüber dem Bedingungsteil der "Regeln für monotone Zusamenhänge" eine weitere Bedingung enthält. Mit dieser Bedingung wird überprüft, ob durch die Parameter- und Sensoränderungen der letzten Adaptionszyklen auf einen monoton steigenden oder monoton fallenden Arbeitsbereich geschlossen werden kann. Zu diesem Zweck wird der Zusammenhang zwischen einigen ausgewählten Sensoränderungen und den zugehörigen, die Änderungen verursachenden Parameteränderungen anhand der letzten Adaptionszyklen berechnet. Dabei gehen die Änderungen des letzten (jüngsten) Adaptionszyklus stärker ein als die Änderungen älterer Zyklen. Durch die Berücksichtigung mehrerer Zyklen werden die hochfrequenten Änderungen (das Rauschen) abgeschwächt. Den gleichen Zweck hat das gewichtete Zusammenfassen der Abhängigkeiten mehrerer Sensoren, die bzgl. der niederfrequenten Schwankungen stark miteinander korreliert sind. Aus der Stärke dieser berechneten und zusammengefaßten Abhängigkeit wird im Aktionsteil einer "Regel für nichtmonotone Zusammenhänge" ein Sicherheitsfaktor berechnet, der umso größer ist, desto größer der absolute Wert der Abhängigkeit (die Steigung der Kurve) ist. Dieser Sicherheitsfaktor verringert den Sicherheitsfaktor der resultierenden Parameteränderung mulitplikativ, wenn er kleiner als 1.0 ist. Dadurch wächst der Einfluß einer "Regel für nichtmonotone Zusammenhänge" mit der Dauer und Stärke der gemessenen Zusammenhänge. Lokale (hochfrequente) und niedrige Schwankungen haben dadurch geringere Auswirkungen.

Gradientenverfahren

Durch das Gradientenverfahren erfolgt eine dynamische Anpassung an die tatsächlichen Zusammenhänge zwischen Qualitäts- und Parameteränderungen. In jedem Zyklus wird zu diesem Zweck der Zusammenhang zwischen den durchgeführten Parameteränderungen und den sich daraus ergebenen Qualitätsänderungen ermittelt (protokolliert). Die in verschiedenen Zyklen ermittelten Zusammenhänge werden gewichtet zusammengefaßt, so daß der Einfluß des in einem Zyklus gemessenen Zusammenhanges mit dem Alter des Zyklus abnimmt. Durch die Berücksichtigung mehrere Zyklen wird der Einfluß lokaler (hochfrequenter) Schwankungen abgeschwächt. Zusätzlich wird ein Sicherheitsfaktor berechnet, der umso größer ist, desto länger der letzte Richtungswechsel (Vorzeichenwechsel) der betrachteten Abhängigkeit her ist. Ist der Sicherheitsfaktor hoch genug, so feuert eine Regel, die eine feste Parameteränderung in die ermittelte Richtung für eine Qualitätserhöhung durchführt. Der Einfluß dieser Änderung auf die tatsächlich durchgeführte Änderung hängt von der Größe des Sicherheitsfaktors ab, was wiederum hochfrequente Einflüsse abschwächt.

Das Gradientenverfahren berücksichtigt das im Abschnitt 2 beschriebene Verhalten eines menschlichen Experten, der seine Aktionen nicht nur aufgrund eines festen a priori Wissens auswählt, sondern auch eine dynamische Anpassung aufgrund des tatsächlichen Adaptionsverlaufes durchführt. Es ist stark mit dem weiter oben beschriebenen Verfahren der Verwendung von "Regeln für nichtmonotone Zusammenhänge" korreliert (beide Verfahren verwenden tatsächlich gemessene Abhängigkeiten zwischen Parameter- und Sensoränderungen). Daher ergeben sich zwar relativ starke Verbesserungen durch den Einsatz von genau einem der beiden Verfahren aber nur relativ geringe Verbesserungen oder sogar Verschlechterungen bei der Kombination beider Verfahren. Bei einem Vergleich schneidet dabei das Gradientenverfahren etwas besser ab. Im Abschnitt 7 werden daher die "Regeln für nichtmonotone Zusammenhänge" nicht mehr weiter untersucht.

Fallback-Regeln

Ein Nachteil bei der Verwendung der zuvor beschriebenen (Seite 79 bis 83), sehr speziellen Regeln, die nur in bestimmten Zuständen (Arbeitspunkten, Situationen) feuern können, ist der Umstand, daß nur sehr schwer nachvollziehbar ist, ob es für alle möglichen Zuständen mindestens eine Regel gibt. Mit anderen Worten: Die Vollständigkeit der Regelbasis ist nur sehr schwer zu gewährleisten.

Wählt man dagegen sehr allgemeine Regeln, die nicht von bestimmten Zuständen abhängen, so ist dies relativ leicht zu gewährleisten. Ein Nachteil der allgemeinen Regeln ist aber, daß sie in vielen Fällen zu falschen Aktionen führen. In FuzzySOLUTION wurde dieses Dilema durch die Einführung eines Modules mit sogenannten Fallback-Regeln gelöst. Das Modul und damit die Regeln werden nur verwendet, wenn keine der anderen Regeln der Adaptionsstufen *Grob-Adaption* und *Normal-Adaption* gefeuert haben. Es beinhaltet für jede Kombination eines Parameters und eines lokalen Ziels ein oder zwei Regeln.

Die größte Wahrscheinlichkeit dafür, daß in einem Zustand keine Regel existiert, deren Bedingungsteil erfüllt ist, besteht in den Zuständen, in denen bereits fast alle lokalen Ziele erfüllt sind, da für erfüllte Ziele keine Regeln existieren. Diese Zustände befinden sich in der Regel nicht an den Rändern der Parameterbereiche sondern eher in der Mitte. Daher geben die Fallback-Regeln die Zusammenhänge für den Bereich in der Mitte wieder (ohne den Einsatz auf dieses Gebiet zu beschränken).

Besteht ein weitgehend monotoner Zusammenhang zwischen dem zugehörigen Sensorwert und dem Parameterwert in diesem Bereich, so wird eine einzige Fallback-Regel verwendet. Für einen weitgehend nichtmonotonen Zusammenhang, d.h. wenn die stark geglättete Kurve, die den Sensorwert über den Parameterbereich darstellt, im betrachteten Bereich einen Extremwert besitzt, werden dagegen zwei Regeln verwendet. Sie unterscheiden sich anhand von zwei komplementären Zuständen. Die Zustände werden mit Hilfe von Fuzzy Sets, deren Zugehörigkeitsgrad ein von 0.0 verschiedenes Minimum im mittleren Parameterbereich besitzen und zu den Rändern hin ansteigen, unterschieden. Dadurch wird der Gültigkeitsbereich erweitert, ohne eine (Zustands-) Lücke entstehen zu lassen, in der keine der beiden Regeln greift.

Der beschriebene Einsatz der Fallback-Regeln führt zu einem insgesamt robusteren System, da kaum noch Zustände[9] existieren, in denen keine Regeln gefeuert werden können, die Adaption also abgebrochen werden muß. Aufgrund der Auslegung der Regeln für den Fall, daß bereits sehr viele lokalen Ziele erfüllt sind, ergibt sich dabei in der Regel eine relativ hohe Zuverlässigkeit bei der Anwendung der Regeln.

Die Fallback-Regeln stimmen sehr gut mit den Regeln überein, die ein menschlicher Bildverarbeitungsexperte am schnellsten (ohne großes Nachdenken und ohne betrachten von Meßkurven) angibt, da sie das Verhalten in der Nähe des optimalen Arbeitspunktes eines Bildverarbeitungspfades wiederspiegeln und somit sehr häufig verwendet werden.

5.3.3 Fein-Adaption

Bei der Fein-Adaption handelt es sich im Grunde um eine Implementierung des Hill-Climbing-Algorithmus[10] ([Win92]). Ihr Zweck ist die Verbesserung der Qualität durch relativ kleine Parameteränderungen im Vergleich zu den Änderungen, die bei den anderen Adaptionsverfahren durchgeführt werden. Sie wird seperat am Ende der Adaption durchgeführt. Die anderen Adaptionsverfahren dienen

[9] Die verbleibenden Zustände liegen ausnahmslos am Rand. Sie treten auf, wenn alle existierenden lokalen Ziele eine Parameteränderung in eine Richtung fordern, in die der Parameter aufgrund seines begrenzten Wertebereichs nicht mehr geändert werden kann.

[10] *Hill Climbing*: Für alle Richtungen wird hierbei zunächst ein Schritt gemacht, der Gewinn bestimmt und der Schritt wieder zurückgenommen. Anschließend wird der Schritt ausgewählt, für den der größte Gewinn ermittelt wurde und die Prozedur erneut gestartet.

sozusagen dazu in dem Qualitätsgebirge nach Möglichkeit den höchsten Berg zu finden und möglichst schnell und weit nach oben zu kommen. Durch die Fein-Adaption wird dann versucht die Bergspitze zu finden. Genau hierfür ist das Hill-Climbing-Verfahren auch hervorragend geeignet. Für die Suche nach dem höchsten Berg ist es dagegen völlig ungeeignet, da es im ersten lokalen Maximum unweigerlich hängenbleibt.

In FuzzySOLUTION wird während der Fein-Adaption zunächst ein Parameter willkürlich in eine Richtung geändert. Wird dadurch die Qualität nicht verschlechtert, so wird ein weiterer Schritt in die gleiche Richtung gemacht. Dies wird solange fortgesetzt, bis sich die Qualität entweder verschlechtert, oder bis zu viele Schritte gemacht wurden, ohne das eine Änderung eingetreten ist. Anschließend wird der letzte Schritt zurückgenommen und die Richtung der Parameteränderung gewechselt, es sei denn, es wurden bereits beide Richtungen untersucht. In diesem Fall wird der nächste Parameter in der gleichen Weise adaptiert. Nachdem der letzte Parameter adaptiert wurde, wird wieder beim ersten begonnen. Das ganze wird solange durchgeführt, bis entweder die vorgegebene Qualitätsschwelle überschritten wird oder bis die zulässige Anzahl Fein-Adaptionsschritte pro Parameter überschritten wird.

5.4 Steuerung der Adaption

Regelbasierte Systeme werden leicht unübersichtlich, wenn zu viele Regeln existieren. Um dieses Problem zu lösen, sind die Regeln in FuzzySOLUTION in verschiedene Module (Gruppen) unterteilt worden. Ein Regelmodul dient dabei jeweils einem bestimmten Zweck. Ein Teil der Module beinhalten hauptsächlich Regeln, die als Aktion einzelne Parameteränderungen besitzen. Die Regeln dieser Module stellen somit die eigentlichen Adaptionsregeln da. Sie werden unterschieden (in verschiedene Module eingeteilt) nach ihrem Aufbau und Einsatzzweck (s. 5.3). Die einzelnen Module werden außerdem im allgemeinen noch einmal unterteilt nach den zugehörigen Operatoren und dann noch einmal nach den unterschiedlichen Parametern der Operatoren.

Neben den Modulen mit Adaptionsregeln gibt es noch eine ganze Reihe weiterer Module, die unterschiedlichen Zwecken dienen. Das wichtigste Modul enthält die Haupt-Steuerregeln. Diese Regeln dienen im wesentlichen dazu den Ablauf der Adaption festzulegen. Wenn die Adaption startet, wird die Kontrolle an dieses Modul übergeben. Das Modul erhält dadurch den Fokus und wird somit aktiviert, d.h. es können dann nur seine Regeln ausgeführt werden. Die Regeln des Modules rufen nacheinander weitere Module auf, d.h. sie übergeben die Kontrolle an sie, so daß nur die Regeln des aufgerufenen Modules ausgeführt (gefeuert) werden können.

In der Abb. 5.17 ist der stark vereinfachte Ablauf der Steuerung der Adaption graphisch dargestellt. Der grau hinterlegte Teil kann dabei abhängig von der Adaptionsstrategie und abhängig davon, ob Regeln zur Festlegung von Parameteränderungen gefeuert haben, auch mehrfach hintereinander mit unterschiedlichen Adaptionsregelmodulen aufgerufen werden. Falls der Simulated Annealing Algorithmus verwendet wird, erfolgt sein Einsatz direkt vor dem grau hinterlegten Block.

Als erstes wird meistens ein Modul aktiviert, dessen Regeln die im aktuellen Zyklus zu adaptierenden Parameter auswählt. In FuzzySOLUTION existieren drei verschiedene Strategien Parameter auszuwählen. Bei der ersten Strategie werden alle Parameter ausgewählt und somit gleichzeitig adaptiert. Dagegen wird der Parameter bei der zweiten Strategie nach jedem Zyklus gewechselt und somit in einem Zyklus nur ein Parameter geändert. Bei der dritten Strategie wird zunächst ein Parameter adaptiert (d.h. hier wird ebenfalls pro Zyklus nur ein Parameter geändert). Nach dem ersten Parameter wird der zweite Parameter adaptiert, dann der dritte und so weiter. In einem N-dimensionalen Parameterraum kann so natürlich nur das Optimum gefunden werden, wenn nach dem letzten wieder mit dem ersten Parameter begonnen wird.

Die Strategie der gleichzeitigen Adaptierung hat zwar den Vorteil, daß sie theoretisch den kürzesten Weg zum Ziel nehmen kann, aber dafür den Nachteil, daß die Auswirkungen von Parameteränderungen schlechter nachvollzogen werden können. Eine dynamische Anpassung (Gradientenverfahren, s. Abschnitt 5.3.2) an die tatsächlichen Abhängigkeiten zwischen Sensoren und Parametern ist daher schwieriger. Dies ist vermutlich der Grund dafür, daß mit der dritten Strategie (getrennte Adaption der Parameter) im Mittel höhere Qualitäten als mit der ersten Strategie (gleichzeitige Adaptierung) erzielt werden, wenn eine dynamische Anpassung verwendet wird. Ohne diese Anpassung ist im Mittel die erste Strategie besser.

Nach der Auswahl der zu adaptierenden Parameter wird die Kontrolle an ein Modul übergeben, das die eigentlichen Adaptionsregeln enthält. Dort wird in den meisten Fällen die Kontrolle zunächst an ein Modul übergeben, das die Sensorwerte berechnet. Ein weiteres Modul ist danach für die Erzeugung der lokalen Ziele zuständig. Falls ein Ranking der lokalen Ziele[11] durchgeführt werden soll, geschieht dies gleichfalls in einem separaten Modul. Nach dem Ranking wird

[11] *Ranking*: Unter Ranking der lokalen Ziele wird die Sortierung nach ihrer Wichtigkeit verstanden. FuzzySOLUTION kann daraus dann z.B. die 8 wichtigsten Ziele bestimmen und verhindern, daß die anderen im aktuellen Adaptionsschritt verwendet werden.

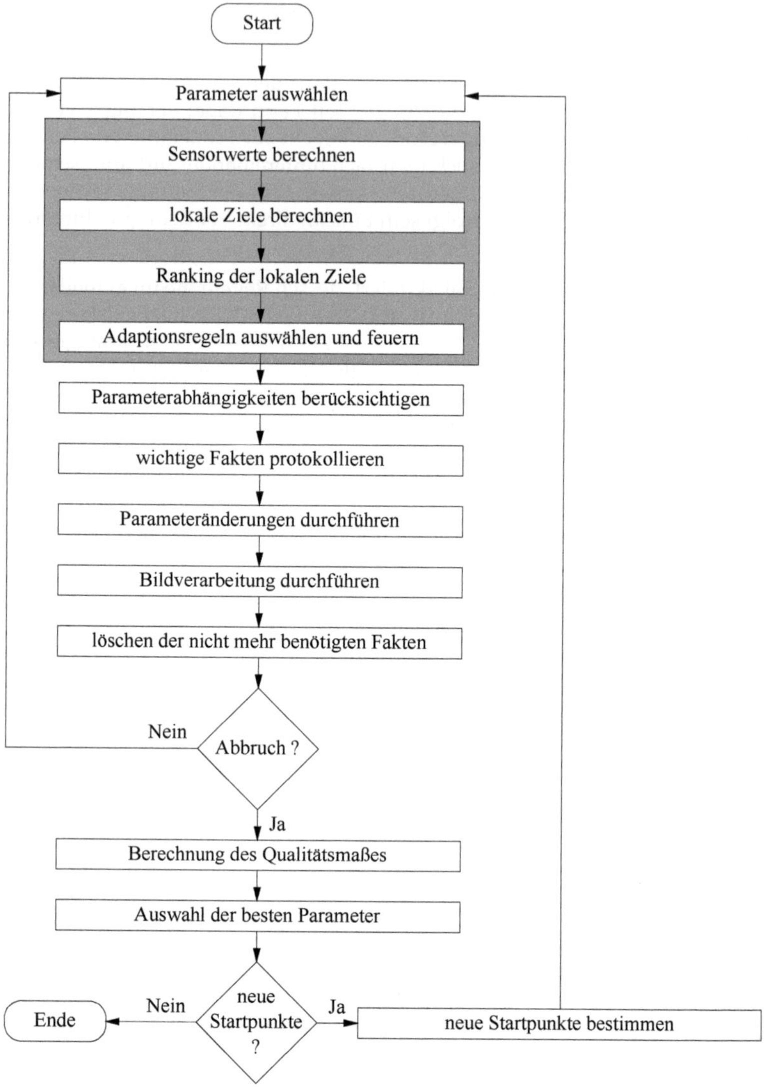

Abbildung 5.17: Steuerung der Adaption

die Kontrolle wieder automatisch an das Modul mit den Adaptionsregeln und danach wieder an das Steuerungsmodul übergeben. Je nach Adaptionsstrategie und je nachdem, ob schon Adaptionsregeln gefeuert haben, werden danach noch weitere Module mit Adaptionsregeln aktiviert.

Schließlich wird der Adaptionszyklus abgeschlossen, indem nacheinander die folgenden Module aktiviert werden:

1. Ein Modul zum Anpassen bestimmter Parameter aneinander. Dadurch wird z.B. verhindert, daß die beiden Sigma-Parameter des Gauss-Operators zu stark voneinander abweichen.
2. Ein Modul zum Aufzeichnen (Merken) einiger wichtiger Daten zu Protokollzwecken oder zur späteren Verwendung. Mit Hilfe der aufgezeichneten Parameteränderungen können z.B. Endlosschleifen bei den Parameteränderungen erkannt werden.
3. Ein Modul zum Umsetzen und Ausführen der gewünschten Parameteränderungen.
4. Ein Modul zum Aufräumen (Löschen) nicht mehr benötigter Daten.
5. Ein Modul zur Berechnung der Qualität aus den einzelnen lokalen Zielen.
6. Ein Modul, in dem getestet wird, ob die Adaption abgebrochen werden soll. Unter Umständen werden von diesem Modul aus noch weitere Module aktiviert. Z.B. ein Modul zur Auswahl der Parameter, die zur besten Qualität geführt haben oder ein Modul zur Wahl neuer Startwerte für einen Neustart der Adaption.

Der modulare Aufbau macht es auch einfacher neue Strategien einzubauen oder neue Bildverarbeitungsoperatoren zu berücksichtigen.

5.5 Fuzzy Inferenz

Die Fuzzy Inferenz wird in der Literatur oft als Approximate Reasoning (deutsch: unscharfes Schließen) bezeichnet. Darunter wird die Inferenz mit unscharfem, unsicherem Wissen verstanden. Die normale Inferenz, d.h. die Folgerung mit präzisem Wissen, ist ein Spezialfall der Fuzzy Inferenz und wurde z.B. in den Vorgängersystemen Conny und SOLUTION eingesetzt. Das hier beschriebene System FuzzySOLUTION verwendet dagegen die Fuzzy Inferenzmaschine der

Expertensystem-Shell FuzzyCLIPS (siehe [Orc98]). Im folgenden wird kurz das Grundprinzip der in FuzzySOLUTION verwendeten Fuzzy Inferenz beschrieben. Eine allgemeine Einführung in das Gebiet des Approximate Reasoning wird z.B. in [KY95] gegeben.

5.5.1 Grundprinzip der verwendeten Fuzzy Inferenzmaschine

Die Inferenzmaschine eines regelbasierten Systems arbeitet auf einem Satz von Regeln und Fakten und erzeugt durch feuern von Regeln neue Fakten. Eine Regel hat im allgemeinen die Form:

$$\textbf{Wenn } B, \textbf{ dann } A \tag{5.5}$$

Dabei wird B als Bedingungsteil und A als Aktionsteil der Regel bezeichnet. In FuzzySOLUTION arbeitet die Inferenzmaschine nach dem Prinzip des Forward-Chainings (Modus Ponens), d.h. die vorhandenen Fakten müssen die Bedingungen des Bedingungsteils B einer Regel erfüllen, damit die Regel gefeuert und die Aktionen des Aktionsteils A ausgeführt werden können.

Die Inferenzmaschine führt dabei in einer Schleife immer wieder nacheinander die folgenden Schritte aus:

1. Übernahme aller Regeln, deren Bedingungsteil B erfüllt ist und die noch nicht gefeuert haben[12], in die Konfliktmenge (in FuzzyCLIPS als Agenda bezeichnet).
2. Sind mehrere Regeln in der Konfliktmenge, werden diejenigen mit der größten Priorität[13] ausgewählt.
3. Besitzen mehrere Regeln die gleiche Priorität, so erfolgt eine Auswahl der Regeln, die zuletzt aktiviert wurden. Dies sind die Regeln, in deren Bedingungsteilen Fakten verwendet werden, die zuletzt verändert oder erzeugt wurden.
4. Sind mehrere Regeln zum gleichen Zeitpunkt aktiviert worden, so werden diejenigen ausgewählt, die den komplexeren Bedingungsteil besitzen.

[12] Mindestens ein Fakt, der im Bedingungsteil einer gefeuerten Regel verwendeten Fakten, muß sich ändern, damit die Regel erneut feuern kann.

[13] In FuzzyCLIPS kann jeder Regel explizit eine Priorität zugewiesen werden [CRD93]. In FuzzySOLUTION wird hierdurch eine sequentielle Abarbeitung bestimmter Regeln erzwungen.

5. Trifft auch dies für mehrere Regeln zu, erfolgt eine zufällige Auswahl einer Regel, die dann gefeuert wird.

Dieser Ablauf unterscheidet sich grundsätzlich nicht von dem Ablauf in einer "normalen Inferenzmaschine". So feuert in jedem (Inferenz-) Schleifendurchlauf nur eine Regel, obwohl bei einer Fuzzy Inferenz im allgemeinen mehrere Regeln einen "Anteil" an der ausgeführten Aktion haben. In FuzzyCLIPS wird dies dadurch erreicht, daß Linguistische Variablen (Variablen, die Fuzzy Sets enthalten), denen im Aktionsteil ein Wert zugewiesen wird, durch das feuern einer weiteren Regel nicht überschrieben sondern erweitert werden. Wird z.B. durch feuern einer Regel der Linguistischen Variablen *Temperatur* der Wert *warm* zugewiesen und anschließend eine zweite Regel gefeuert, die der gleichen Variablen den Wert *heiß* zuweist, so besitzt die Variable *Temperatur* hinterher nicht etwa den Wert *heiß* sondern den Wert *warm und heiß*. In der Abb. 5.18 ist der Sachverhalt noch einmal graphisch dargestellt.

In FuzzySOLUTION führt dies dazu, daß in einem Adaptionsschritt alle Regeln, deren Bedingungsteil erfüllt ist und deren Aktionsteil Änderungen des gleichen Parameters beinhalten, ausgeführt werden und somit die am Ende des Adaptionsschrittes durchgeführte Parameteränderung beeinflussen.

Bei dem Beispiel mit der Temperatur wurde vereinfacht davon ausgegangen, daß die Fuzzy Sets des Aktionsteils ohne Änderung für die Vereinigung übernommen werden. Dies ist nur dann der Fall, wenn im Bedingungsteil keine Fuzzy Sets miteinander verglichen werden bzw. die verglichenen Fuzzy Sets exakt übereinstimmen.

Für eine einfache Regel mit einem Fuzzy Set $\mathbb{P}$ (Prämisse) im Bedingungsteil und einem Fuzzy Set $\mathbb{K}$ (Konsequenz) im Aktionsteil folgt aus der Gl. 5.5:

$$\textbf{Wenn } x = \mathbb{P}, \textbf{ dann } y = \mathbb{K} \tag{5.6}$$

Mit Hilfe des Generalisierten Modus Ponens ergibt sich aus Gl. 5.6 für die Bedingung aus Gl. 5.7:

$$x = \mathbb{P}' \tag{5.7}$$

die Folgerung Gl. 5.8:

$$y = \mathbb{K}' \tag{5.8}$$

Die Beziehung zwischen der Prämisse (Fuzzy Set $\mathbb{P}$) im Bedingungsteil und der

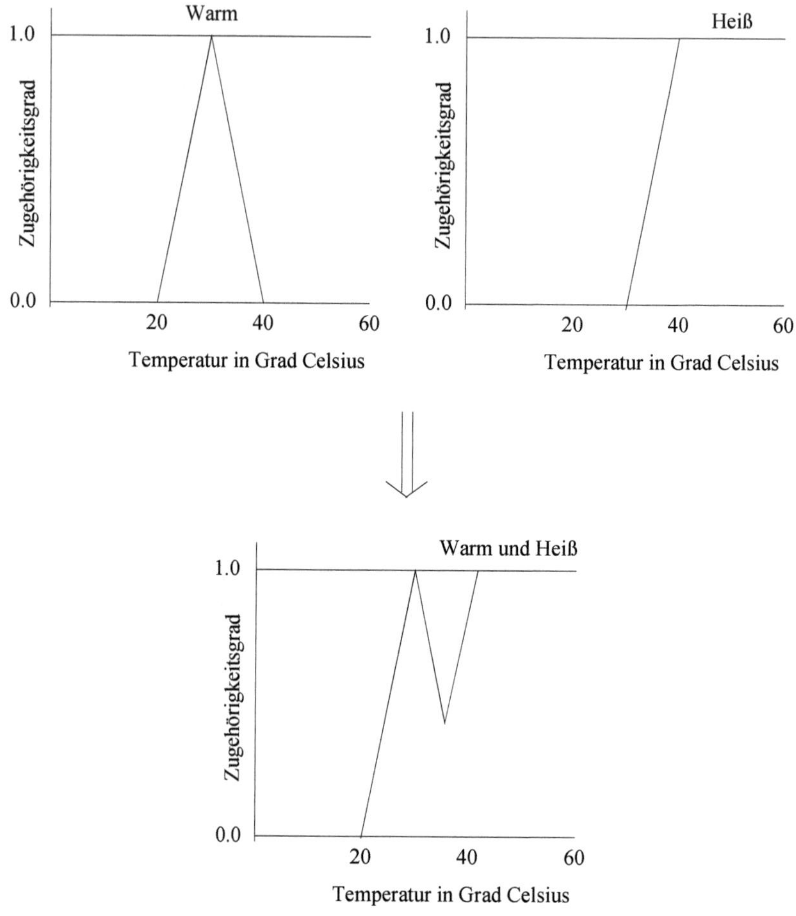

Abbildung 5.18: Vereinigung von Fuzzy Sets mit dem Maximum-Operator [Zad65]

Konsequenz (Fuzzy Set $\mathbb{K}$) im Aktionsteil einer Regel kann als Relation $\mathbb{R}_{P,K}$ beschrieben werden:

$$\mathbb{R}_{P,K} = \mathbb{P} * \mathbb{K} \tag{5.9}$$

Die Zugehörigkeitsfunktion der Relation $\mathbb{R}_{P,K}$ wird in FuzzyCLIPS wie folgt berechnet:

$$\mu_R(u,v) = \min(\mu_P(u), \mu_K(v)), \forall(u,v) \in \mathbb{U}_P \times \mathbb{U}_K \tag{5.10}$$

Mit der Relation $\mathbb{R}_{P,K}$ ergibt sich dann für den Zusammenhang zwischen $\mathbb{P}'$ und $\mathbb{K}'$ laut [Zad73] die "compositional rule":

$$\mathbb{K}' = \mathbb{R}_{P,K} \circ \mathbb{P}' \tag{5.11}$$

Die Zugehörigkeitsfunktion $\mu_{K'}(v)$ von $\mathbb{K}'$ ergibt sich mit der als Max-Min-Regel bezeichneten Inferenz-Methode als:

$$\mu_{K'}(v) = \max_{u \in \mathbb{U}_P}(\min(\mu_{P'}(u), \mu_R(u,v))) \tag{5.12}$$

Dies läßt sich vereinfachen zu:

$$\mu_{K'}(v) = \min(z, \mu_K(v)) \tag{5.13}$$

Dabei wird z berechnet aus dem Vergleich des "geforderten" Fuzzy Sets $\mathbb{K}$ und dem tatsächlich vorhandenen Fuzzy Set $\mathbb{K}'$:

$$z = \max(\min_{v \in \mathbb{U}_K}(\mu_{K'}(v), \mu_K(v))) \tag{5.14}$$

Die Abb. 5.19 stellt die Erzeugung des Fuzzy Sets $\mathbb{K}'$ im Aktionsteil einer Regel aus dem Vergleich des vorgegebenen Fuzzy Sets $\mathbb{P}$ mit dem vorhandenen $\mathbb{P}'$ im Bedingungsteil und dem vorgegebenen Fuzzy Set $\mathbb{K}$ im Aktionsteil noch einmal graphisch da.

Wenn mehrere Regeln die gleiche linguistische Variable in ihrem Aktionsteil verändern, ergibt sich das Gesamtergebnis $\mathbb{K}'_g$ wie bereits in Abb 5.18 dargestellt, als Vereinigung (Maximum-Operator) der einzelnen Fuzzy Sets $\mathbb{K}'_i$ nach Gl. 5.15:

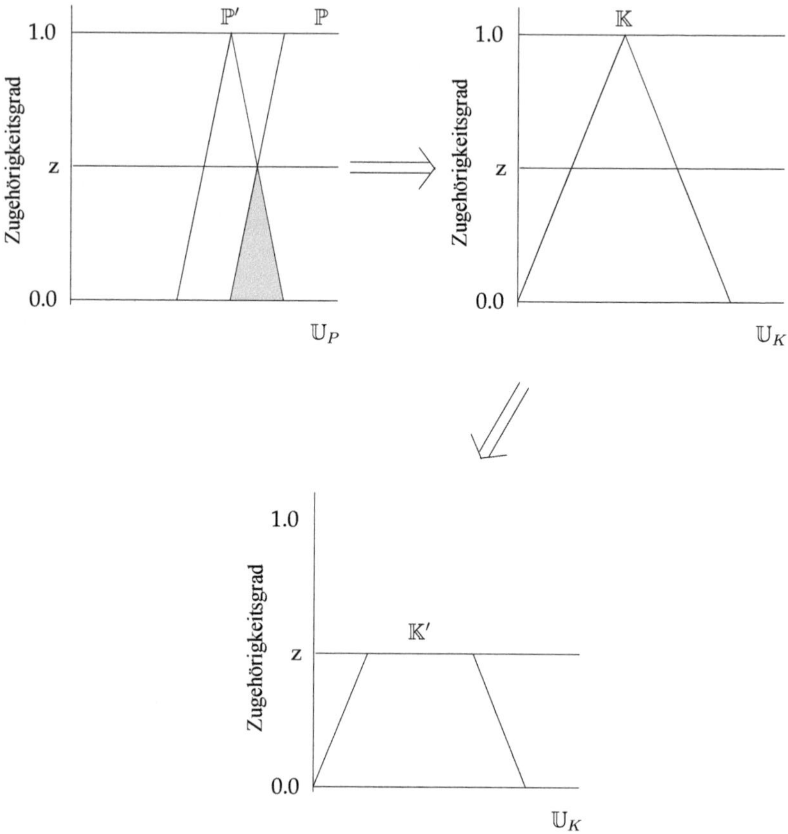

Abbildung 5.19: Bestimmung des Fuzzy Sets einer Regelaktion

$$\mathbb{K}'_g = \bigcup_i \mathbb{K}'_i \tag{5.15}$$

Bisher wurde der einfache Fall beschrieben, daß im Bedingungsteil einer Regel i nur eine Bedingung (ein Vergleich mit dem Fuzzy Set $\mathbb{P}_i$) verwendet wird. Existieren dagegen mehrere Bedingungen (mehrere Vergleiche mit den Fuzzy Sets $\mathbb{P}_{i,j}$), so werden zunächst für jede Bedingung nach Gl. 5.11 die zugehörigen Fuzzy Sets $\mathbb{K}'_{i,j}$ berechnet und daraus schließlich nach Gl. 5.16 das resultierende Fuzzy Set $\mathbb{K}'_i$ der Regel i:

$$\mathbb{K}'_i = \bigcap_j \mathbb{K}'_{i,j} \tag{5.16}$$

Die Schnittmenge wird dabei durch den Minimum-Operator erzeugt.

Sicherheitsfaktoren

In FuzzyCLIPS und damit auch in FuzzySOLUTION können Regeln und Fakten mit Sicherheitsfaktoren versehen werden. Der Sicherheitsfaktor einer Regel i wird mit $C_{F,R,i}$ und der Sicherheitsfaktor des Faktes aus dem Bedingungsteil der Regel i mit $C_{F,P,i}$ bezeichnet. Ihr Wertebereich liegt zwischen 0.0 (unsicher) und 1.0 (sicher). Der Sicherheitsfaktor $C_{F,K,i}$ eines Ergebnis Fuzzy Sets $\mathbb{K}'_i$ der Regel i berechnet sich wie folgt:

$$C_{F,K,i} = C_{F,R,i} \cdot C_{F,P,i} \tag{5.17}$$

Der Sicherheitsfaktor $C_{F,K,g}$ des zusammengefaßten Fuzzy Sets $\mathbb{K}_g$ aus Gl. 5.15 ist der Maximalwert aller einzelnen Sicherheitsfaktoren $C_{F,K,i}$:

$$C_{F,K,g} = \max_i(C_{F,K,i}) \tag{5.18}$$

Wenn die Regel i mehrere Fakten im Bedingungsteil besitzt, wird zunächst der Sicherheitsfaktor $C_{F,K,i}$ der Regel i mit Hilfe von Gl. 5.19 anstatt mit Gl. 5.17 berechnet.

$$C_{F,K,i} = C_{F,R,i} \cdot \min_j(C_{F,P,i,j}) \tag{5.19}$$

Eine Regel kann im übrigen nur feuern, wenn $C_{F,K,i}$ größer als ein einstellbarer Schwellwert ist.

5.5.2 Vor- und Nachteile der Fuzzy Inferenz

Der einzige Nachteil der Fuzzy Inferenz gegenüber einer normalen, Crisp-Inferenz ist der erhöhte Aufwand an Speicher und Rechenzeit. Demgegenüber stehen einige Vorteile, auf die im folgenden näher eingegangen wird.

Ein Vorteil der Verwendung von Fuzzy Sets ist die bessere Modellierung der Vorgehensweise eines menschlichen Experten (siehe Abschnitt 2). Mit Hilfe der Fuzzy Set Theorie können die unscharfen und unsicheren Aussagen des Menschen sehr gut modelliert werden (s.a. Abschnitt 4.1). Dies erleichtert in FuzzySOLUTION den Aufbau und die Erweiterung der Wissensbasis für die Adaption, da der Mensch sein Wissen hierfür nicht in eine ihm ungewohnte Form abbilden muß.

Die Fuzzy Inferenz erlaubt es mehrere dieser unscharfen und unsicheren Aussagen bei der Inferenz mit zu berücksichtigen und sozusagen gegeneinander abzuwägen. Erst ganz am Ende muß eine harte Entscheidung (der numerische Wert einer Parameteränderung) getroffen werden. Bei der Verwendung einer normalen Inferenz kann dagegen nur eine harte Aussage verwendet werden, d.h. es kann nur eine Regel pro Parameteränderung feuern.

Existieren z.B. zwei Regeln in der Konfliktmenge, von denen die erste korrekterweise eine starke Parametererhöhung fordert und die zweite fälschlicherweise eine schwache Parameterverringerung, so muß bei der normalen Inferenz eine der beiden Regeln nach bestimmten Kriterien ausgewählt werden. Dies kann z.B. aufgrund einer vorher vergebenen Priorität erfolgen, die aufgrund eines höheren Vertrauens in die Zuverlässigkeit der Regel vergeben wurde. Stimmt diese Prioritätenvergabe, so hat die normale Inferenz hier Vorteile, da nur die eine, korrekte Regel[14] feuert und dadurch ein maximaler Gewinn erzielt wird. Bei der Fuzzy Inferenz feuern in diesem Fall beide (wobei der Einfluß der zweiten Regel durch eine niedrigere Sicherheit[15] abgeschwächt sein kann) und der Gewinn wird nicht ganz so groß ausfallen. Stimmt die Prioritätenvergabe dagegen nicht, so wird die normale Inferenz auf jeden Fall zu einer Verschlechterung der Bildqualität

[14] *Korrekte Regel*: In dieser Arbeit wird unter einer korrekten Regel nicht verstanden, daß sie formal korrekt ist, also ohne einen "Syntaxerror" zu erzeugen ausgeführt werden kann. Stattdessen wird darunter eine Regel verstanden, die in einer gegebenen Situation eine Aktion ausführt, die dazu führt, daß die maximal mögliche Qualität durch die Adaption erreicht wird. In einer anderen Situation kann die gleiche Regel daher auch eine nicht korrekte Regel sein.

[15] Die Sicherheitsfaktoren $C_{F,R}$ übernehmen hier die Rolle der Prioritäten bei der Fuzzy Inferenz. Durch Verwendung einer Mindestsicherheit kann das feuern von unsicheren Regeln auch völlig unterdrückt werden.

führen, während die Fuzzy Inferenz auch bei falschen Sicherheitsfaktoren immer noch einen Gewinn erzielen kann.[16]

Die Vergabe der Prioritäten ist sehr problematisch. Dies liegt zum einen daran, daß hierbei das Vertrauen zu einer Regel im Vergleich zu allen anderen Regeln berücksichtigt werden muß. Dadurch wird nicht nur das Erzeugen neuer Regeln sehr aufwendig, sondern führt insbesondere bei großen Regelsätzen zwangsläufig zu Fehlern. Zum anderen hängt die Qualität einer Regel im allgemeinen auch vom Bildmaterial ab und läßt sich daher nur schwer für alle möglichen Fälle vorgeben.

Weitere Kriterien bei der Auswahl einer Regel aus der Konfliktmenge können z.B. die Komplexität der Bedingungsteile (Anzahl Bedingungen), das Alter der Regeln (bisherige Verweildauer in der Konfliktmenge) und letzten Endes der Zufall sein. All diese Kriterien sind nicht in der Lage mit Sicherheit die beste Regel in einem gegebenen Zustand auszuwählen. Das Verhalten der normalen Inferenzmaschine wirkt bei großen Regelsätzen daher oft wie ein Zufallsprozeß und insbesondere beim Hinzufügen einer Regel ist es meistens sehr schwer, wenn nicht sogar unmöglich vorherzusagen welche Auswirkungen dies auf das Gesamtverhalten der Adaption hat. Eine einzige falsche Regel[17] kann dazu führen, daß die Adaption fehlschlägt.

Dies ist bei der Fuzzy Inferenz anders. Etwas vereinfacht gilt: Solange die Mehrheit der Regeln in einer gegebenen Situation korrekt ist, wird auch die Richtung der durch die Inferenz erzeugten Parameteränderung korrekt sein. Das Verhalten eines Adaptionssystems auf der Basis einer Fuzzy Inferenz wird daher immer ein stabileres Verhalten bzgl. der Regelbasis besitzen, als ein System mit einer normalen Inferenzmaschine. Dies wird auch durch die im Abschnitt 7.1.1 durchgeführten Versuche bestätigt.

Durch die Verwendung der Fuzzy Inferenz und der Fuzzy Sets werden die Wertebereiche der Sensoren, der lokalen Ziele und der Parameteränderungen nicht mehr quantisiert. Dies hat nicht nur zur Folge, daß der Adaptionsverlauf weicher ist, sondern auch, daß höhere Qualitäten erreicht werden können. Letzteres liegt daran, daß die quantisierten lokalen Ziele (für den Fall der Verwendung von Crisp Werten anstatt Fuzzy Sets) bereits den Wert *Nicht* erreichen, bevor ihre numerischen, nicht quantisierten Werte den Wert 0.0 haben.

Ein weiterer Vorteil der Fuzzy Inferenz ist die Möglichkeit unterschiedliche Ad-

[16]Eine Voraussetzung für einen Gewinn ist im gegebenen Beispiel, daß die Sicherheitsfaktoren nicht zu stark voneinander abweichen.

[17]*Falsche Regel*: In dieser Arbeit wird unter einer falschen Regel nicht eine Regel verstanden, die formal nicht korrekt ist (also einen "Syntaxerror" erzeugt), sondern eine Regel, die in einer gegebenen Situation eine Aktion ausführt, die dazu führt, daß die maximal mögliche Qualität durch die Adaption nicht erreicht wird.

aptionsverfahren gleichzeitig miteinander zu kombinieren. So können in FuzzySOLUTION z.B. Regeln, die einen festen Zusammenhang zwischen Sensoränderungen (Lokalen Zielen) und Parameteränderungen herstellen (s. Abschnitt 5.3.2) mit Regeln kombiniert werden, die die Parameteränderungen aufgrund des aktuell gemessenen Zusammenhanges zwischen Sensoränderungen und Parameteränderungen bestimmen. Der Einfluß einer Regel der zweiten Gruppe von Regeln wird dabei um so größer, desto länger (öfter hintereinander) ein bestimmter Zusammenhang erkannt wurde (s. Abschnitt 5.3.2). Dies wird über die Höhe (Zugehörigkeitsgrad) der entsprechenden Parameteränderungs Fuzzy Sets bestimmt.

Eine weitere interessante Möglichkeit, die in FuzzySOLUTION allerdings nicht realisiert worden ist, wäre die Kombination mit Parameteränderungen, die sich aufgrund von Fallbasiertem Schließen (engl.: *Case-Based Reasoning*, s. z.B. [RS89] und [JK92]) ergeben. Hierbei könnte in jedem Adaptionsschritt in einer Datenbank nach einem ähnlichen Zustand (Fall, beschrieben durch die loalen Ziele und Sensorwerte) gesucht und die zugehörige Aktion (Parameteränderung) ausgeführt werden. Die Fälle in der Datenbank würden dabei in vorhergehenden, erfolgreichen Adaptionen aufgezeichnet. Laut [BSLH99] hat das Fallbasierte Schließen den Vorteil, sehr schnell eine bekannte Lösung zu finden, die 90% von dem abdeckt, was benötigt wird. Die restlichen 10% müssen durch Anpassung des Falles erzielt werden. In FuzzySOLUTION könnte das so aussehen, daß der Zugehörigkeitsgrad der Parameteränderungen, die aufgrund ähnlicher Fälle bestimmt wurden, um so größer ist, desto größer die Übereinstimmung der aktuellen Fälle mit den Datenbankfällen ist. Die notwendige Anpassung der Datenbankfälle könnte dabei durch die übrigen Adaptionsmethoden erfolgen, deren Einfluß dann um so größer sein müßte, desto schlechter die Datenbankfälle zutreffen würden. Eine einfache Erweiterung von SOLUTION, mit dem erste positive Erfahrungen des (ausschließlichen) Einsatzes von Fallbasiertem Schließen für die Parameteradaption gewonnen wurden, wird in [Rad99] beschrieben.

5.6 Abbruchbedingungen

Im Idealfall findet FuzzySOLUTION eine Lösung der vom Anwender gestellten Aufgabe. Die Abbruchbedingung für diesen Fall wäre daher das Erreichen eines Qualitätswertes (Berechnung s. Abschnitt 4.4) von 1.0. In der Praxis gibt es aber zum einen Fälle, in denen kein Bildverarbeitungsverfahren existiert, das die vom Anwender gestellte Aufgabe lösen kann.[18] Zum anderen sind alle in den letzten Abschnitten vorgestellten Strategien nicht in der Lage das Erreichen der

[18]Dies gilt auch bei optimal eingestellten Parametern.

minimal möglichen Entfernung zum vorgegebenen Ziel zu garantieren.[19] Um ein endloses Suchen nach der optimalen Lösung zu vermeiden, müssen daher weitere Abbruchbedingungen eingeführt werden. Da außerdem in der Regel für die weitere Verarbeitung eine geringfügige Abweichung von der maximal möglichen Qualität zulässig ist, wird als "ideale Abbruchbedingung" das Überschreiten eines minimalen Qualitätswertes, der vom Benutzer vorgegeben werden kann, verwendet.

Die Abbruchbedingungen lassen sich nach ihrer Priorität sortieren. Die höchste Priorität hat die oben beschriebene "ideale Abbruchbedingung". Einige Abbruchbedingungen existieren nur (werden nur verwendet), wenn bestimmte Adaptionsverfahren (z.B. Neue Startpunkte, Simulated Annealing etc.) eingesetzt werden. Eine Abbruchbedingung mit einer niedrigeren Priorität führt nur dann tatsächlich zu einem Abbruch, wenn mit Ausnahme der "idealen Abbruchbedingung" keine höher priorisierten Abbruchbedingungen existieren. Ist dies nicht der Fall, d.h. gibt es höher priorisierte Abbruchbedingungen, die noch nicht erfüllt sind, so wird die Adaption mit geänderten Einstellungen (z.B. neuer Startpunkt oder anderer Parameter) fortgesetzt.

Die zweithöchste Priorität hat die Bedingungen, daß nur eine bestimmte Anzahl neuer Startpunkte verwendet werden darf. D.h. dürfen nur vier Startpunkte verwendet werden und greift nach der Verwendung des vierten Startpunktes eine niedriger priorisierte Abbruchbedingung, so wird die Adaption beendet.

Die dritthöchste Priorität hat die Bedingung, daß die Temperatur des Simulated Annealing Prozesses die Endtemperatur (Gefrierpunkt) erreicht hat. Diese Bedingung wird nur verwendet, wenn das Simulated Annealing Verfahren eingesetzt wird.

Mit der vierthöchsten Priorität wurde die Abbruchbedingung versehen, daß nur eine bestimmte Anzahl von Parameterwechseln erlaubt sind. Diese Bedingung existiert nur, wenn die Parameter einzeln adaptiert[20] oder geändert[21] werden.

Die fünfthöchste Priorität wurde an insgesamt drei Abbruchbedingungen vergeben. Eine von ihnen greift, wenn eine zyklische Wiederholung detektiert wird, d.h. wenn festgestellt wird, daß eine bestimmte Parameterkombination bereits in einem früheren Zyklus verwendet wurde. In diesem Fall wird davon ausgegangen, daß die weitere Adaption nur wieder zu bereits bekannten (verwendeten)

[19]Hierzu ist nur die vollständige Suche in der Lage, die aber viel zu aufwendig und damit nicht praktikabel ist.

[20]Es wird zunächst der erste Parameter, danach der zweite u.s.w. adaptiert. Nach dem letzten wird wieder mit dem ersten begonnen.

[21]Nach jedem Zyklus wird der zu ändernde Parameter gewechselt. Nach dem letzten wird wieder mit dem ersten begonnen.

Parametereinstellungen führen kann. Eine weitere Bedingung greift, wenn eine festgelegte Anzahl von Adaptionszyklen überschritten wird. Die letzte aller Abbruchbedingungen kommt zum Zuge, wenn keine Adaptionsregel mehr existiert, die gefeuert werden kann. Das Eintreten dieses Falles bedeutet, daß das System nicht über genügend Adaptionsregeln verfügt, um alle auftretenden Fälle abzudecken. Daher müßte das System in diesen Fällen um weitere Regeln erweitert werden.[22] Durch die Verwendung von mehreren Adaptionsstrategien tritt dieser Fall praktisch nicht mehr auf. Stattdessen führt das Fehlen von Adaptionsregeln in einer Situation z.B. zum Wiederaufsetzen der Adaption mit neuen Startpunkten.

Wenn zum Schluß der Adaption noch eine Fein-Adaption durchgeführt werden soll, führen die oben aufgeführten Abbruchbedingungen mit Ausnahme der "idealen Abbruchbedingung" (Erreichen der gewünschten Qualität) nicht zum sofortigen Abbruch. Stattdessen wird in diesem Fall die Fein-Adaption (s. Abschnitt 5.3.3) gestartet. Nach einer festgelegten Anzahl von Zyklen bzw. Parameterwechseln oder wenn eine ausreichende Qualität erreicht wird, erfolgt in diesem Fall der endgültige Abbruch.

5.7 Defuzzifizierung

Unter der Defuzzifizierung wird die Umwandlung von Fuzzy Sets in numerische Werte verstanden. In der Literatur werden hierfür verschiedene Verfahren verwendet. Die drei wichtigsten werden als COG[23]-, COM[24]- und MOM[25]- Verfahren bezeichnet [KY95]. FuzzySOLUTION verwendet die Defuzzifizierung für die Bestimmung der numerischen Parameteränderungen aus den Fuzzy Sets der Parameteränderungen.

Beim COG-Verfahren wird für den numerischen Wert $x_{COG}(\mathbb{A})$ der Schwerpunkt des Fuzzy Sets $\mathbb{A}$ verwendet. Er wird aus der Zugehörigkeitsfunktion (*Membership Function*) $\mu_A(x)$ des Fuzzy Sets $\mathbb{A}$ wie folgt berechnet:

$$x_{COG}(\mathbb{A}) = \frac{\int\limits_{x \in \mathbb{U}} \mu_A(x) x dx}{\int\limits_{x \in \mathbb{U}} \mu_A(x) dx} \tag{5.20}$$

[22]Gilt nicht bei der Verwendung des Simulated Annealing Verfahrens.

[23]*COG*: Defuzzifizierungsverfahren. COG steht für *Center of Gravity*. Es wird teilweise auch als *COA*-Verfahren bezeichnet. Dabei steht COA für *Center of Area*.

[24]*COM*: Defuzzifizierungsverfahren. COM steht für *Center of Maxima*.

[25]*MOM*: Defuzzifizierungsverfahren. MOM steht für *Mean of Maxima*.

Dagegen werden bei den beiden anderen Verfahren die Maxima der charakteristischen Funktion $\mu_A(x)$ des Fuzzy Sets $\mathbb{A}$ betrachtet. Existiert nur ein Maximum, so wird der zugehörige x-Wert als defuzzifizierter numerischer Wert verwendet.

Existieren dagegen mehrere (N gleichhohe) Maxima an den Stellen $x_i \in \{x_1 \cdots x_N\}$, so wird beim COM-Verfahren der numerischen Wert $x_{COM}(\mathbb{A})$ als Mittelwert des ersten Maximums (kleinstes x_i) und des letzten Maximums (größter Wert für x_i wie folgt berechnet:

$$x_{COM}(\mathbb{A}) = \frac{\min\limits_{i=1\cdots N}(x_i) + \max\limits_{i=1\cdots N}(x_i)}{2} \tag{5.21}$$

Beim MOM-Verfahren wird stattdessen der Mittelwert aller Maxima verwendet. Das dabei auftauchende Problem der plateauförmigen Maxima bei kontinuierlichen Fuzzy Sets wird meistens dadurch gelöst, daß für derartige Maxima die Mittelpunkte der Plateaus verwendet werden.

$$x_{MOM}(\mathbb{A}) = \frac{\sum\limits_{i=1\cdots N} x_i}{N} \tag{5.22}$$

In FuzzyCLIPS kann zwischen dem MOM- und dem COG-Verfahren gewählt werden. Beide Verfahren können auch in FuzzySOLUTION verwendet werden. Sie werden dort auch als Maximum-Methode (MOM-Verfahren) und Momenten-Methode (COG-Verfahren) bezeichnet. Eine weitere, speziell für FuzzySOLUTION entwickelte Methode, ist die Gewichtete-Maximum-Methode. Im Gegensatz zu den oben aufgeführten und weiteren in [KY95] beschriebenen Verfahren wird hierbei bereits vor der Vereinigung (s.a. Abschnitt 5.5) der Fuzzy Sets $\mathbb{D}_i(V_j)$ der geforderten Parameteränderungen der einzelnen Regeln zum resultierenden Fuzzy Set $\mathbb{D}_g(V_j)$ der tatsächlich durchzuführenden Änderung eines Parameters V_j mit der Defuzzifizierung begonnen. Im ersten Schritt wird von jedem einzelnen Fuzzy Set $\mathbb{D}_i(V_j)$[26] der numerische Wert $D_i(V_j)$ durch MOM-Defuzzifizierung (s.a. Gl. 5.22) berechnet:

$$D_i(V_j) = x_{MOM}(\mathbb{D}_i(V_j)) = \frac{\sum\limits_{i=1\cdots N} x_i}{N} \tag{5.23}$$

Außerdem wird für jedes Fuzzy Set $\mathbb{D}_i(V_j)$ die Fläche A_i der zugehörigen charakteristischen Funktion $\mu_{D_i}(x)$ berechnet:

[26] $\mathbb{D}_i(V_j)$ ist das Fuzzy Set der Parameteränderung, das durch feuern der i-ten Regel erzeugt wird um den Parameter V_j zu ändern.

$$A_i = \int\limits_{\mathbb{U}} \mu_{D_i}(x)dx \tag{5.24}$$

Der numerische Wert $D_g(V_j)$ des resultierenden Fuzzy Sets $\mathbb{D}_g(V_j)$ wird dann bei der Gewichteten-Maximum-Methode (WMM[27]) als Mittelwert der mit den Flächen A_i gewichteten Maxima $D_i(V_j)$ berechnet:

$$D_g(V_j) = x_{WMM}(\mathbb{D}_g(V_j)) = \frac{\sum(A_i \cdot D_i(V_j))}{\sum A_i} = \frac{\sum(\int\limits_{\mathbb{U}} \mu_{D_i}(x)dx \cdot \frac{\sum\limits_{i=1\cdots N} x_i}{N})}{\sum \int\limits_{\mathbb{U}} \mu_{D_i}(x)dx} \tag{5.25}$$

Der Vorteil dieser Methode liegt darin, daß das Resultat tatsächlich von allen Fuzzy Sets $\mathbb{D}_i(V_j)$ und damit von allen gefeuerten Regeln abhängt. Dadurch kann eine einzige falsche Regel das Ergebnis nicht mehr in eine völlig andere Richtung bringen, wenn gleichzeitig noch genügend korrekte Regeln feuern. Die Robustheit des Systems gegenüber fehlerhaften Regel wird dadurch erhöht. Bei der MOM-Methode ist das z.B. nur der Fall, wenn das Fuzzy Set $\mathbb{D}_f(V_j)$ der falschen Regel nicht den maximalen Zugehörigkeitsgrad erreicht und bei der COG-Methode, wenn die Fläche des resultierenden Fuzzy Sets $\mathbb{D}_{g,k}(V_j)$ der Vereinigung der Fuzzy Sets der korrekten Regeln größer ist, als die Fläche des Fuzzy Sets $\mathbb{D}_f(V_j)$ der falschen Regel.

[27] *WMM*: Defuzzifizierungsverfahren, das speziell für FuzzySOLUTION entwickelt wurde. WMM steht für *Weigthed Maximum Method.* In [Tra94] wird ein ähnliches Verfahren beschrieben. Es wird als Methode der Teilschwerpunkte bezeichnet. Im Gegensatz zum WMM-Verfahren wird hierbei für jedes einzelne (Teil-) Fuzzy Set zunächst der Schwerpunkt mit Hilfe des COG-Verfahrens berechnet. Die Teilschwerpunkte werden nicht nur mit der Fläche, sondern zusätzlich noch mit dem Zugehörigkeitsgrad des Schwerpunktes und einem individuellen Faktor gewichtet. Es ist daher wesentlich aufwendiger als das WMM-Verfahren.

6 Benutzerinterface

Mit Hilfe von FuzzySOLUTION sollen Anwender, die keine Experten auf dem Gebiet der Bildverarbeitung sind, in die Lage versetzt werden, Bildverarbeitungsaufgaben zu lösen, d.h. aus einem Pool von Werkzeugen die am besten geeigneten auszusuchen, sie miteinander zu kombinieren und ihre Parameter optimal einzustellen. Dies soll dadurch erreicht werden, daß der Anwender nur die Aufgabenstellung vorgibt und FuzzySOLUTION aufgrund der Aufgabenstellung automatisch eine geeignete Lösung ermittelt. Die Vorgehensweise bei der Ermittlung der Lösung wird in den ersten Abschnitten beschrieben. In diesem Abschnitt geht es um die Schnittstelle zum Benutzer, das Benutzerinterface.

Über das Benutzerinterface soll der Anwender die Aufgabenstellung in Form der zu verarbeitenden Eingangsbilder, Eigenschaften der Eingangsbilder (z.B. Rauschen), Randbedingungen (z.B. Rechenzeit) und Anforderungen an die Eigenschaften des Ergebnisbildes (globales Ziel, s.a. Abschnitt 4) festlegen und das von FuzzySOLUTION erzeugte Ergebnis, das vom Benutzerinterface präsentiert wird, überprüfen. Da die Forderung aufgestellt wurde, daß der Anwender kein Bildverarbeitungsexperte sein muß (siehe Abschnitt 1), werden besondere Anforderungen an das Interface gestellt. Im folgenden wird speziell auf die Anforderungen und Eigenschaften des Interfaces in Bezug auf die Festlegung des globalen Ziels und der Adaption eingegangen.

Wie sich herausgestellt hat, ist die Vorgabe eines globalen Ziels trotz der Bereitstellung hochsprachlicher Sensorwerte oft nicht einfach. Das hat verschiedene Gründe.

Das erste Problem für den Anwender besteht meistens darin, daß er nicht genau weiß, welche Konturbildeigenschaften sich hinter einem bestimmten Sensor verbergen und wie er seine Zielvorstellungen mit Hilfe dieser Sensoren abbilden soll. Auch die Einordnung der hochsprachlichen (linguistischen) Werte ist schwierig und subjektiven Kriterien unterworfen. Ein weiteres Problem ist häufig, daß der Anwender am Anfang gar keine genauen Zielvorstellungen hat und z.B. einzelnen Sensoren höhere Prioritäten zuweist, als sie eigentlich haben müßten.

Viele der Sensoren verfügen außerdem über Parameter, die unter Umständen an das Bildmaterial anzupassen sind. Dies stellt ein weiteres Problem für den Anwender da. Schließlich kann noch der Fall eintreten, daß aufgrund des Bildmaterials die Zielvorstellungen des Anwenders mit den vorhandenen Bildverarbeitungsverfahren nicht erfüllt werden können.

Gelöst werden sollen diese Probleme in FuzzySOLUTION durch das intelligente, graphische Benutzerinterface *Solution Guide*. Es bietet zahlreiche kontextsensitive Hilfestellungen, mausorientierte Eingabefunktionen für Benutzerwissen auf der Grundlage von Grauwert- und Konturbildern und die Möglichkeit das globale Ziel der Adaption iterativ an die Zielvorstellungen des Anwenders bzw. an die Anforderungen der weiteren Verarbeitungsschritte (aus denen sich die Zielvorstellungen des Anwenders ableiten) anzupassen. Es verfügt auch über verschiedene Funktionen zur Messung von Bilddaten. Gleichzeitig bietet es dem Experten eine Oberfläche, von der aus er gezielt Einstellungen (direkte Vorgabe der globalen Teilziele, wie sie im Abschnitt 4 beschrieben werden) in FuzzySOLUTION vornehmen kann.

Im Minimalfall gibt der Benutzer für die Adaption nur den Namen des Eingabebildes an. Danach kann er die Adaption starten. FuzzySOLUTION verwendet dann Default-Einstellungen, die in vielen Fällen bereits zu befriedigenden Ergebnissen führen. Um die Anzahl der Adaptionsläufe zu reduzieren, besteht die Möglichkeit anhand von relativ einfach zu beantwortenden Fragen eine grobe Definition des globalen Ziels zu generieren. Zu den von Solution Guide gestellten Fragen, die nach Themen geordnet sind (s. Abb. 6.1), gehören z.B. "Sind komplett geschlossene Konturlinien erforderlich?" oder "Existieren starke Schattenwürfe?" usw. Die Fragen sind alle mit einem einfachen "Ja" oder "Nein" zu beantworten. Aus den Antworten werden dann die Vorgaben für die Adaption (globale Teilziele) abgeleitet. Wird z.B. die Frage "Existiert eine gleichmäßige Beleuchtung?" mit "Ja" beantwortet, so werden keine Teilziele für die Sensorgruppe[1] *Störungen* erzeugt. Die Antwort "Nein" führt hingegen dazu, daß die globalen Teilziele der Gruppe Störungen lauten: "Es ist wichtig, daß die Sensorwerte höchstens mittel sind". Weitere Fragen und die Einzelheiten der Umsetzung können in [Meh98] nachgelesen werden.

Die Abb. 6.2 zeigt den Ablaufplan für eine Adaption, die von Solution Guide aus gesteuert wird, für den Fall, daß der Anwender das globale Ziel nicht direkt ändert. Notwendige Anpassungen des globalen Ziels erfolgen hierbei durch Solution Guide aufgrund der Informationen, die mit Hilfe der oben beschriebenen Fragen vom Anwender gewonnen werden.

[1]Sensoren sind in FuzzySOLUTION zu Gruppen mit ähnlichen Sensoren zusammengefaßt worden (s.a. Tab. 4.1 im Abschnitt 4.1). Dies hat den Vorteil, daß Zielangaben auch für eine Gruppe in eins erfolgen kann. Wenn damit keine befriedigende Adaption möglich ist, können die Zielangaben der Sensoren auch einzelnd verändert werden.

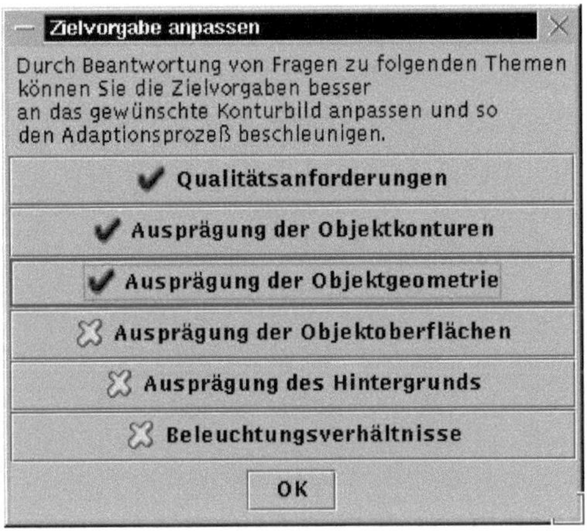

Abbildung 6.1: Fenster von Solution Guide mit Übersicht über Fragenkatalog

Nach dem Start und den bereits beschriebenen Einstellungen für die erste Adaption wird die Kontrolle an FuzzySOLUTION übergeben und die Parameteradaption gestartet. Anschließend wird der Anwender aufgefordert das erzeugte Konturbild zu beurteilen (a in Abb. 6.2). Wenn der Anwender mit dem Konturbild nicht zufrieden ist, kann er die einzelnen Sensoren überprüfen. Dabei gibt der Anwender für jeden Sensor an, ob das zugehörige Merkmal (z.B. die Breite der Konturlinien) im Konturbild seinen Erwartungen entspricht (b in Abb. 6.2). Falls der Anwender sich dabei nicht sicher ist, was mit dem Sensor gemessen wird, kann er sich über eine kontextsensitive Hilfe eine Erklärung und jeweils zwei beispielhafte, unterschiedliche Ausprägungen der Sensorwerte anzeigen lassen.

Solution Guide ermittelt dann automatisch, welche der möglichen Aktionen (d, e, i, k oder m in Abb. 6.2) durchzuführen sind, um das Ergebnis zu verbessern, oder ob keine Aktionen möglich sind (l in Abb. 6.2). Welche Aktion durchgeführt werden soll, hängt davon ab, ob die Anforderungen an den Sensor (das globale Teilziel) erfüllt wurde (Entscheidungen c und f in Abb. 6.2), ob die Anforderungen steigerbar sind (verschärft werden können, Entscheidung g in Abb. 6.2), ob die Priorität erhöht werden kann (h in Abb. 6.2) und ob der Sensor Parameter hat, die verändert (angepaßt) werden können (j in Abb. 6.2). Die Aktionen werden danach mit Ausnahme der Aktion *Parameter einstellen* (k in Abb. 6.2) von Solution Guide selbständig durchgeführt.

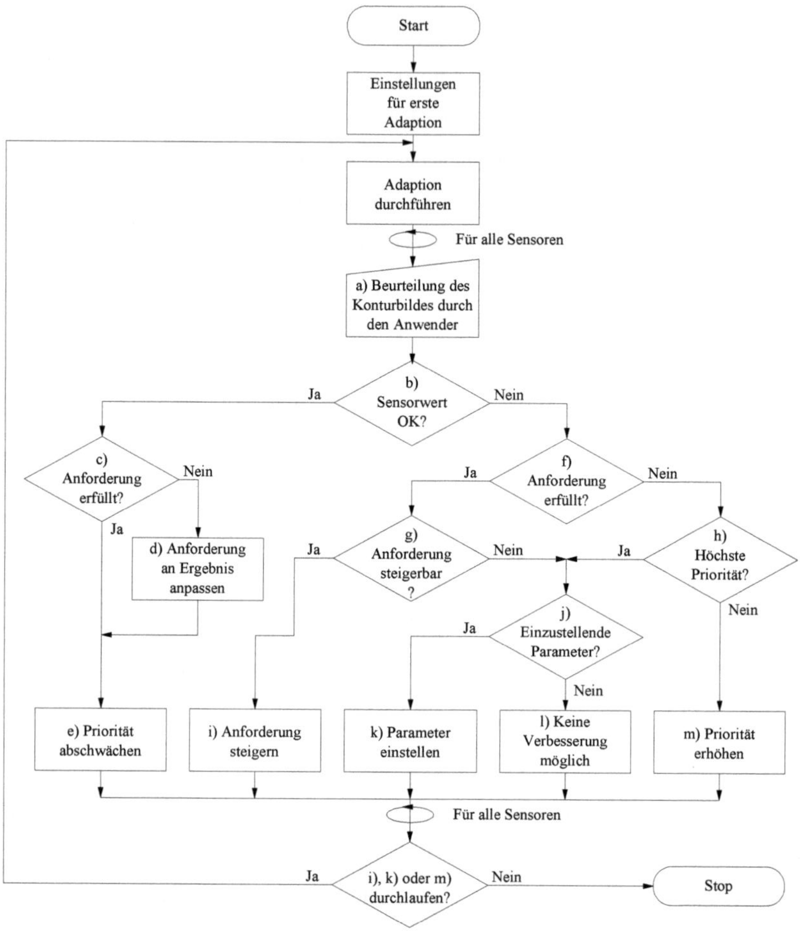

Abbildung 6.2: Anpassen des globalen Ziels durch Solution Guide

Da die Aktion *Parameter einstellen* am aufwendigsten für den Anwender ist, wird sie nur ausgewählt, wenn keine andere Aktion durchgeführt werden kann. Wird diese Aktion gewählt, so ermittelt *Solution Guide* automatisch alle anpaßbaren Parameter und präsentiert sie dem Anwender. Wird ein Parameter vom Anwender ausgewählt, so erhält er eine Anweisung wie der Parameterwert mit Hilfe eines in *Solution Guide* integrierten, mausorientierten, graphischen Werkzeuges aus dem Eingangsbild bestimmt (gemessen) werden kann. Zu den zu messenden Größen gehören z.B. die Geradenrichtungen (s. Abb. 6.3), der minimale und der maximale Abstand paralleler und hintereinanderliegender Geraden, die kleinste auftretende Ellipse usw. Aus den Meßwerten bestimmt Solution Guide dann automatisch die zugehörigen Parameterwerte.

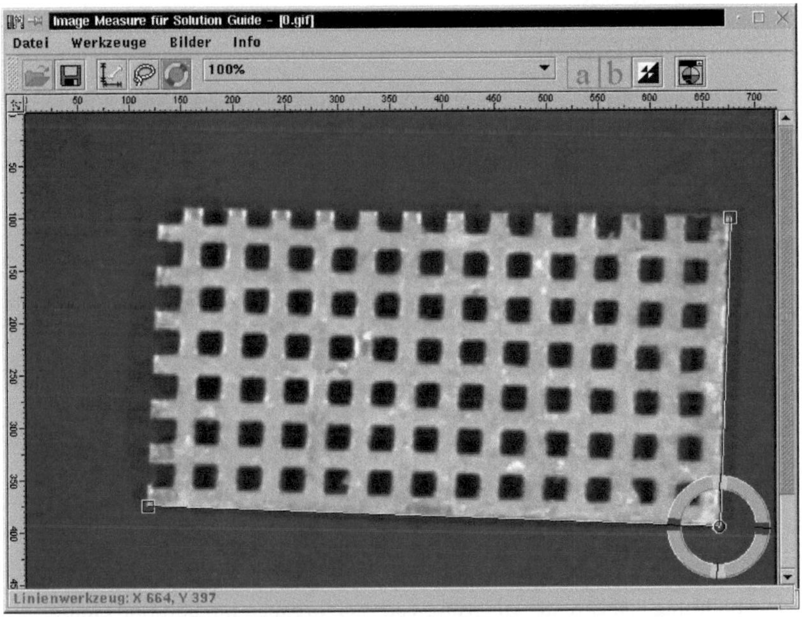

Abbildung 6.3: Bestimmung der Geradenrichtungen mit Solution Guide

Die Abb 6.4 zeigt, wie mit Solution Guide die Zielvorgaben der einzelnen Sensoren oder Sensorgruppen direkt, d.h. ohne die oben erläuterte Unterstützung geändert werden kann. In der Abbildung ist auch zu sehen, daß nach der ersten Adaption neben der Zielvorgabe auch der aktuell erzielte Wert für den Sensor dargestellt wird. Sensoren bzw. Sensorgruppen deren Zielvorgaben durch die Adaption erfüllt wurden, werden dabei mit einem Haken markiert, so daß der Anwender auf einen Blick erkennt, ob und wo noch Anpassungen notwendig sind.

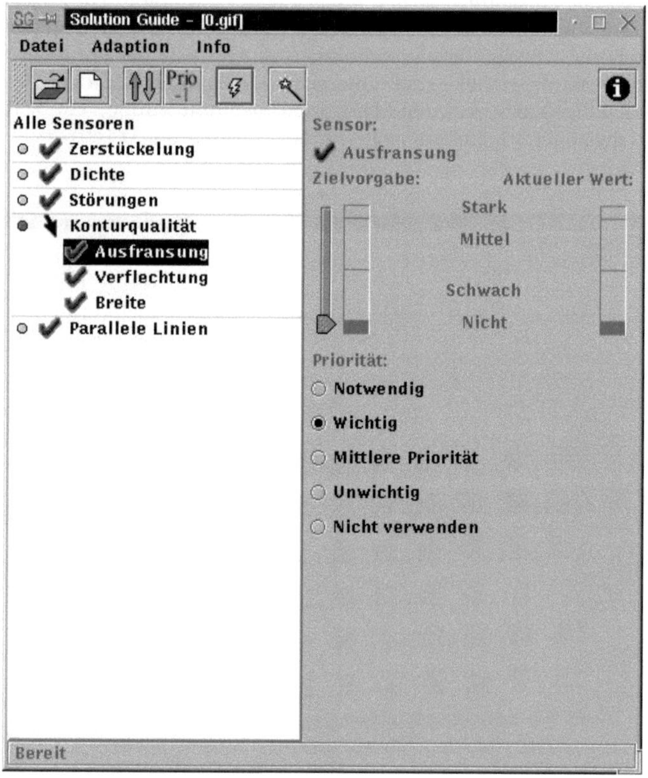

Abbildung 6.4: Direkte Änderung von Zielvorgaben mit Solution Guide

Eine genauere Beschreibung von Solution Guide ist in [Meh98] zu finden.

7 Ergebnisse

7.1 Vergleich verschiedener Adaptionsstrategien

Im folgenden werden verschiedene Adaptionsstrategien, die in FuzzySOLUTION implementiert wurden, miteinander verglichen. Der Vergleich wird anhand der Adaptionsergebnisse durchgeführt, die für verschiedene Bilder (s. Grauwertbilder in Abb. 7.1 bis 7.7) ermittelt wurden.

Um die Ergebnisse vergleichen zu können, wurden sie alle mit dem selben, fest vorgegebenen Bildverarbeitungspfad erzeugt. Der Pfad bestand aus einem Gauß-Filter zur Unterdrückung von Störungen, gefolgt von einem Sobel-Operator zur Hervorhebung der Konturen und einem Rangfolgefilter zur Verdünnung der Konturen. Die zu adaptierenden Parameter sind der horizontale und der vertikale σ-Parameter des Gauß-Filters, die Fensterlänge des Rangfolgeoperators und der Schwellwert des Rangfolgeoperators.

Normalerweise wird der Startpunkt (der Anfangsparametersatz) der Adaption in FuzzySOLUTION von der Konfigurationseinheit aufgrund der Eigenschaften des Grauwertbildes vorgegeben. Häufig sind die Anfangsparametersätze bereits sehr gut, d.h. die Parameter befinden sich in der Nähe des Optimums. Um die Leistungsfähigkeit der Adaption, die auch mit schlechten Startwerten zurechtkommen muß, zu zeigen, wurden die Startpunkte bei den folgenden Messungen von Hand vorgegeben. Für jedes Bild wurden zwei verschiedene Startpunkte gewählt.

Im ersten Startpunkt haben die Konturbilder eine besonders niedrige Qualität[1]. In diesem Zustand enthalten die Bilder meistens kaum Konturpunkte. Diese Startpunkte werden daher in den folgenden Tabellen mit $\vec{V}_{Leer}$ bezeichnet.

[1]Die niedrigste Qualität, die mit der gegebenen Aufgabenstellung und einer fast vollständigen Suche im Parameterraum ermittelt werden konnte. Fast vollständige Suche bedeutet, daß die Parameterräume in einem relativ engen Gitterraster durchsucht wurden. Die dadurch gefundenen Extremwerte müssen zwar nicht die absoluten Extremwerte sein, sie liegen aber nicht weit von ihnen entfernt.

Für den zweiten Startpunkt wurden Parametersätze gewählt, mit denen die Konturbilder einen besonders hohen Konturanteil[2] aufweisen. Da ein hoher Konturanteil bedeutet, daß die Konturbilder sehr viele Konturpunkte enthalten, werden diese Startpunkte in den folgenden Tabellen mit $\vec{V}_{Voll}$ bezeichnet.

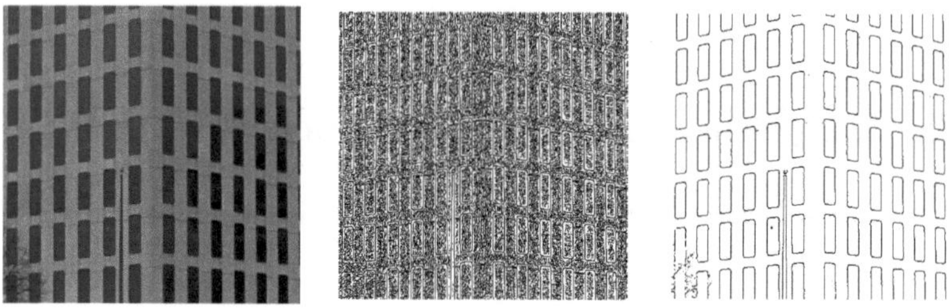

(a) Grauwertbild (b) Startkonturbild $\vec{V}_{Voll}$ (c) Gutes Konturbild

Abbildung 7.1: Testbild 1

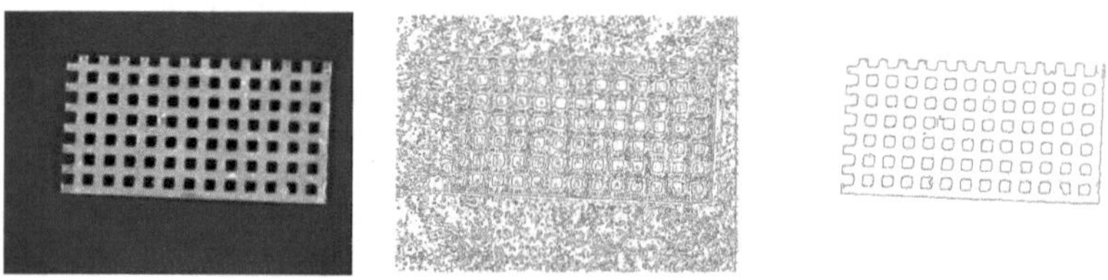

(a) Grauwertbild (b) Startkonturbild $\vec{V}_{Voll}$ (c) Gutes Konturbild

Abbildung 7.2: Testbild 2

Der Verlauf der Qualität, d.h. das Qualitätsgebirge im Parameterraum, hängt natürlich sehr stark von der Aufgabenstellung ab. Auch der Maximal- und der Minimalwert hängen von der Aufgabenstellungen ab, d.h. der Minimalwert ist im allgemeinen größer als der theoretisch kleinste Wert von 0.0 und der Maximalwert kleiner als der theoretisch größte Wert von 1.0. Durch Voruntersuchungen

[2]Der höchste Konturanteil, der mit der gegebenen Aufgabenstellung und einer fast vollständigen Suche im Parameterraum ermittelt werden konnte.

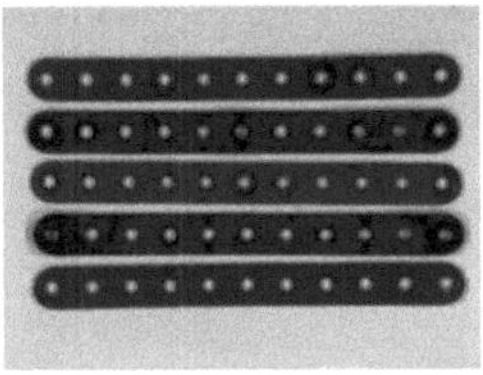

(a) Grauwertbild

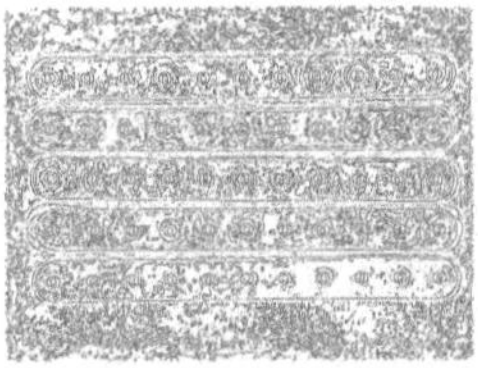

(b) Startkonturbild $\vec{V}_{Voll}$

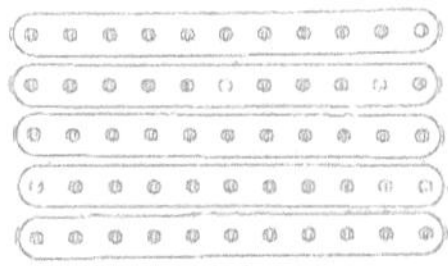

(c) Gutes Konturbild

Abbildung 7.3: Testbild 3

(a) Grauwertbild

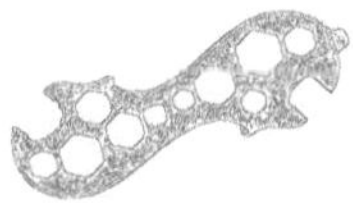

(b) Startkonturbild $\vec{V}_{Voll}$

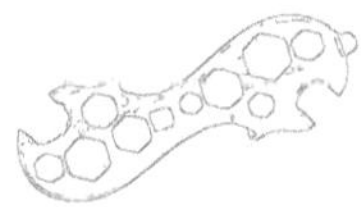

(c) Gutes Konturbild

Abbildung 7.4: Testbild 4

(a) Grauwertbild

(b) Startkonturbild $\vec{V}_{Voll}$

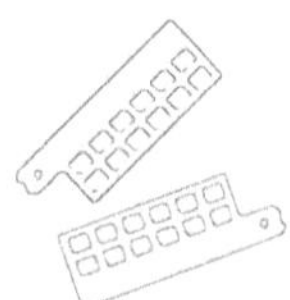

(c) Gutes Konturbild

Abbildung 7.5: Testbild 5

(a) Grauwertbild (b) Startkonturbild $\vec{V}_{Voll}$ (c) Gutes Konturbild

Abbildung 7.6: Testbild 6

(a) Grauwertbild (b) Startkonturbild $\vec{V}_{Voll}$ (c) Gutes Konturbild

Abbildung 7.7: Testbild 7

(fast vollständige Suche im Parameterraum; Qualitätsberechnungen für verschiedene Aufgabenstellungen) wurden bildabhängig Aufgabenstellungen ermittelt, die maximale Qualitätswerte liefern (d.h. die möglichst dicht an 1.0 liegen) ohne das die Aufgabenstellungen unrealistisch oder trivial werden. Dadurch wird der Einfluß der Aufgabenstellungen auf die Ergebnisse etwas abgeschwächt.

Die in den Voruntersuchungen ermittelten maximalen Qualitätswerte werden als $Q_{100\%}$ bezeichnet. Wie bereits erläutert müssen diese Qualitätswerte nicht die absoluten Maximalwerte sein. Der theoretische Maximalwert (der nicht bei allen Aufgabenstellungen erzielt werden kann) von 1.0, wird als $Q_{1.0}$ bezeichnet. Häufig reicht es für die weitere Verarbeitung aus, wenn ein Konturbild nicht die maximal mögliche Qualität sondern eine etwas geringere Qualität besitzt. Bezogen auf $Q_{100\%}$ wurden daher noch Qualitätswerte mit 95% ($Q_{95\%}$) und 90% ($Q_{90\%}$) festgelegt. Die einzelnen Adaptionsläufe wurden dann jeweils zunächst mit $Q_{90\%}$, dann mit $Q_{95\%}$, danach mit $Q_{100\%}$ und schließlich mit $Q_{1.0}$ als Abbruchkriterium durchgeführt. Ein schärferes Abbruchkriterium wurde dabei nur verwendet, wenn das niedrigere erreicht werden konnte.

Zu jedem verwendeten Abbruchkriterium ist in den folgenden Tabellen die jeweilige Anzahl von Adaptionsschritten (kompletten Schleifendurchläufen) angegeben. Sie ist ein Hinweis auf die Zeit in der die Ziele erreicht werden können. Die tatsächlichen Ausführungszeiten hängen jedoch noch von der Komplexität der jeweiligen Adaptionsstrategie und der verfügbaren Rechenleistung ab. Die durch die Adaption erzielte maximale Qualität ist in den Tabellen als Q_{max} angegeben.

7.1.1 Vorteile durch Fuzzy Inferenz

Da FuzzySOLUTION, SOLUTION und Conny unterschiedliche Regeln und unterschiedliche Adaptionsstrategien verwenden, ist ein direkter Vergleich zwischen diesen Systemen nicht sinnvoll. Um dennoch quantitative Aussagen über den Vorteil der Fuzzy Inferenz, so wie sie in FuzzySOLUTION eingesetzt wird, gegenüber der normalen Inferenz, so wie sie in SOLUTION und Conny eingesetzt wird, für die Adaption machen zu können, wurde in FuzzySOLUTION die Möglichkeit implementiert, die Adaption in ähnlicher Weise wie in SOLUTION und Conny durchzuführen. Dieses Verfahren wird im folgenden als normale Inferenz bezeichnet.

Die Tab. 7.1 stellt für verschiedene Bilder (die Bilder aus Bild 7.1 bis 7.7) und Startpunkte die Adaptionsergebnisse, die mit der Fuzzy Inferenz und der normalen Inferenz erzielt wurden, gegenüber.

Das Diagramm in der Abb. 7.8 faßt die Ergebnisse aus der Tab. 7.1 zusammen. Es stellt die kleinste Abweichung (Min), die größte Abweichung (Max) und die mittlere Abweichung[3] (Mittel) der erreichten Qualitätswerte bezogen auf die Qualitätswerte der normalen Inferenz in Prozent da.

Anhand der Tab. 7.1 und der Abb. 7.8 kann man erkennen, daß die Fuzzy Inferenz der normalen Inferenz in den meisten Fällen eindeutig überlegen ist. Es gibt aber auch Fälle, in denen die normale Inferenz zu etwas besseren Ergebnissen führt als die Fuzzy Inferenz.

[3] Arithmetisches Mittel aller Abweichungen

Bild	Start	Fuzzy Inferenz					Normale Inferenz				
		Q_{max}	Schritte				Q_{max}	Schritte			
			90%	95%	100%	1.0		90%	95%	100%	1.0
1	$\vec{V}_{Leer}$	0.946	2	17	36		0.905	29			
	$\vec{V}_{Voll}$	0.838	26				0.724	5			
2	$\vec{V}_{Leer}$	0.980	6	19	72		0.921	29			
	$\vec{V}_{Voll}$	0.968	56	61	96		0.673	102			
3	$\vec{V}_{Leer}$	0.965	42	51	61		0.688	47			
	$\vec{V}_{Voll}$	0.929	66	85	85		0.684	6			
4	$\vec{V}_{Leer}$	0.852	131				0.863	116	134		
	$\vec{V}_{Voll}$	0.899	31	46			0.830	4	4		
5	$\vec{V}_{Leer}$	0.882	195				0.846	114	114		
	$\vec{V}_{Voll}$	0.965	19	58	366		0.650	10			
6	$\vec{V}_{Leer}$	0.671	37				0.716	23			
	$\vec{V}_{Voll}$	0.914	2	2	2		0.611	22			
7	$\vec{V}_{Leer}$	0.980	2	2	2	17	0.611	16			
	$\vec{V}_{Voll}$	0.887	2	4			0.628	41			

Tabelle 7.1: Vergleich zwischen Fuzzy Inferenz und normaler Inferenz

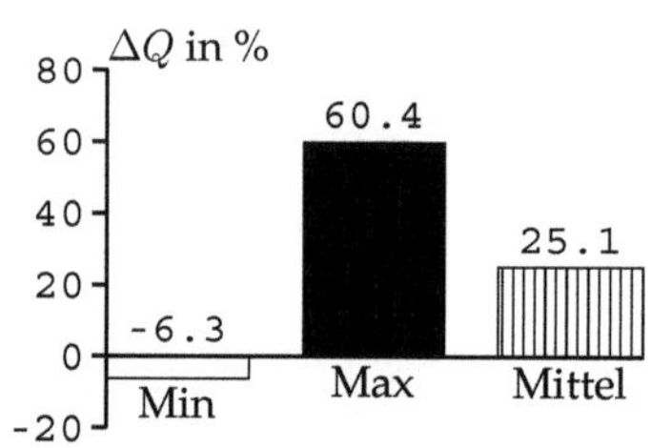

Abbildung 7.8: Vergleich zwischen Fuzzy Inferenz und normaler Inferenz

Der Vergleich hängt natürlich ganz wesentlich vom verwendeten Regelsatz ab. Wird z.B. ein Regelsatz verwendet, bei dem während der normalen Inferenz immer eine korrekte[4] Regel ausgeführt wird und bei dem alle nicht verwendeten Regeln falsch sind, so wird die normale Inferenz zwangsläufig zu besseren Ergebnissen führen als die Fuzzy Inferenz. Dies liegt daran, daß bei der Fuzzy Inferenz alle Regeln verwendet werden und die wenigen korrekten Regeln durch die vielen falschen Regeln neutralisiert oder sogar überlagert werden.

Umgekehrt sind natürlich auch Regelsätze denkbar, bei denen nur die Regeln falsch sind, die von der normalen Inferenz verwendet werden. In diesen Fällen führt die Fuzzy Inferenz zu besseren Ergebnissen, da die vielen guten Regeln die wenigen schlechten überlagern.

Beide Extremfälle sind eher unwahrscheinlich. Sehr wahrscheinlich ist es aber, daß nicht alle Regeln korrekt sind. Es wird immer einige falsche oder schlechte Regeln in einem Regelsatz geben, der möglichst allgemeingültig, daß heißt für möglichst viele Bilder verwendbar sein soll. Dies trifft offensichtlich auch auf den in FuzzySOLUTION verwendeten Regelsatz zu und führt zu den oben vorgestellten Ergebnissen.

Da man falsche Regeln in einem Regelsatz nicht oder nur schwer ausschließen kann, hat das Verfahren Vorteile, welches am wenigsten durch einzelne falsche Regeln negativ beeinflußt wird. In der Tab. 7.2 wird anhand von vier Beispielen gezeigt, welchen Einfluß eine einzelne falsche Regel haben kann.

Bild	Start	Fuzzy Inferenz		Normale Inferenz	
		Q_{max}		Q_{max}	
		Regeln Ok	1 Regel falsch	Regeln Ok	1 Regel falsch
1	$\vec{V}_{Leer}$	0.946	0.950	0.905	0.420
2	$\vec{V}_{Leer}$	0.980	0.982	0.921	0.401
3	$\vec{V}_{Leer}$	0.965	0.970	0.688	0.414
4	$\vec{V}_{Leer}$	0.852	0.696	0.863	0.448

Tabelle 7.2: Einfluß einer falschen Regel auf Fuzzy/normale Inferenz

Hierfür wurde die Aktion einer Regel, die während der normalen und der Fuzzy Inferenz häufig verwendet wurde und die einen positiven Einfluß auf die

[4]Korrekt im Sinne des Erreichen der maximal möglichen Qualität.

Qualität hatte, umgedreht, so daß sie jetzt einen negativen Einfluß hat. Außerdem wurde die Priorität dieser Regel so hoch gewählt, daß sie, wann immer möglich (wenn sie sich in der Konfliktmenge befindet), von der normalen Inferenz ausgewählt wird. Anhand der Tab. 7.2 und anhand der beiden Diagramme in Abb. 7.9, die wieder die Ergebnisse der Tabelle zusammenfassen, kann man eindeutig erkennen, welchen starken negativen Einfluß die falsche Regel auf die normale Inferenz hat.

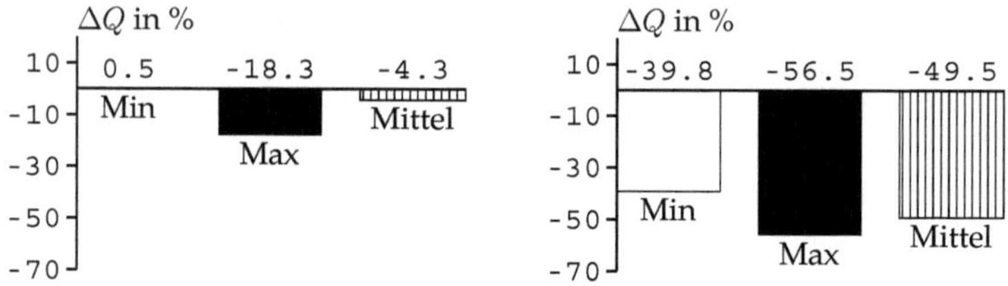

(a) Fuzzy Inferenz

(b) Normale Inferenz

Abbildung 7.9: Einfluß einer falschen Regel auf Fuzzy/normale Inferenz

Die Fuzzy Inferenz wird dagegen nur relativ leicht (eine Verschlechterung von maximal 18.3% im Vergleich zu minimal 39.8% bei der normalen Inferenz) und das auch nur in einem Fall negativ beeinflußt. Interessanterweise hat die falsche Regel in drei Fällen sogar einen sehr geringen positiven Einfluß, was darauf schließen läßt, daß sich der negative Einfluß einer Regel nicht für alle Situationen eindeutig festlegen läßt. Dies bestätigt die Annahme, daß Regelsätze, die möglichst allgemeingültig sein sollen, zwangsläufig für ein bestimmtes Bild und eine bestimmte Situation immer auch falsche Regeln besitzen.

Die Ergebnisse dieses Abschnitts zeigen, daß die Fuzzy Inferenz wesentlich robuster gegenüber falschen Regeln ist als die normale Inferenz. Solange die Mehrheit der feuernden Regeln korrekt ist, sollte es daher möglich sein gute Adaptionsergebnisse zu erzielen. Bei der normalen Inferenz hängt dies dagegen sehr stark vom Zufall (der Priorität der falschen Regeln im Vergleich zur Priorität der korrekten Regeln) ab.

7.1.2 Verbesserung durch Simulated Annealing

In der Tab. 7.3 wird die Adaption durch Simulated Annealing mit der regelbasierten Adaption (im folgenden häufig mit "Regelb. Adaption" abgekürzt) und der Kombination beider Verfahren verglichen. Die Abb. 7.10 faßt die Ergebnisse in drei verschiedenen Diagrammen zusammen. Sie geben jeweils den Minimalwert (Min), den Maximalwert (Max) und den arithmetischen Mittelwert (Mittel) der Qualitätsunterschiede in Prozent bezogen auf den Subtrahenden an (Bsp. Abb. 7.10, a: Die Qualitätswerte der regelbasierten Adaption sind maximal um 19.7% größer als die Qualitätswerte beim Simulated Annealing).

Bild	Start	Adaptionstyp	Q_{max}	Schritte			
				90%	95%	100%	1.0
1	$\vec{V}_{Leer}$	Regelbasierte Adaption	0.964	2	18	228	
		Simulated Annealing	0.926	135	315		
		Kombination	0.969	2	76	332	
	$\vec{V}_{Voll}$	Regelbasierte Adaption	0.949	108	191	319	
		Simulated Annealing	0.927	5			
		Kombination	0.971	253	463	556	
2	$\vec{V}_{Leer}$	Regelbasierte Adaption	0.975	5	11	242	
		Simulated Annealing	0.984	151	151	316	
		Kombination	0.982	6	11	519	
	$\vec{V}_{Voll}$	Regelbasierte Adaption	0.984	104	107	352	
		Simulated Annealing	0.984	41	58	549	
		Kombination	0.985	106	109	458	
3	$\vec{V}_{Leer}$	Regelbasierte Adaption	0.982	51	54	335	336
		Simulated Annealing	0.982	40	73	279	590
		Kombination	0.988	52	52	92	370
	$\vec{V}_{Voll}$	Regelbasierte Adaption	0.841	259			
		Simulated Annealing	0.987	33	39	70	166
		Kombination	0.990	39	39	49	248

Tabelle 7.3: Vergleich zwischen Regelb. Adaption und Simulated Annealing

Bild	Start	Adaptionstyp	Q_{max}	Schritte			
				90%	95%	100%	1.0
4	$\vec{V}_{Leer}$	Regelbasierte Adaption	0.967	132	137	169	306
		Simulated Annealing	0.985	190	190	267	548
		Kombination	0.958	149	257	415	
	$\vec{V}_{Voll}$	Regelbasierte Adaption	0.948	8	30	88	
		Simulated Annealing	0.986	6	23	128	543
		Kombination	0.956	8	32	414	
5	$\vec{V}_{Leer}$	Regelbasierte Adaption	0.982	2	11	136	157
		Simulated Annealing	0.983	79	93	222	288
		Kombination	0.982	2	4	70	542
	$\vec{V}_{Voll}$	Regelbasierte Adaption	0.970	92	94	256	
		Simulated Annealing	0.984	2	2	172	403
		Kombination	0.982	52	176	539	563
6	$\vec{V}_{Leer}$	Regelbasierte Adaption	0.981	136	137	369	
		Simulated Annealing	0.980	12	12	310	
		Kombination	0.980	98	185	339	
	$\vec{V}_{Voll}$	Regelbasierte Adaption	0.959	2	207	220	
		Simulated Annealing	0.980	38	43	592	
		Kombination	0.979	2	30	303	
7	$\vec{V}_{Leer}$	Regelbasierte Adaption	0.981	2	2	2	238
		Simulated Annealing	0.865	438			
		Kombination	0.979	2	2	2	201
	$\vec{V}_{Voll}$	Regelbasierte Adaption	0.961	2	14	235	
		Simulated Annealing	0.803	202			
		Kombination	0.957	2	14	549	

Tabelle 7.3: Vergleich zwischen Regelb. Adaption und Simulated Annealing

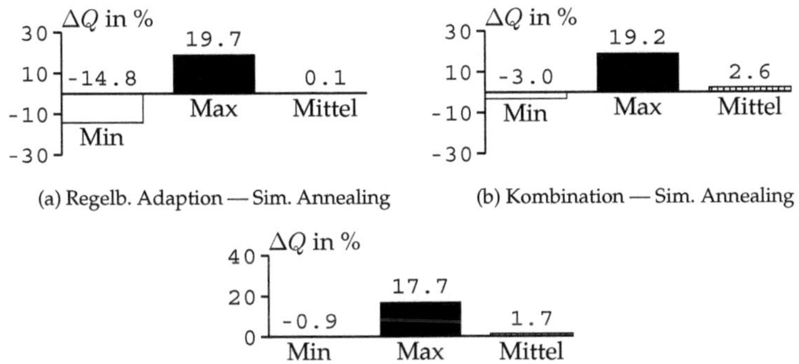

(a) Regelb. Adaption — Sim. Annealing

(b) Kombination — Sim. Annealing

(c) Kombination — Regelb. Adaption

Abbildung 7.10: Vergleich zwischen Regelb. Adaption und Simulated Annealing

Die Ergebnisse zeigen, daß das reine Simulated Annealing Verfahren im Mittel etwa genauso gut ist, wie die reine regelbasierte Adaption. Allerdings schwanken die Ergebnisse sehr stark, wodurch sich teilweise sehr große Unterschiede ergeben. So liefert das Simulated Annealing Verfahren maximal um 19.7% schlechtere Ergebnisse als die reine regelbasierte Adaption. Dafür ist das Verfahren in anderen Fällen auch bis zu 14.8% besser als die reine regelbasierte Adaption. Daraus ergibt sich, daß eine Kombination beider Verfahren noch genügend Potential für Verbesserungen hat.

Tatsächlich bestätigen dies auch die Meßergebnisse. Zwar ist die Kombination von beiden Verfahren im Mittel nur um 2.6% besser als das reine Simulated Annealing Verfahren, aber dafür steht einer maximalen Verbesserung von 19.2% nur eine maximale Verschlechterung von 3.0% entgegen.

Ähnlich sieht es bei einem Vergleich zwischen dem kombinierten Verfahren und der reinen regelbasierten Adaption[5] aus. Einer maximalen Verbesserung um 17.7% steht lediglich eine maximale Verschlechterung von 0.9% entgegen. Im Mittel ist die Kombination immerhin noch um 1.7% besser.

Durch die Kombination beider Verfahren kann also die Qualität der Adaption besonders in den Fällen, in denen die reine regelbasierte Adaption versagt, häufig sehr stark verbessert werden, ohne daß sie in den anderen Fällen sehr viel schlechter wird. Das Adaptionssystem wird durch die Kombination daher deutlich robuster.

[5] Anmerkung: Die Systeme SOLUTION und Conny besitzen ausschließlich eine regelbasierte Adaption.

Wenn man sich die Anzahl Schritte in der Tab. 7.3 anschaut, die beim reinen regelbasierten Verfahren benötigt werden um 90 oder 95 Prozent der maximalen Qualität zu erreichen, erkennt man, daß das Verfahren meistens entweder relativ wenige Schritte benötigt um eine gute Qualität zu erreichen oder aber nur eine schlechte Qualität mit relativ vielen Schritten erreicht. Da beim Simulated Annealing Verfahren am Anfang die Wahrscheinlichkeit sehr groß ist, daß ein Adaptionsschritt akzeptiert wird, bedeutet dies, daß beim kombinierten Verfahren am Anfang die Adaptionsschritte meistens denen des reinen regelbasierten Verfahrens entsprechen. Auch dies kann man in der Tabelle erkennen (z.B. erreicht beim Bild 4 mit dem Startpunkt $\vec{V}_{voll}$ die reine regelbasierte Adaption die ersten 2 Qualitätsschwellen und dann den Maximalwert nach 2, 14 und 235 Schritten und das kombinierte Verfahren die Schwellen nach 2, 14 und 549 Schritten).

Mit zunehmender Schrittzahl wächst die Wahrscheinlichkeit, daß ein Schritt, der negative Auswirkungen auf die Qualität hat, zurückgewiesen wird. Der Einfluß der regelbasierten Adaption nimmt daher ab, wenn die Regeln zu keiner Verbesserung führen. Dies ist die Erklärung dafür, daß eine Kombination beider Verfahren meistens besser ist als die reine regelbasierte Adaption.

Die größten Probleme hat das Simulated Annealing Verfahren, wenn die Startpunkte so ungünstig gewählt wurden, daß die Parameter sehr stark geändert werden müssen um nicht absolut leere Konturbilder zu erhalten. In derartigen Situationen kann es passieren, daß sich die Qualität nicht verbessern läßt, da keine Qualitätsänderung feststellbar ist. Die Kombination mit der regelbasierten Adaption löst dieses Problem, da Regeln für derartige Extremsituationen existieren.

7.1.3 Verbesserung durch zusätzlich Startpunkte

Die Tab. 7.4 enthält Meßergebnisse von Adaptionsläufen mit vier verschiedenen Verfahren. Die ersten beiden Verfahren bestehen aus der reinen regelbasierten Adaption einmal mit (Abk. RA + NS) und einmal ohne zusätzliche (neue) Startpunkte (Abk. RA) und die anderen beiden aus der regelbasierten Adaption in Kombination mit dem Simulated Annealing Verfahren gleichfalls einmal mit (Abk. RA + SA + NS) und einmal ohne zusätzliche Startpunkte (Abk. RA + SA). Die Anzahl der Startpunkte, die insgesamt gewählt werden kann, ist ein frei einstellbarer Parameter von FuzzySOLUTION. Für die Adaptionsläufe der Tab. 7.4 war er auf 3 (inkl. des 1. Startpunktes) eingestellt.

Die Meßergebnisse sind in der Abb. 7.11 in Form von Balkendiagrammen zusammengefaßt. Sie geben den minimalen, maximalen und den durchschnittlichen, prozentualen Qualitätsunterschied zwischen jeweils zwei der Verfahren wieder.

Bild	Start	Adaptionstyp	Q_{max}	Schritte				
				90%	95%	100%	1.0	Abbruch
1	$\vec{V}_{Leer}$	RA	0.964	2	18	228		240
		NS + RA	0.985	2	18	1031	1046	1062
		SA + RA	0.926	135	315			589
		NS + SA + RA	0.984	2	43	487		2297
	$\vec{V}_{Voll}$	RA	0.949	108	191	319		330
		NS + RA	0.962	108	191	1173		1207
		SA + RA	0.971	253	463	556		577
		NS + SA + RA	0.975	204	303	416		2261
2	$\vec{V}_{Leer}$	RA	0.975	5	11	242		243
		NS + RA	0.985	5	11	590		1145
		SA + RA	0.982	6	11	519		571
		NS + SA + RA	0.984	4	8	1106		2294
	$\vec{V}_{Voll}$	RA	0.984	104	107	352		379
		NS + RA	0.984	104	107	352		1350
		SA + RA	0.985	106	109	458		585
		NS + SA + RA	0.986	62	66	570	570	2304
3	$\vec{V}_{Leer}$	RA	0.982	51	54	335	336	360
		NS + RA	0.982	51	54	335	336	1705
		SA + RA	0.988	52	52	92	370	566
		NS + SA + RA	0.992	73	77	307	2152	2274
	$\vec{V}_{Voll}$	RA	0.841	259				283
		NS + RA	0.984	322	322	1090	1305	1323
		SA + RA	0.990	39	39	49	248	569
		NS + SA + RA	0.991	95	101	130	401	1706

SA = Simulated Annealing, NS = Neue Startpunkte, RA = Regelbasierte Adaption

Tabelle 7.4: Verwendung zusätzlicher Startpunkte

Bild	Start	Adaptionstyp	Q_{max}	Schritte				
				90%	95%	100%	1.0	Abbruch
4	$\vec{V}_{Leer}$	RA	0.967	132	137	169	306	339
		NS + RA	0.967	132	137	169	306	1355
		SA + RA	0.958	149	257	415		570
		NS + SA + RA	0.968	323	330	1473	1666	2284
	$\vec{V}_{Voll}$	RA	0.948	8	30	88		280
		NS + RA	0.957	8	30	637		1236
		SA + RA	0.956	8	32	414		566
		NS + SA + RA	0.965	8	32	562	2275	2288
5	$\vec{V}_{Leer}$	RA	0.982	2	11	136	157	170
		NS + RA	0.982	2	11	136	157	1046
		SA + RA	0.982	2	4	70	542	593
		NS + SA + RA	0.981	158	1307	1417	1493	2275
	$\vec{V}_{Voll}$	RA	0.970	92	94	256		273
		NS + RA	0.970	92	94	256		1307
		SA + RA	0.982	52	176	539	563	582
		NS + SA + RA	0.982	26	75	275	2321	2345
6	$\vec{V}_{Leer}$	RA	0.981	136	137	369		382
		NS + RA	0.981	136	137	369		1382
		SA + RA	0.980	98	185	339		569
		NS + SA + RA	0.981	172	406	2262		2285
	$\vec{V}_{Voll}$	RA	0.959	2	207	220		232
		NS + RA	0.979	2	207	1112		1113
		SA + RA	0.980	38	43	592		562
		NS + SA + RA	0.988	2	83	2065		2287

SA = Simulated Annealing, NS = Neue Startpunkte, RA = Regelbasierte Adaption

Tabelle 7.4: Verwendung zusätzlicher Startpunkte

Bild	Start	Adaptionstyp	Q_{max}	Schritte				
				90%	95%	100%	1.0	Abbruch
7	$\vec{V}_{Leer}$	RA	0.981	2	2	2	238	239
		NS + RA	0.981	2	2	2	238	1116
		SA + RA	0.979	2	2	2	201	564
		NS + SA + RA	0.984	2	2	2	486	2272
	$\vec{V}_{Voll}$	RA	0.961	2	14	235		247
		NS + RA	0.961	2	14	235		1325
		SA + RA	0.957	2	14	549		566
		NS + SA + RA	0.980	2	14	25	334	2285

SA = Simulated Annealing, NS = Neue Startpunkte, RA = Regelbasierte Adaption

Tabelle 7.4: Verwendung zusätzlicher Startpunkte

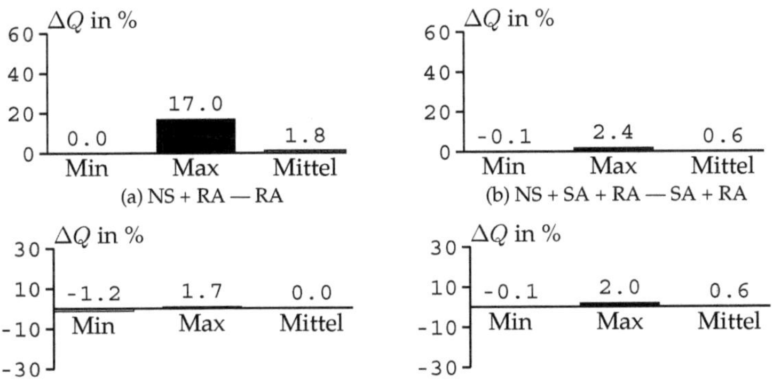

(a) NS + RA — RA

(b) NS + SA + RA — SA + RA

(c) NS + RA — SA + RA

(d) NS + SA + RA — NS + RA

SA = Simulated Annealing, NS = Neue Startpunkte, RA = Regelbasierte Adaption

Abbildung 7.11: Verwendung zusätzlicher Startpunkte

Anhand des Diagramms a ist zu erkennen, daß die Verwendung von 2 zusätzlichen Startpunkten beim reinen regelbasierten Adaptionsverfahren einen durchschnittlichen Qualitätsgewinn von 1.8% bringt. Dies ist im Mittel zwar nicht besonders viel, da aber der Gewinn zwischen minimal 0.0% und maximal 17.0% liegt, lohnt sich die Hinzunahme von zusätzlichen Startpunkten durchaus.

Die Qualitätsgewinne entsprechen in etwa denen, die durch die Hinzunahme des Simulating Annealing Verfahrens im Abschnitt 7.1.2 erzielt werden, was man auch anhand des Diagramms c in Abb 7.11 erkennen kann. Im Mittel besteht kein Unterschied zwischen beiden Verfahren und auch die extremen Abweichungen liegen unterhalb von 1.7%.

Vergleicht man allerdings die Anzahl Schritte (s. Abb. 7.12), die beide Verfahren bis zum Erreichen des Abbruchs der Adaption benötigen, so erkennt man einen eindeutigen Vorteil für das kombinierte Verfahren aus Simulated Annealing und regelbasierter Adaption. Es benötigt nur etwa die Hälfte der Schritte bis zum Abbruch der Adaption gegenüber der reinen regelbasierten Adaption mit 2 zusätzlichen Startpunkten.

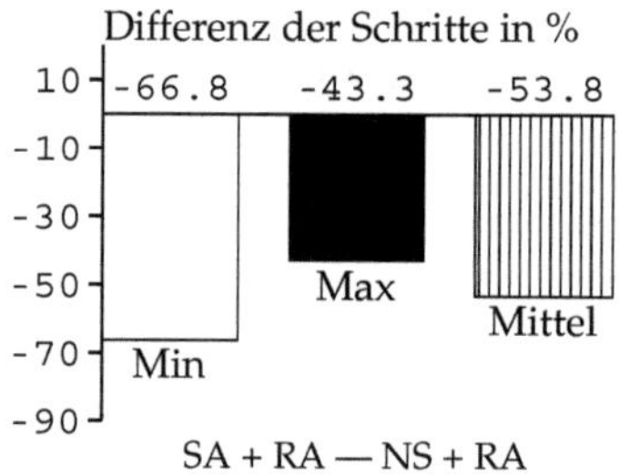

SA = Simulated Annealing, NS = Neue Startpunkte, RA = Regelbasierte Adaption

Abbildung 7.12: Vergleich der Schritte bis zum Abbruch der Adaption

Aus diesem Grund ist die Kombination aus Simulated Annealing und regelbasierter Adaption dem Verfahren der regelbasierten Adaption mit zwei zusätzlichen Startpunkten vorzuziehen. Die Diagramme b und d der Abb 7.11 zeigen, daß durch die Verwendung von 2 weiteren Startpunkten bei dem kombinierten Verfahren aus Simulated Annealing und regelbasierter Adaption nur noch ein kleiner Gewinn (im Mittel 0.6%) erzielt werden kann. Der relativ hohe maximale Gewinn im Vergleich zum maximalen Verlust zeigt, daß es durchaus Situation gegeben kann, in denen die Hinzunahme weiterer Startpunkte auch beim kombinerten Verfahren noch Sinn macht.

Um dabei den Adaptionsaufwand im Vergleich zum erzielbaren Gewinn nicht zu groß werden zu lassen, könnte hier ein Qualitätsschwellwert eingeführt werden, der etwas niedriger als der Schwellwert für den Abbruch der Adaption ist und der benutzt wird, um zu entscheiden, ob ein weiterer Startpunkt genommen wird oder nicht. Dadurch würde nur bei relativ schlechten Qualitätswerten ein weiterer Adaptionsversuch mit neuen Startwerten unternommen. Dies entspricht auch der Vorgehensweise eines menschlichen Experten.

7.1.4 Einfluß der Verwendung von Sicherheiten

In der Tab. 7.5 ist der Einfluß der Verwendung von Sicherheitsfaktoren C_F dargestellt. Zu diesem Zweck sind in der Tabelle die jeweils maximal erreichte Qualität Q_{max} sowie die Anzahl benötigter Schritte für verschiedene Qualitätswerte und drei verschiedene Adaptionsverfahren (Adaptionstyp) gegenübergestellt. Beim Adaptionstyp "ohne C_F" wurden keinerlei Sicherheitsfaktoren verwendet (genauer: alle C_F besitzen den konstanten Wert 1.0). Dagegen besitzen beim Adaptionstyp "Regeln mit C_F" nur die Sensorwerte konstante Sicherheitsfaktoren von 1.0. Bei den Adaptionsregeln werden, je nachdem wie groß das Vertrauen in die Korrektheit einer Regel ist, konstante Sicherheitsfaktoren zwischen 0.0 und 1.0 verwendet. Beim Adaptionstyp "Regeln + Sensoren mit C_F" erhalten zusätzlich die Sensorwerte Sicherheitsfaktoren zwischen 0.0 und 1.0. Die Sicherheiten werden hierbei dynamisch mit Hilfe des Verfahrens der Variation der Sensorparameter ermittelt.

Bild	Start	Adaptionstyp	Q_{max}	Schritte			
				90%	95%	100%	1.0
1	$\vec{V}_{Leer}$	ohne C_F	0.951	2	54	82	
		Regeln mit C_F	0.945	2	32	45	
		Regeln + Sensoren mit C_F	0.952	2	42	60	
	$\vec{V}_{Voll}$	ohne C_F	0.870	214			
		Regeln mit C_F	0.873	35			
		Regeln + Sensoren mit C_F	0.867	130			

Tabelle 7.5: Verwendung von Sicherheitsfaktoren C_F

Bild	Start	Adaptionstyp	Q_{max}	Schritte			
				90%	95%	100%	1.0
2	$\vec{V}_{Leer}$	ohne C_F	0.975	5	11	133	
		Regeln mit C_F	0.876	14			
		Regeln + Sensoren mit C_F	0.979	4	8	180	
	$\vec{V}_{Voll}$	ohne C_F	0.637	54			
		Regeln mit C_F	0.986	18	47	158	158
		Regeln + Sensoren mit C_F	0.975	46	88	226	
3	$\vec{V}_{Leer}$	ohne C_F	0.662	57			
		Regeln mit C_F	0.914	28	28		
		Regeln + Sensoren mit C_F	0.984	43	56	132	
	$\vec{V}_{Voll}$	ohne C_F	0.816	61			
		Regeln mit C_F	0.938	46	65	80	
		Regeln + Sensoren mit C_F	0.817	40			
4	$\vec{V}_{Leer}$	ohne C_F	0.912	241	249		
		Regeln mit C_F	0.797	23			
		Regeln + Sensoren mit C_F	0.798	427			
	$\vec{V}_{Voll}$	ohne C_F	0.951	8	32	176	
		Regeln mit C_F	0.952	7	29	71	
		Regeln + Sensoren mit C_F	0.800	9	27	120	
5	$\vec{V}_{Leer}$	ohne C_F	0.801	817			
		Regeln mit C_F	0.724	104			
		Regeln + Sensoren mit C_F	0.777	514			
	$\vec{V}_{Voll}$	ohne C_F	0.878	156			
		Regeln mit C_F	0.821	65			
		Regeln + Sensoren mit C_F	0.878	39			

Tabelle 7.5: Verwendung von Sicherheitsfaktoren C_F

Bild	Start	Adaptionstyp	Q_{max}	Schritte			
				90%	95%	100%	1.0
6	$\vec{V}_{Leer}$	ohne C_F	0.821	821			
		Regeln mit C_F	0.951	29	34	34	
		Regeln + Sensoren mit C_F	0.744	118			
	$\vec{V}_{Voll}$	ohne C_F	0.914	2	2		
		Regeln mit C_F	0.928	2	63		
		Regeln + Sensoren mit C_F	0.918	2	15		
7	$\vec{V}_{Leer}$	ohne C_F	0.980	2	2	2	22
		Regeln mit C_F	0.979	2	2	2	2
		Regeln + Sensoren mit C_F	0.979	2	2	7	
	$\vec{V}_{Voll}$	ohne C_F	0.907	10	10		
		Regeln mit C_F	0.925	2	14	19	
		Regeln + Sensoren mit C_F	0.911	5	52		

Tabelle 7.5: Verwendung von Sicherheitsfaktoren C_F

Die Diagramme in der Abb. 7.13 fassen die Ergebnisse aus der Tab. 7.5 zusammen. In den Diagrammen werden jeweils zwei Verfahren direkt miteinander verglichen. Dies geschieht anhand der Qualitätsunterschiede in Prozent bezogen auf den Subtrahenden. Es sind jeweils der kleinste (Min), der größte (Max) und der arithmetische Mittelwert (Mittel) dargestellt.

Die Tabelle und die Diagramme zeigen, daß die Qualitätswerte durch die Verwendung von Regeln mit Sicherheitsfaktoren um bis zu 54.8% besser, aber nur bis zu 12.6% schlechter werden. Im Mittel ergibt sich eine Verbesserung von 6.3%. Wenn zusätzlich die Sicherheitsfaktoren der Sensorwerte verwendet werden, sinkt der Mittelwert auf 4.4%, was vor allem an dem Anstieg der maximalen negativen Auswirkungen auf 15.5% liegt.

Der direkte Vergleich zwischen der Verwendung von Sicherheiten bei Regeln und Sensoren und der Verwendung von Sicherheiten ausschließlich bei den Regeln bestätigt, daß die Verwendung der Sensorsicherheiten im Mittel negative Aus-

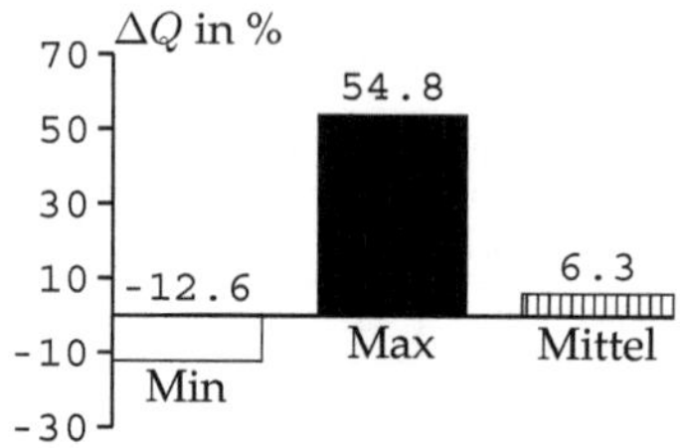

(a) Regeln mit C_F — ohne C_F

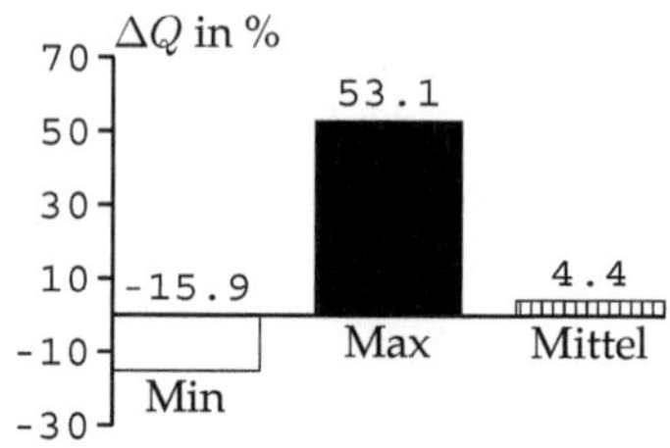

(b) Regeln + Sensoren mit C_F — ohne C_F

(c) Regeln + Sensoren mit C_F — Regeln mit C_F

Abbildung 7.13: Verwendung von Sicherheitsfaktoren C_F

wirkungen hat. Obwohl es prinzipiell sinnvoll erscheint, den Sensorwerten Sicherheiten zuzuweisen, zeigen die hier vorgestellten Ergebnisse, daß vermutlich das zur Zeit verwendete Verfahren zur Berechnung der Sicherheiten ungeeignet ist.

7.1.5 Verbesserung durch Auswahl der lokalen Ziele

In der Tab. 7.6 sind Ergebnisse dargestellt, die unter Verwendung einer unterschiedlichen Anzahl lokaler Ziele gemessen wurden. Die Ergebnisse sind für 2, 4, 8, 12, 14, 16 und der Verwendung aller lokalen Ziele angegeben. Die Messungen zeigen, daß eine Einschränkung auf 12, 14 oder 16 Ziele keinerlei Veränderungen bewirkt. Der Grund hierfür ist trivial. In den gewählten Beispielen weichen während der Adaptionen nie mehr als 12 Sensorwerte von den globalen Teilzielen ab. Somit werden auch nie mehr als 12 lokale Ziele erzeugt und eine Beschränkung ihrer Anzahl kann erst bei Werten unter 12 Auswirkungen haben.

Die Abb. 7.14 faßt die Ergebnisse aus Tab. 7.6 in Form von Balkendiagrammen zusammen. In den Diagrammen wird jeweils die prozentuale, minimale (Min), maximale (max) und mittlere (Mittel) Qualitätsänderung bei der Verwendung von 8, 4 und 2 anstatt aller Ziele dargestellt.

Bild	Start	Max. Anzahl lokaler Ziele	Q_{max}	Schritte			
				90%	95%	100%	1.0
1	$\vec{V}_{Leer}$	Alle, 16, 14, 12	0.946	2	17	36	
		8	0.946	2	17	36	
		4	0.950	2	27	34	
		2	0.949	2	8	21	
	$\vec{V}_{Voll}$	Alle, 16, 14, 12	0.838	26			
		8	0.838	26			
		4	0.819	35			
		2	0.676	1			
2	$\vec{V}_{Leer}$	Alle, 16, 14, 12	0.983	6	14	117	
		8	0.980	6	19	72	
		4	0.976	5	15	104	
		2	0.977	3	5	70	
	$\vec{V}_{Voll}$	Alle, 16, 14, 12	0.932	68	82		
		8	0.968	56	61	96	
		4	0.967	21	22	28	
		2	0.870	3			
3	$\vec{V}_{Leer}$	Alle, 16, 14, 12	0.965	66	74	84	
		8	0.965	42	51	61	
		4	0.944	43	44	52	
		2	0.779	3			
	$\vec{V}_{Voll}$	Alle, 16, 14, 12	0.928	88	225	225	
		8	0.929	66	85	85	
		4	0.901	25	28		
		2	0.626	1			

Tabelle 7.6: Verbesserung durch Auswahl der lokalen Ziele

Bild	Start	Max. Anzahl lokaler Ziele	Q_{max}	Schritte			
				90%	95%	100%	1.0
4	$\vec{V}_{Leer}$	Alle, 16, 14, 12	0.852	333			
		8	0.852	131			
		4	0.914	120	207		
		2	0.696	7			
	$\vec{V}_{Voll}$	Alle, 16, 14, 12	0.843	39			
		8	0.899	31	46		
		4	0.851	6			
		2	0.737	1			
5	$\vec{V}_{Leer}$	Alle, 16, 14, 12	0.822	19			
		8	0.882	195			
		4	0.930	20	34		
		2	0.669	7			
	$\vec{V}_{Voll}$	Alle, 16, 14, 12	0.965	19	59	401	
		8	0.965	19	58	366	
		4	0.949	13	27	43	
		2	0.621	2			
6	$\vec{V}_{Leer}$	Alle, 16, 14, 12	0.713	153			
		8	0.671	37			
		4	0.666	17			
		2	0.674	3			
	$\vec{V}_{Voll}$	Alle, 16, 14, 12	0.914	2	2		
		8	0.914	2	2		
		4	0.929	2	46		
		2	0.914	2			

Tabelle 7.6: Verbesserung durch Auswahl der lokalen Ziele

Bild	Start	Max. Anzahl lokaler Ziele	Q_{max}	Schritte			
				90%	95%	100%	1.0
7	$\vec{V}_{Leer}$	Alle, 16, 14, 12	0.980	2	2	2	17
		8	0.980	2	2	2	17
		4	0.980	2	2	2	7
		2	0.980	34			
	$\vec{V}_{Voll}$	Alle, 16, 14, 12	0.866	2			
		8	0.887	2	4		
		4	0.879	2	3		
		2	0.866	2			

Tabelle 7.6: Verbesserung durch Auswahl der lokalen Ziele

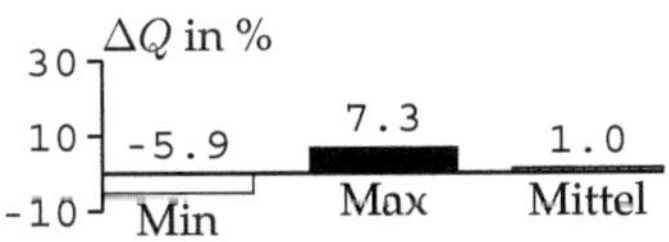

(a) 8 lokale Ziele — Alle Ziele

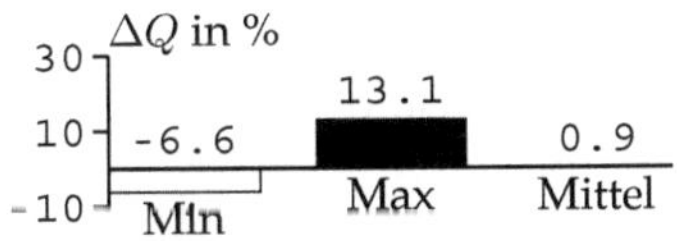

(b) 4 lokale Ziele — Alle Ziele

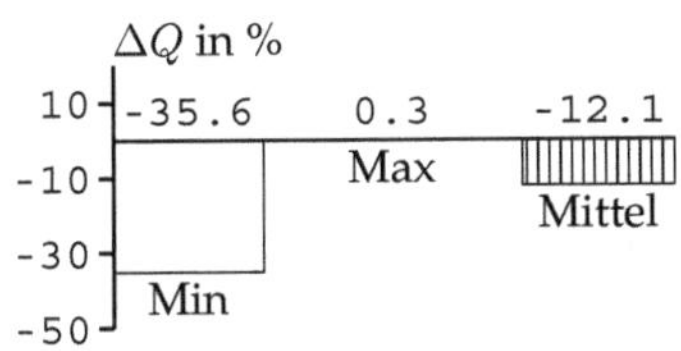

(c) 2 lokale Ziele — Alle Ziele

Abbildung 7.14: Verbesserung durch Auswahl der lokalen Ziele

Am deutlichsten ist eine starke Verschlechterung der Qualität (im Mittel um 12.1% und maximal um 35.6%) bei der Verwendung von zwei anstatt allen lokalen Zielen zu erkennen (Abb. 7.14(c)). D.h. es dürfen nicht zu wenig lokale Ziele verwendet werden. Diese Ergebnisse bestätigen indirekt auch die Ergebnisse aus Abschnitt 7.1.1 über den Vorteil der Fuzzy Inferenz. Je weniger lokale Ziele verwendet werden, desto stärker nähert sich die Fuzzy Inferenz der normalen Inferenz an, die ja nur ein lokales Ziel während eines Adaptionsschrittes verfolgt.

Die beiden anderen Diagramme (a und b der Abb. 7.14) zeigen, daß die Reduzierung der lokalen Ziele im Mittel einen, wenn auch nur kleinen, Gewinn hinsichtlich der Qualität bringt. Ein Blick auf die Tab 7.6 zeigt, daß es bei der Verwendung von acht Zielen lediglich in zwei von vierzehn Fällen eine Verschlechterung gegeben hat. In fünf Fällen trat dagegen eine Verbesserung ein.

Da die Reduzierung der lokalen Ziele nicht willkürlich, sondern anhand ihrer Wichtigkeit (wird aus der Priorität der Ziele und ihrem Wert bestimmt, s. Abschnitt 5) erfolgt, ergibt sich ein weiterer Vorteil, der zwar nicht anhand der Ergebnisse in Tab. 7.6 erkannt werden kann, der aber wesentlich stärker wiegt. Durch die Reduzierung werden bevorzugt die Ziele verfolgt, die am wichtigsten sind, d.h. die z.B. bei gleicher Priorität am größten sind. Daher wird es weniger wahrscheinlich, daß am Ende der Adaption bei gleicher Qualität z.B. ein einziges unerfülltes, hoch priorisiertes, starkes lokales Ziel anstatt mehrerer schwacher lokaler Ziele übrigbleibt[6]. Dies ist wichtig, da eine einzelne starke Abweichung vom globalen Ziel häufig schlechter ist, als eine kleine Abweichung mehrerer Ziele. Anhand des Qualitätsmaßes ist dies aber aufgrund seiner mittelnden Eigenschaft nicht zu erkennen.

Ein weiterer Vorteil, der sich durch die Reduzierung der lokalen Ziele ergibt, ist die Verringerung der Rechenzeit. Die Ursache hierfür ist die geringere Anzahl von feuernden Regeln und damit verbunden die geringere Anzahl von Fuzzy Sets, die miteinander verrechnet werden müssen. Bei den Tests wurde eine Verkürzung der Rechenzeit um bis zu 16% bei der Verwendung von 8 anstatt aller lokaler Ziele festgestellt.

7.1.6 Einfluß der Fuzzy Set Form

Um den Einfluß der Fuzzy Set Form auf die Adaptionsqualität zu untersuchen, wurden Tests mit dreieckförmigen und trapezförmigen Fuzzy Sets (s.a. Abschnitt 4.1.4) durchgeführt. In der Abb. 7.15 sind die Ergebnisse in Form eines Balkendiagramms zusammenfassend dargestellt.

[6] In SOLUTION wird versucht dieses Problem durch eine härtere Abbruchbedingung zu beheben. Die vorgegebene Mindestqualität reicht in SOLUTION nicht für einen Abbruch. Zusätzlich darf kein lokales Ziel der höchsten Prioritätsstufe einen vorgegebenen Wert überschreiten. Die zahlreichen Testläufe mit FuzzySOLUTION haben gezeigt, daß diese Bedingung in FuzzySOLUTION bei der Verwendung (Auswahl) von nur acht lokalen Zielen überflüssig ist.

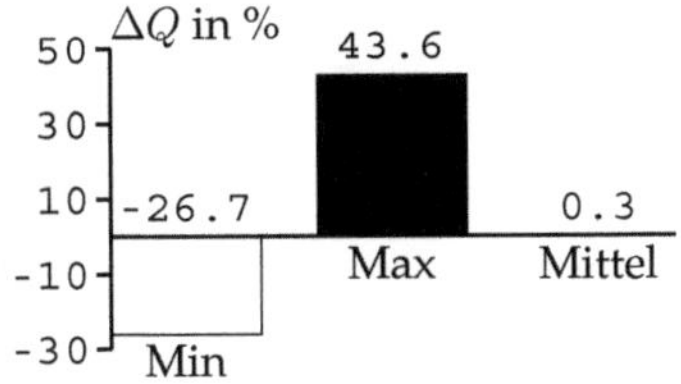

Abbildung 7.15: Vergleich dreieckförmiger mit trapezförmigen Fuzzy Sets

Die Messungen haben die Vermutung bestätigt, daß die genaue Form der Fuzzy Sets keine Rolle spielt. Zwar gibt es in Einzelfällen sehr große Unterschiede, aber im Mittel unterscheiden sich die Ergebnisse kaum. So führte die Verwendung dreieckförmiger Fuzzy Sets anstatt trapezförmiger im Mittel nur zu 0.3% besseren Qualitätswerten. Da der maximale Gewinn bei der Verwendung von dreieckförmigen Fuzzy Sets mit 43.6% betragsmäßig größer ist als der maximale Verlust von 26.7% werden in FuzzySOLUTION standardmäßig die dreieckförmigen Fuzzy Sets eingesetzt. Bei der Qualitätsberechnung haben sie außerdem den Vorteil, daß die Abstufungen noch etwas feiner sind (im Bereich der horizontalen Fuzzy Set Verläufe können keine Qualitätsunterschiede auftreten).

7.1.7 Vergleich verschiedener Defuzzifizierungsmethoden

In FuzzySOLUTION kann zwischen drei verschiedenen Defuzzifizierungsmethoden gewählt werden. Die aus der Literatur bekannten Methoden sind die Maximum- und die Momenten-Methode.[7] Speziell für FuzzySOLUTION entwickelt wurde die gewichtete Maximum-Methode, die sich dadurch auszeichnet, daß alle Aktions Fuzzy Sets einen Anteil an der Aktion haben. In der Abb. 7.16 werden die 3 Methoden miteinander verglichen.

Man erkennt , daß sich die Ergebnisse bei der Verwendung der beiden Standard-Methoden (Momenten- und Maximum-Defuzzifizierung) kaum unterscheiden (im Mittel nur um 1.7%). Die gewichtete Maximum-Methode hat jedoch deutliche Vorteile gegenüber den beiden anderen Verfahren (maximal 46.4%). Es zeigt sich hier offensichtlich, daß es günstiger ist, wenn alle feuernden Regeln einen Einfluß auf das Ergebnis haben, da so die falschen Aktionen besser ausgeglichen werden können (sofern es nur relativ wenige sind). Bei der Momenten-Methode und auch bei der Maximum-Methode reicht z.B. unter Umständen eine einzige falsche Aktion um eine insgesamt falsche Parameteränderung zu erhalten.

[7] In der Literatur meistens als MOM- und COG-Methode bezeichnet, s.a. Abschnitt 5.7.

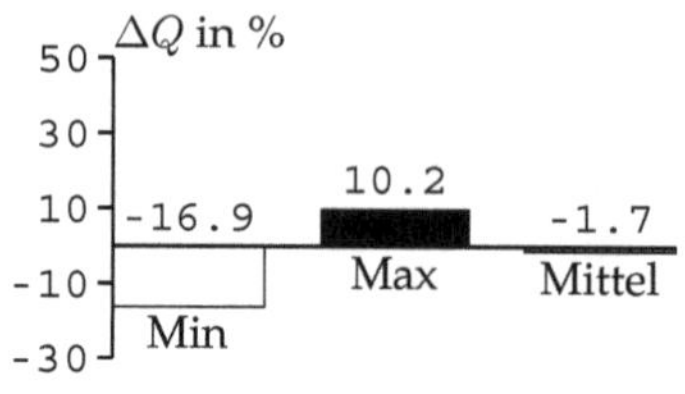

(a) Momenten — Maximum Defuzzifizierung

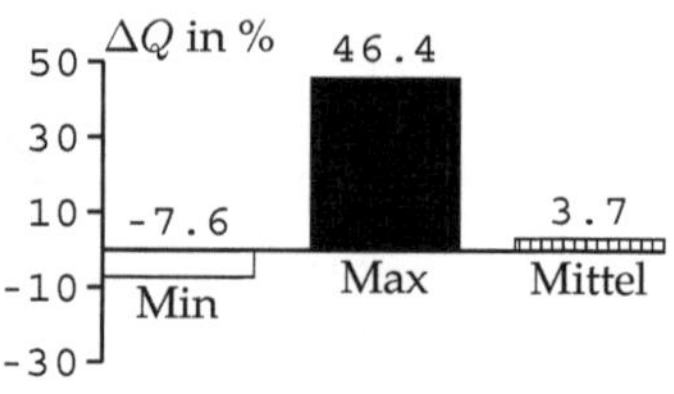

(b) Gewichtete Maximum — Maximum Defuzzifizierung

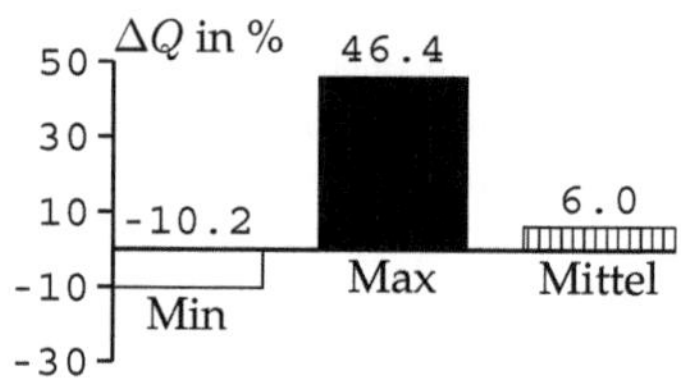

(c) Gewichtete Maximum — Momenten Defuzzifizierung

Abbildung 7.16: Vergleich verschiedener Defuzzifizierungsmethoden

7.1.8 Verbesserung durch Gradientenverfahren

Die Meßergebnisse der Tab. 7.7 dienen einer Bewertung des Gradientenverfahrens, dh. der Fähigkeit von FuzzySOLUTION während der Adaption auf die tatsächlichen, lokalen Abhängigkeiten zwischen der Qualität und den Parameteränderungen zu reagieren. In der Abb. 7.17 ist ein Balkendiagramm dargestellt, das die Ergbnisse aus der Tabelle zusammenfaßt. Die Messungen wurden ohne Simulated Annealing, der Verwendung neuer Startpunkte und der Fein-Adaption durchgeführt. Werden diese Verfahren mit verwendet, so ändern sich die Ergebnisse zwar quantitativ aber nicht qualitativ.

Die Meßergebnisse zeigen, daß die Qualität sich durch den Einsatz des Gradientenverfahrens im Mittel um 11.1% verbessert. Maximal gibt es sogar eine Verbesserung um 54.5% und das bei einer maximalen Verschlechterung von 6.9%. Das Gradientenverfahren stellt daher eine sinnvolle Ergänzung des üblichen, in Conny und SOLUTION ausschließlich verwendeten, Adaptionsverfahrens da.

Die Kombination des Gradientenverfahrens mit den üblichen Adaptionsregeln, die feste Zusammenhänge zwischen Parameteränderungen und Sensoränderun-

Bild	Start	ohne Gradientenverfahren					mit Gradientenverfahren				
		Q_{max}	Schritte				Q_{max}	Schritte			
			90%	95%	100%	1.0		90%	95%	100%	1.0
1	$\vec{V}_{Leer}$	0.951	2	54	74		0.952	2	10	50	
	$\vec{V}_{Voll}$	0.870	257				0.848	321			
2	$\vec{V}_{Leer}$	0.975	5	11	133		0.981	5	11	102	
	$\vec{V}_{Voll}$	0.637	54				0.984	202	210	234	
3	$\vec{V}_{Leer}$	0.662	57				0.984	144	147	158	189
	$\vec{V}_{Voll}$	0.816	61				0.991	105	111	167	351
4	$\vec{V}_{Leer}$	0.912	241	249			0.849	249			
	$\vec{V}_{Voll}$	0.951	8	32	176		0.949	8	47	182	
5	$\vec{V}_{Leer}$	0.801	817				0.896	232	535		
	$\vec{V}_{Voll}$	0.878	156				0.930	169	237		
6	$\vec{V}_{Leer}$	0.821	202				0.979	205	232	356	
	$\vec{V}_{Voll}$	0.914	2	2			0.917	2	33		
7	$\vec{V}_{Leer}$	0.980	2	2	2	22	0.980	2	2	2	76
	$\vec{V}_{Voll}$	0.907	2	10			0.931	2	14	41	

Tabelle 7.7: Einfluß des Gradientenverfahrens

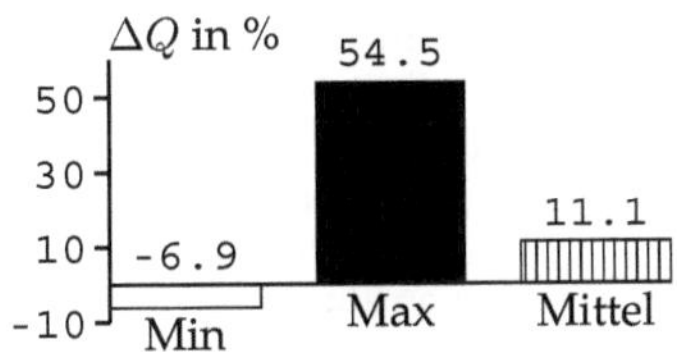

Abbildung 7.17: Einfluß des Gradientenverfahrens

gen darstellen, zeigt noch einmal die Vorteile der Fuzzy Inferenz. Denn dadurch, daß bei der Fuzzy Inferenz mehrere Regeln einen Beitrag zur Änderung leisten können, ist sie ideal geeignet um verschiedene Verfahren "weich" miteinander zu kombinieren. Weich bedeutet im Fall des Gradientenverfahrens, daß sein Anteil desto größer wird, je länger (je öfter hintereinander) der selbe Zusammenhang (der selbe Gradient) zwischen Qualität und Parameteränderungen festgestellt wird.

7.1.9 Verbesserung durch Fein-Adaption

In der Tab. 7.8 ist der Einfluß der Fein-Adaption, die am Ende eines Adaptionsvorganges durchgeführt wird, dargestellt. Eine Zusammenfassung der Meßergebnisse ist in der Abb. 7.18 in Form von 2 Balkendiagrammen zu sehen. Das erste Balkendiagramm (a) stellt den Qualitätsgewinn durch die Fein-Adaption in Prozent bezogen auf die Adaption ohne Fein-Adaption dar und das zweite (b) den dafür erforderlichen Mehraufwand an Adaptionsschritten.

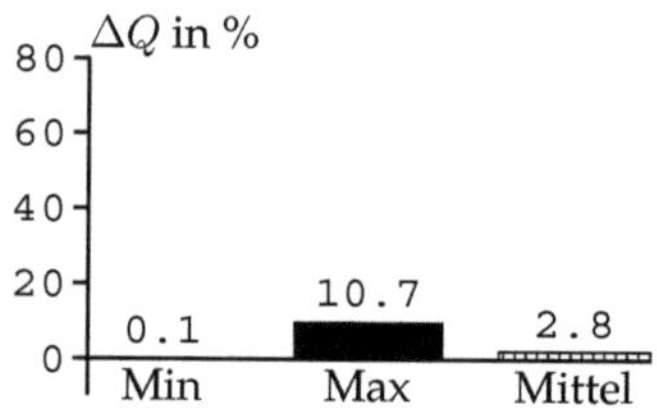

(a) Qualitätsverbesserung

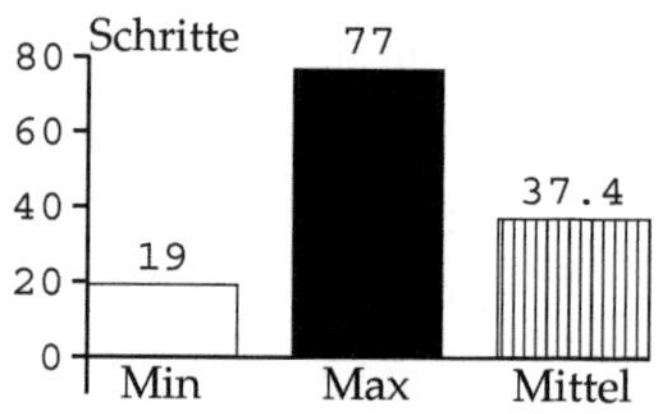

(b) Mehraufwand an Schritten

Abbildung 7.18: Einfluß der Fein-Adaption

Da die Fein-Adaption nach der eigentlichen Adaption läuft, sind Verschlechterungen durch sie im Gegensatz zu anderen Verfahren nicht möglich. Die Qualtätsverbesserungen liegen zwischen 0.1% und 10.7% und betragen im Mittel 2.8%. Der Maximalwert von 10.7% zeigt, daß es sinnvoll ist eine Fein-Adaption am Ende der Adaption durchzuführen. Da die zusätzlich benötigten Adaptionschritte maximal nur 77 und im Mittel 37.4 Schritte betragen, ist der für die Fein-Adaption notwendige, zusätzliche Aufwand nicht besonders hoch. In den Beispielen beträgt der relative Mehraufwand im Mittel nur 12.3% der Schrittzahl ohne Fein-Adaption.

Bild	Start	ohne Fein-Adaption			mit Fein-Adaption		
		Q_{max}	Schritte		Q_{max}	Schritte	
			Maximum	Abbruch		Maximum	Abbruch
1	$\vec{V}_{Leer}$	0.951	82	281	0.960	301	309
	$\vec{V}_{Voll}$	0.870	214	471	0.875	497	510
2	$\vec{V}_{Leer}$	0.975	133	241	0.976	251	263
	$\vec{V}_{Voll}$	0.637	54	401	0.653	414	425
3	$\vec{V}_{Leer}$	0.662	57	331	0.666	339	350
	$\vec{V}_{Voll}$	0.816	61	243	0.820	261	284
4	$\vec{V}_{Leer}$	0.912	249	460	0.919	488	489
	$\vec{V}_{Voll}$	0.951	176	311	0.961	345	357
5	$\vec{V}_{Leer}$	0.801	817	1647	0.869	1677	1678
	$\vec{V}_{Voll}$	0.878	156	271	0.893	302	337
6	$\vec{V}_{Leer}$	0.821	202	431	0.909	494	508
	$\vec{V}_{Voll}$	0.914	2	191	0.959	210	222
7	$\vec{V}_{Leer}$	0.980	22	211	0.981	224	235
	$\vec{V}_{Voll}$	0.907	10	201	0.966	234	248

Tabelle 7.8: Einfluß der Fein-Adaption

7.2 Das im Mittel beste Verfahren

Während der Testphase sind insgesamt 216 verschiedene Varianten und Einstellungen von FuzzySOLUTION getestet und miteinander verglichen worden. Das Verfahren, das im Mittel die besten Ergebnisse hinsichtlich der Adaptionsqualität lieferte[8], wird in der Tab. 7.9 mit den Maximalwerten[9] verglichen, die während der Testphase ermittelt wurden. Zusätzlich enthält die Tabelle die maximalen Qualitätswerte[10], die während der Voruntersuchungen durch eine Rastersuche ermittelt wurden.

[8] In der Tab. 7.9 als "Bestes Verfahren" bezeichnet.
[9] In der Tab. 7.9 als "Beste Qualität" bezeichnet.
[10] In der Tab. 7.9 als "Voruntersuchung" bezeichnet.

Das im Mittel beste Verfahren verwendet die Adaptionsstrategien "Grob-Adaption", "Normal-Adaption", "Fallback-Regeln", "Gradientenverfahren", "Simulated Annealing" und "Fein-Adaption". Es verwendet maximal 3 neue Startpunkte. Während eines Adaptionsschrittes werden maximal 8 lokale Ziele verwendet. Es werden nur Regeln verwendet, deren Sicherheitsfaktoren den Wert 1.0 haben. Es wird immer nur ein Parameter zur Zeit adaptiert. Der Parameter wird erst gewechselt, wenn ein Abbruchkriterium erfüllt ist (spätestens nach 100 Zyklen). Es werden dreieckförmige Fuzzy Sets und das Verfahren der gewichteten Maximum-Defuzzifizierung verwendet. Es werden keinerlei Unsicherheiten der Sensoren berücksichtigt.

Bild	Start	Bestes Verfahren			Beste Qualität			Voruntersuchung	
		Q_{max}	Schritte		Q_{max}	Schritte		Q_{max}	Schritte
			Max	Stop		Max	Stop		
1	$\vec{V}_{Leer}$	0.979	1581	2256	0.986	2130	2356	0.984	176256
	$\vec{V}_{Voll}$	0.974	2178	2274	0.985	1559	1730		
2	$\vec{V}_{Leer}$	0.986	2103	2283	0.989	3775	3789	0.985	176256
	$\vec{V}_{Voll}$	0.985	2235	2300	0.986	570	1727		
3	$\vec{V}_{Leer}$	0.988	448	2287	0.990	439	602	0.976	176256
	$\vec{V}_{Voll}$	0.989	1709	2281	0.996	3128	3144		
4	$\vec{V}_{Leer}$	0.987	2247	2266	0.991	831	1638	0.963	176256
	$\vec{V}_{Voll}$	0.986	479	2294	0.991	2149	2149		
5	$\vec{V}_{Leer}$	0.984	2171	2216	0.984	2171	2216	0.980	176256
	$\vec{V}_{Voll}$	0.983	565	2269	0.984	403	602		
6	$\vec{V}_{Leer}$	0.992	1687	2301	0.992	1687	2301	0.993	211752
	$\vec{V}_{Voll}$	0.994	527	2297	0.994	527	2297		
7	$\vec{V}_{Leer}$	0.986	289	2291	0.994	246	256	0.963	183168
	$\vec{V}_{Voll}$	0.986	526	2302	0.994	488	584		

Tabelle 7.9: Das im Mittel beste Verfahren

Neben den Qualitäten Q_{max} stehen in der Tabelle noch die Anzahl Schritte, die benötigt wurden um die Qualität zu erreichen[11] und die Anzahl Schritte, nach

[11]Wird in der Tab. 7.9 in der Spalte "Max" angegeben.

denen die Adaption automatisch abgebrochen wurde[12]. Für die Voruntersuchungen sind statt dessen in der Spalte Schritte die Anzahl Schritte angegeben, die im Parameterraum während der Voruntersuchung gemacht wurden. D.h. die Anzahl Schritte entspricht hier der Anzahl der Meßpunkte im Parameterraum.

Die Tab. 7.9 zeigt, daß das im Mittel beste Adaptionsverfahren meistens nur geringfügig schlechtere maximale Qualitätswerte erzielt, als das jeweils absolut beste Verfahren. Im schlechtesten Fall ist das im Mittel beste Verfahren nur um 1.1% und im Durchschnitt nur um 0.4% schlechter als das jeweils absolut beste Verfahren. In drei Fällen ist es sogar das absolut beste Verfahren.

Ein Vergleich mit den maximalen Qualitätswerten, die in den Voruntersuchungen ermittelt wurden, zeigt, daß das im Mittel beste Verfahren nur in 3 Fällen geringfügig schlechtere Qualitätswerte (maximal 1% schlechter) ermittelt hat. In allen anderen Fällen führte es zu den gleichen oder sogar besseren Qualitätswerten (maximal 2.5%, durchschnittlich 0.8% besser). Das beweist, daß dieses Verfahren ein sehr robustes Verfahren ist, das auch bei unterschiedlichem Bildmaterial mit dem gleichen Regelsatz für alle Bilder sehr gute Ergebnisse liefert.

Das Verfahren benötigte ca. 2300 Adaptionsschritte. Die fast vollständig Suche während der Voruntersuchungen benötigte dagegen über 176000 Schritte. Natürlich besitzt jeder Adaptionsschritt noch einen gewissen Overhead gegenüber einem Schritt bei der vollständigen Suche, so daß die Zahlen nicht direkt vergleichbar sind. Die Bildverarbeitung, die anschließende Bewertung und die Qualitätsberechnung sind jedoch bei beiden gleich und stellen bei einem Adaptionschritt einen ganz wesentlichen Anteil am Rechenaufwand da. Aufgrund des großen Unterschiedes der Anzahl der Adaptionsschritte läßt sich daher folgern, daß ein Adaptionsverfahren einer vollständigen Suche immer vorzuziehen ist.

Das im Mittel beste Verfahren benötigte auf einem Linux PC mit einem Pentium II Prozessor mit 400 MHz und einem 720 mal 543 Pixel großen Bild maximal eine Stunde bei 2300 Adaptionsschritten und vier zu adaptierenden Parametern. D.h. das Verfahren ist bereits in dieser Form geeignet um Bildverarbeitungspfade offline zu adaptieren, obwohl FuzzySOLUTION in keinster Weise auf Geschwindigkeit optimiert wurde. So verwendet FuzzySOLUTION zur Zeit eine ganze Reihe von Protokoll- und Meßfunktionen, die nur zum Testen und Messen notwendig und für die Adaption überflüssig sind. Diese Funktionen schreiben während einer Adaption ca. 11 MByte an Daten auf die Festplatte. Des weiteren kann z.B. noch der gesamte Lisp- und Clips-Code kompiliert und seine Abarbeitung somit erheblich beschleunigt werden. Auch der C-Code für die Sensoren wurde nicht mit geschwindigkeitsoptimierten Optionen übersetzt.

[12]Wird in der Tab. 7.9 in der Spalte "Stop" angegeben.

FuzzySOLUTION verfügt daher noch über ein großes Potential an Möglichkeiten zur Geschwindigkeitsoptimierenung. Aber schon 1 Stunde Rechenzeit ist wenig im Vergleich zu 3 Wochen, die eine fast vollständige Suche ungefähr gedauert hat.

8 Zusammenfassung

In der vorliegenden Arbeit wurde ein Wissensbasiertes System entwickelt, das die Vorgehensweise eines menschlichen Experten für die Adaption von Bildverarbeitungsverfahren umsetzt. Damit wurde eine Lösung für das Problem gefunden, daß die Adaption von Bildverarbeitungssystemen an neue Aufgabenstellungen in der Regel sehr aufwendig ist und nur von Bildverarbeitungsexperten geleistet werden kann, deren Einsatz relativ teuer ist. Der hier beschriebene Ansatz wurde gewählt, da ein menschlicher Experte meistens in der Lage ist relativ schnell gute Lösungen zu finden, obwohl bei komplexen Bildverarbeitungssystemen die exakten Auswirkungen und Zusammenhänge von Parameteränderungen oft nicht vorhergesagt werden können.

Die bisher bekannten Ansätze haben dieses Problem nur unzureichend gelöst. Sie verwenden höchstens Teilstrategien aus dem sehr reichhaltigen Strategiereservoir eines menschlichen Experten. Außerdem berücksichtigen die meisten Ansätze nicht, daß ein Mensch bei derartigen Problemstellungen lieber mit unscharfem, ungenauem und unsicherem Wissen, das er mit linguistischen Ausdrücken formuliert, arbeitet, als mit sicherem und präzisem Wissen, das mit numerischen Ausdrücken formuliert wird.

Basierend auf der Beobachtung und Analyse der Vorgehensweise menschlicher Bildverarbeitungsexperten wurde das System FuzzySOLUTION entwickelt, das in der Lage ist konturorientierte Segmentierungsverfahren zu konfigurieren und zu adaptieren. In dieser Arbeit wurde erstmals gezeigt, daß durch die Kombination mehrerer verschiedener Adaptionsstrategien, die an die des Menschen angelehnt sind, die Adaption von Bildverarbeitungsverfahren entscheidend verbessert werden kann. Dies belegen die im Abschnitt 7 vorgestellten Ergebnisse. Wenn auch nicht immer das globale Maximum gefunden wird, so werden doch immer sehr gute Resultate erzielt. Dabei gilt auch für die Adaption von Bildverarbeitungsverfahren das folgende Zitat aus [Gol89]:

Attainment of the optimum is much less important for complex systems. It would be nice to be perfect, meanwhile, we can only strive to improve.

Zu den einzelnen Strategien gehört als wichtigste die regelbasierte Adaption aufgrund von a priori Wissen über den Zusammenhang zwischen Parameteränderungen und Eigenschaften im Konturbild (Ergebnis der Bildverarbeitung). Die Adaption wird iterativ solange durchgeführt, bis entweder eine ausreichende Qualität erzielt wird, oder aber "erkannt" wird, daß die Adaption nicht zum Erfolg führen kann. Ein wichtiges Element dieser Strategie sind linguistische Beschreibungen der Eigenschaften des Konturbildes. Dafür werden Fuzzy Sets und Sicherheitsfaktoren eingesetzt, um das unsichere, unscharfe und ungenaue Wissen zu modellieren.

Auch die Strategie der zusätzlichen Berücksichtigung der tatsächlich beobachteten Auswirkungen von Parameteränderungen während der Adaption (Gradientenverfahren) wurde vom menschlichen Experten übernommen. Sie implementiert eine Anpassung des allgemeinen Wissens an die momentane Aufgabe.

Insbesondere wenn die regelbasierte Adaptionsstrategie nicht zum Ziel führt, greift ein weiteres Verfahren, das Simulated Annealing. Es berücksichtigt, daß auch ein menschlicher Experte häufig zu zufallsgesteuerten "Versuch und Irrtum" Strategien übergeht, nachdem ihm sein Erfahrungswissen nicht weitergeholfen hat. Das Simulated Annealing Verfahren ist außerdem bekannt dafür, daß es nicht so leicht in lokalen Maxima hängen bleibt, von denen es bei der Parameteradaption sehr viele gibt.

Am Schluß der Adaption wird noch ein Finetuning mit Hilfe eines einfachen Hill Climbing Verfahrens durchgeführt. Auch diese Strategie gehört zum Repertoire eines menschlichen Experten.

Erleichtert wird die Kombination der verschiedenen Verfahren durch den Einsatz einer Fuzzy Inferenzmaschine, da hierdurch verschiedene Strategien mit unterschiedlichem Gewicht gleichzeitig einen Beitrag zur Adaption liefern können. In der Arbeit wurde auch gezeigt, daß die Adaption durch den Einsatz der Fuzzy Inferenz robuster gegenüber einzelnen falschen Regeln wird.

Damit die Adaption (und Konfiguration) von Bildverarbeitungsverfahren auch vom ungeübten Bildverarbeitungslaien durchgeführt werden kann, wurde zusätzlich ein spezielles Benutzerinterface entwickelt, das die Eingabe des benötigten Wissens über die Aufgabenstellung erleichtert. Da es auch bei der Verwendung von linguistischen Begriffen zur Aufgabenbeschreibung für den Anwender oft problematisch ist auf Anhieb das Ziel richtig zu definieren, wurde im Benutzerinterface eine Strategie implementiert, mit der es möglich ist die Vorstellungen des Anwenders iterativ in eine geeignete Aufgabenstellung zur Lösung des Problems umzuwandeln.

Die Ergebnisse der Messungen, die im Abschnitt 7 ausführlich diskutiert werden, belegen, daß die einzelnen Adaptionsstrategien alle ihre Stärken und Schwächen haben. Nur durch die Kombination der verschiedenen Verfahren konnte ein robustes System geschaffen werden, das für einen großen Bereich von Aufgabenstellungen in der Lage ist, eine automatische Adaption von Bildsegmentierungsverfahren durchzuführen. Der Fuzzy Set Ansatz erleichtert dabei sowohl die Eingabe und Verarbeitung von Anwenderwissen als auch die weiche Kombination der verschiedenen Strategien.

Auszug der wichtigsten Begriffe

α-Schnitt: Engl. *α-cut*. Ein α-Schnitt ${}^{\alpha}\mathbb{A}$ des Fuzzy Sets $\mathbb{A}$ ist eine klassische Menge (Crisp Set), die alle Elemente des Fuzzy Sets $\mathbb{A}$ enthält, deren Zugehörigkeitsgrad zum Fuzzy Set $\mathbb{A}$ größer oder gleich α ist. *Seite 51.*

Adaption: Unter Adaption wird hier die Anpassung der Werte der freien Parameter der Operatoren an die gegebene Aufgabenstellung verstanden. Ziel der Adaption ist die Optimierung des Verarbeitungsergebnisses des gesamten Pfades hinsichtlich der Erfüllung der Aufgabenstellung. *Seite 2.*

Basisdefinitionsbereich: Andere Bezeichnung für *Grundmenge*. *Seite 35.*

Beschreibung: Die Beschreibungen (Eigenschaften) von Konturbildern werden von Routinen geliefert, die in dieser Arbeit als Kontursensoren oder vereinfacht als Sensoren bezeichnet werden. Durch einen Vergleich der gemessenen (berechneten) Werte mit Benutzervorgaben (Sollwerte) wird das Ergebnis und damit der zugehörige Operatorpfad bewertet. *Seite 21.*

Bildverarbeitungspfad: Andere Bezeichnung für Operatorpfad. *Seite 8.*

CLOS: Common Lisp Object System. Objektorientierte Erweiterung der Programmiersprache Common Lisp. *Seite 24.*

COG: Defuzzifizierungsverfahren. COG steht für *Center of Gravity*. Es wird teilweise auch als *COA*-Verfahren bezeichnet. Dabei steht COA für *Center of Area*. *Seite 99.*

COM: Defuzzifizierungsverfahren. COM steht für *Center of Maxima*. *Seite 99.*

Conny: System zur Konfiguration und Adaption von Bildverarbeitungspfaden zur Segmentierung von Grauwertbildern. Conny wurde von Arnold Blömer am Institut für Theoretische Nachrichtentechnik und Informationsverarbeitung der Universität Hannover entwickelt. Es ist eine Weiterentwicklung der Arbeiten von Manfred Ender (s.a. [End87]). Der Name Conny steht für "**Con**figuration S**y**stem". *Seite 10.*

Crisp Set: Scharfe Menge. Wird auch als klassische Menge (engl. *Classical Set*) bezeichnet. *Seite 34.*

Crisp Wert: Engl.: *Crisp Value*. Ein Crisp Wert ist ein Fuzzy Set, das einen scharfen Wert repräsentiert. Dies bedeutet, daß nur genau ein Element der Grundmenge (der scharfe Wert) einen Zugehörigkeitsgrad von 1.0 zum Fuzzy Set besitzt. Alle anderen Elemente besitzen einen Zugehörigkeitsgrad von 0.0. *Seite 42.*

Defuzzifizierung: Umwandlung (Abbildung) eines Fuzzy Sets in einen numerischen Wert. Für die Umwandlung werden in der Literatur zahlreiche Verfahren vorgestellt. Auf die wichtigsten, sowie auf ein Verfahren, das speziell für FuzzySOLUTION entwickelt wurde, wird im Abschnitt 5.7 näher eingegangen. *Seite 58.*

Design: Laut [BC89] kann man drei verschiedene Designklassen unterscheiden: "design class 1: creative design", "design class 2: innovative design", "design class 3: routine design". Konfigurationsaufgaben gelten dabei als Routine Design Aufgaben. Die Erzeugung von Programmen mit Hilfe der Genetischen Programmierung gehört dagegen eher in die Klasse des innovativen Designs und wird in dieser Arbeit verkürzt als Design bezeichnet. *Seite 9.*

Falsche Regel: In dieser Arbeit wird unter einer falschen Regel nicht eine Regel verstanden, die formal nicht korrekt ist (also einen "Syntaxerror" erzeugt), sondern eine Regel, die in einer gegebenen Situation eine Aktion ausführt, die dazu führt, daß die maximal mögliche Qualität durch die Adaption nicht erreicht wird. *Seite 96.*

Feuern einer Regel: Ausführen (anwenden) der Regel. *Seite 22.*

Fuzzy Inferenz: Inferenz mit der Verwendung von Fuzzy Sets (Unscharfes Wissen). In der Literatur wird die Fuzzy Inferenz auch als Approximate Reasoning (deutsch: Unscharfes Schließen) bezeichnet. Sie stellt eine Verallgemeinerung der (scharfen) Inferenz da. Siehe auch Abschnitt 5.5. *Seite 13.*

Fuzzy Set: Ein Fuzzy Set ist eine unscharfe Menge (Fuzzy Menge). Im Gegensatz zu den Elementen einer scharfen Menge (engl.: *Crisp Set*) gilt für die Elemente einer unscharfen Menge, daß sie sowohl zur Menge als auch nicht zur Menge gehören können. Im Abschnitt 4.1.3 wird eine allgemeine Einführung in die Theorie der Fuzzy Sets vorgestellt. Eine leicht verständliche Einführung ist z.B. auch in [Fri97] und [Bot95] zu finden. *Seite 13.*

Fuzzy-Subtraktion: Subtraktion zweier Fuzzy Sets. Das Ergebnis ist wieder ein Fuzzy Set. *Seite 51.*

FuzzySOLUTION: System zur Konfiguration und Adaption von Bildverarbeitungspfaden zur Segmentierung von Grauwertbildern. FuzzySOLUTION wurde als Nachfolgesystem von SOLUTION vom Autor am Institut für Theoretische Nachrichtentechnik und Informationsverarbeitung der Universität Hannover entwickelt. Im Gegensatz zu SOLUTION wird in FuzzySOLUTION eine Fuzzy Inferenzmachine verwendet. Siehe auch Abschnitt 3.1. *Seite 2.*

Globales Ziel: Das globale (Adaptions-) Ziel besteht aus mehreren Teilzielen. Jedes Teilziel gibt für genau einen Sensor an, welchen (Soll-) Wert (bzw. welche Werte) dieser Sensor haben soll, wie er erreicht werden soll (mindestens, höchstens usw.) und welches Gewicht (Priorität) das Teilziel im Verhältnis zu den anderen Teilzielen hat. Das globale Ziel hängt vom jeweiligen Kontext ab und wird vom Anwender vorgegeben. *Seite 27.*

Grade of Membership: Deutsch: *Zugehörigkeitsgrad.* *Seite 35.*

Grauwertkante: Wird in der Literatur auch als Kante oder Grauwertübergang bezeichnet. Gemeint ist damit der Übergang zwischen zwei Bildregionen mit unterschiedlichen Grauwerten. Siehe auch [Wah84] und [Hab95]. *Seite 5.*

Grundmenge: Engl. *Universe of Discourse*, *Universal Set* oder *Base Variable*. In der deutschsprachigen Literatur wird hierfür auch der Begriff Basisdefinitionsbereich verwendet. Es bezeichnet die Menge (Bereich) über der ein Fuzzy Set definiert ist. *Seite 35.*

High-Level-Bildverarbeitung: Transformation eines Bildes in eine symbolische Beschreibung und die Transformation einer symbolischen Beschreibung in eine andere (symbolische Bildverarbeitung). *Seite 11.*

Hill Climbing: Für alle Richtungen wird hierbei zunächst ein Schritt gemacht, der Gewinn bestimmt und der Schritt wieder zurückgenommen. Anschließend wird der Schritt ausgewählt, für den der größte Gewinn ermittelt wurde und die Prozedur erneut gestartet. *Seite 85.*

Hochsprachlicher Wert: Ein symbolischer Ausdruck (z.B. "Schwach"), der einem numerischen Wert bzw. einer Menge von numerischen Werten zugewiesen wird. In dieser Arbeit wird außerdem noch der in der Literatur übliche Begriff *linguistischer Wert* verwendet. Letzterer wird immer dann benutzt, wenn der Wert einem Fuzzy Set (einer unscharfen Menge) zugewiesen wird. *Seite 12.*

Klassische Menge: Engl. *Classical Set*. Wird auch als scharfe Menge bezeichnet (engl. *Crisp Set*). Die klassische Mengenlehre wurde Ende des 19. Jahrhunderts von Georg Cantor [Can66] entwickelt. *Seite 34.*

Konfiguration: Unter Konfiguration wird hier die Auswahl geeigneter Operatoren, die Kombination der einzelnen Operatoren zu einem Operatorpfad, die Festlegung der Wertebereiche und eines Defaultwertes für die freien Parameter der Operatoren verstanden. *Seite 2.*

Konfigurationssystem: Laut [GK99] besitzt ein Konfigurationssystem vier wichtige Komponenten:

1. Eine Menge von Objekten aus der Anwendungsdomäne mit Parametern.
2. Eine Menge von Beziehungen zwischen den Objekten.
3. Ein Aufgabenspezifikation, die beschreibt, was die erzeugte Konfiguration leisten soll.
4. Kontrollwissen über den Konfigurationsprozeß.

Einen Überblick über Konfigurationssysteme für die unterschiedlichsten Aufgabenstellungen geben z.B. [GK99] und [Stu97]. *Seite 3.*

Korrekte Regel: In dieser Arbeit wird unter einer korrekten Regel nicht verstanden, daß sie formal korrekt ist, also ohne einen "Syntaxerror" zu erzeugen ausgeführt werden kann. Stattdessen wird darunter eine Regel verstanden, die in einer gegebenen Situation eine Aktion ausführt, die dazu führt, daß die maximal mögliche Qualität durch die Adaption erreicht wird. In einer anderen Situation kann die gleiche Regel daher auch eine nicht korrekte Regel sein. *Seite 95.*

Linguistischer Wert: Ein symbolischer Ausdruck (z.B. "Schwach"), der einem Fuzzy Set zugewiesen wird. *Seite 37.*

Lokales Ziel: Ein lokales Ziel gibt für genau einen Sensor an, wie sich der Wert des Sensors ändern muß, damit er die Vorgaben des Anwenders erfüllt. Die lokalen Ziele werden in jedem Adaptionsschritt neu berechnet. Sie werden in den Bedingungsteilen von Adaptionsregeln und zur Berechnung des Qualitätsmaßes verwendet. *Seite 28.*

Low-Level-Bildverarbeitung: Transformation eines Bildes in ein anderes Bild (ikonische Bildverarbeitung). *Seite 11.*

Membership Function: Deutsch: *Zugehörigkeitsfunktion.* *Seite 35.*

MOM: Defuzzifizierungsverfahren. MOM steht für *Mean of Maxima*. *Seite 99.*

Operator, Bildverarbeitungsoperator: Im Rahmen dieser Arbeit wird unter Operator eine Bildverarbeitungsroutine verstanden, die aus einem oder mehreren Eingangsbildern ein oder mehrere Ausgangsbilder erzeugt. Typische Operatoren sind z.B. Medianfilter, Sobel-Operator usw. *Seite 2.*

Operatorkette: Siehe Operatorpfad. *Seite 4.*

Operatorpfad: Ein Operatorpfad besteht aus einer Verknüpfung einzelner Operatoren. Er erzeugt aus einem oder mehreren Eingabebildern ein oder mehrere Ausgabebilder oder andere Informationen. Im Rahmen dieser Arbeit werden nur Pfade betrachtet, die als Eingangsbild ein Grauwertbild erwarten und als Ausgangsbild ein binäres Konturbild liefern. *Seite 4.*

Pfad: Kurzform für Operatorpfad. *Seite 4.*

Qualitätsmaß: Das Qualitätsmaß wird aus den lokalen Zielen, d.h. aus den Abweichungen der Istwerte von den Sollwerten ermittelt. Es ist dadurch ein Maß für die Güte des Konturbildes und des zugehörigen Bildverarbeitungspfades mit den verwendeten Parametereinstellungen. Eingesetzt wird es hauptsächlich als Abbruchkriterium für die Adaption. *Seite 28.*

Ranking: Unter Ranking der lokalen Ziele wird die Sortierung nach ihrer Wichtigkeit verstanden. FuzzySOLUTION kann daraus dann z.B. die 8 wichtigsten Ziele bestimmen und verhindern, daß die anderen im aktuellen Adaptionsschritt verwendet werden. *Seite 88.*

Regel: Regeln lassen sich z.B. in Form von Wenn-Dann-Beziehungen, die einen Bedingungsteil mit einem Aktionsteil verknüpfen, beschreiben: "Wenn die Bedingungen erfüllt sind, dann führe die Aktionen durch". *Seite 18.*

Sicherheit: Ein Maß für das Vertrauen in die Korrektheit von Wissen. In dieser Arbeit wird die Sicherheit von Regeln und Fakten mit der Hilfe von Sicherheitsfaktoren (engl.: *Certainty Factors*) ausgedrückt. Siehe auch Abschnitt 5.5. *Seite 13.*

Simulated Annealing: Randomized Suchverfahren in Anlehnung an physikalische Abkühlungsprozesse bei Metallen. In [Dav87] wird gezeigt, daß das Simulated Annealing Verfahren nicht nur verwandt mit den Genetischen Algorithmen ist, sondern sogar als Spezialfall der Genetischen Algorithmen angesehen werden kann. *Seite 13.*

Singleton: Ein Singleton (o.a. Fuzzy Singleton) ist ein Fuzzy Set, das nur ein einziges Element enthält. In der deutschsprachigen Literatur wird es manchmal auch als Fuzzy-Einermenge bezeichnet (s. z.B. [Bie97]). *Seite 36.*

SOLUTION: System zur Konfiguration und Adaption von Bildverarbeitungspfaden zur Segmentierung von Grauwertbildern. SOLUTION wurde als Nachfolgesystem von Conny gemeinsam von Ursula Rost und vom Autor am Institut für Theoretische Nachrichtentechnik und Informationsverarbeitung der Universität Hannover entwickelt. SOLUTION steht für "**SO**lution for a **L**earning Config**U**ration Sys**T**em for **I**mage pr**O**cessi**N**g". *Seite 10.*

Universe of Discourse: Deutsch: *Grundmenge.* *Seite 35.*

Wissensbasierte Systeme: Systeme, bei denen das Anwendungswissen (Domänenwissen) in Form von Wissensbasen getrennt von der Kontrollstrategie vorliegt. Eine aktuelle Übersicht über Wissensbasierte Systeme und zukünftige Entwicklungen ist in [Pup99] zu finden. *Seite 3.*

WMM: Defuzzifizierungsverfahren, das speziell für FuzzySOLUTION entwickelt wurde. WMM steht für *Weigthed Maximum Method.* In [Tra94] wird ein ähnliches Verfahren beschrieben. Es wird als Methode der Teilschwerpunkte bezeichnet. Im Gegensatz zum WMM-Verfahren wird hierbei für jedes einzelne (Teil-) Fuzzy Set zunächst der Schwerpunkt mit Hilfe des COG-Verfahrens berechnet. Die Teilschwerpunkte werden nicht nur mit der Fläche, sondern zusätzlich noch mit dem Zugehörigkeitsgrad des Schwerpunktes und einem individuellen Faktor gewichtet. Es ist daher wesentlich aufwendiger als das WMM-Verfahren. *Seite 101.*

Zugehörigkeitsfunktion: Engl. *Membership Function.* Die Zugehörigkeitsfunktion eines Fuzzy Sets gibt den Zugehörigkeitsgrad aller Elemente der Grundmenge zu dem Fuzzy Set an. *Seite 35.*

Zugehörigkeitsgrad: *Zugehörigkeit* (engl. *Grade of Membership*). Es ist ein Maß für die Stärke der Zugehörigkeit eines Elementes zu einem Fuzzy Set. *Seite 35.*

Literaturverzeichnis

[AK89] E.H.L. AARTS and J.H.M. KORST: *Simulated Annealing and Boltzmann Machines: A Stochastic Approach to Combinatorial Optimization and Neural Computing.* Wiley, Chichester, 1989.

[AKvL88] E.H.L. AARTS, J.H.M. KORST, and PETER J.M. VAN LAARHOVEN: *A quantitative analysis of the simulated annealing algorithm: A case study for the traveling salesman problem.* J. Stat. Phys., 50(1/2):187–206, January 1988.

[Bai88] D.G. BAILEY: *Research on computer-assisted generation of image processing algorithms.* In *Proceedings, IAPR workshop on Computer Vision – Special Hardware and Industrial Applications*, pages 294–297, Tokyo, 1988.

[Bau98] FRANK BAUMBACH: *Automatische Adaption regionenorientierter Segmentierungsverfahren.* Diplomarbeit, Institut für Theoretische Nachrichtentechnik und Informationsverarbeitung, Universität Hannover, 30167 Hannover, Appelstraße 9a, Dezember 1998.

[BBBN92] ALBERT BOULANGER, BOLT, BERANEK, and NEWMAN: *Simulated annealing.* In STUART C. SHAPIRO (editor): *Encyclopedia of Artifical Intelligence, Second Edition*, volume 2, pages 1538–1541. John Wiley & Sons, Inc., 1992.

[BC89] D.C. BROWN and B. CHANDRASEKARAN: *Design Problem Solving.* Research Notes in AI. Pitman, 1989.

[BHMJ87] ALAN C. BOVIK, THOMAS S. HUANG, and DAVID C. MUNSON JR.: *The effect of median filtering on edge estimation and detection.* IEEE Transactions on Pattern Analysis and Machine Intelligence, 9(2):181–194, March 1987.

[Bie97] BENNO BIEWER: *Fuzzy-Methoden: praxisrelevante Rechenmodelle und Fuzzy-Programmiersprachen.* Springer-Verlag, Berlin, Heidelberg, New York, 1997.

[BL89] A. BLÖMER and C.-E. LIEDTKE: *Use of natural spoken terms for the evaluation of intermediate results of a knowledge-based image interpretation system.* In *Proceedings of the Third International Conference on Image Processing and its Applications*, Warwick, July 1989.

[BL92] A. BLÖMER und C.-E. LIEDTKE: *Integrierte, adaptive Bildanalyse*, Kapitel 4, Seiten 11–29. Mathematisches Institut und Institut für Informatik, Technische Universität München, Bibliothek der Fakultät für Mathematik und Informatik, Arcisstr. 21, München, Februar 1992.

[BL94] BIR BHANU and SUNGKEE LEE: *Genetic Learning for Adaptive Image Segmentation.* Kluwer Academic Publishers, Boston, London, Dordrecht, 1994.

[BLM89] B. BHANU, S. LEE, and J.C. MING: *Adaptive image segmentation system using a genetic algorithm.* In *Proceedings of DARPA Image Understanding Workshop*, pages 1043–1055, May 1989.

[BLM90] B. BHANU, S. LEE, and J.C. MING: *Self-optimizing image segmentation system using a genetic algorithm.* In *Proceedings of DARPA Image Understanding Workshop*, pages 583–596, July 1990.

[BML91] B. BHANU, J.C. MING, and S. LEE: *Closed-loop adaptive image segmentation.* In *Proceedings, IEEE Conference on Computer Vision and Pattern Recognition (CVPR)*, 1991.

[Bod95] R. BODINGTON: *A software environment for the automatic configuration of inspection systems.* In *Proceedings International Workshop Knowledge-Based Systems for the Reuse of Program Libraries*, pages 100–108, Sophia, Antipolis, France, November 1995.

[Boe88] H. BOERNER: *Automated x-ray inspection of aluminium castings.* IEEE Transactions PAMI, 10(1):79–91, 1988.

[Bor84] GUNILA BORGEFORS: *Distance transformations in arbitrary dimensions.* Computer Vision, Graphics, and Image Processing, 27:321–345, 1984.

[Bot95] HANS-HEINRICH BOTHE: *Fuzzy Logic: Einführung in Theorie und Anwendungen.* Springer-Verlag, Berlin, Heidelberg, New York, 2. Auflage, 1995.

[BSLH99] BRIGITTE BARTSCH-SPÖRL, MARIO LENZ, and ANDRÉ HÜBNER: *Case-based reasoning-survey and future directions.* In FRANK PUPPE (editor): *Knowledge-Based Systems, Survey and Future Directions, 5th*

Biannual German Conference on Knowledge-Based Systems, Würzburg, Germany, 1999. Springer-Verlag.

[Can66] G. CANTOR: *Gesammelte Abhandlungen mathematischen und philosophischen Inhalts.* Georg Olms Verlagsbuchhandlung, Hildesheim, 1966. Reprographischer Nachdruck der Ausgabe Berlin 1932.

[CD94] O. CAPDEVIELLE and P. DALLE: *Image processing chain construction by interactive goal specification.* In *Proceedings First IEEE Int'l Conference Image Processing*, volume 3, pages 816–819, Austin, Texas, 1994.

[CDG+91] D. CHARLEBOIS, J. DEGUISE, G. GOODENOUGH, S. MATWIN, and M. ROBSON: *A case-based planner to automate reuse of es software for analysis of remote sensing data.* In *Proceedings Int'l Geoscience and Remote Sensing Symp. (IGARSS)*, volume 3, pages 1851–1854, 1991.

[CEPR99] REGIS CLOUARD, ABDERRAHIM ELMOATAZ, CHRISTINE PORQUET, and MARINETTE REVENU: *Borg: A knowledge-based system for automatic generation of image processing programs.* IEEE Transactions on Pattern Analysis and Machine Intelligence, 21(2):128–144, February 1999.

[CF97] HENRIK I. CHRISTENSEN and WOLFGANG FÖRSTNER: *Performance characteristics of vision algorithms.* Machine Vision and Applications, 9:215–218, 1997.

[CGS91] R. CUNIS, A. GÜNTER, und H. STRECKER (Herausgeber): *Das PLAKON-Buch.* Informatik-Fachberichte. Springer-Verlag, 1991.

[Chi94] S. CHIEN: *Automated synthesis of image processing procedures for a large-scale image database.* In *Proceedings First IEEE Int'l Conference Image Processing*, volume 3, pages 796–800, Austin, Texas, November 1994.

[CL97] DANIEL CREVIER and RICHARD LEPAGE: *Knowledge-based image understanding systems: A survey.* Computer Vision and Image Understanding, 67(2):161–185, August 1997.

[Cla92] M.E. CLARKSON: *Intelligent user interface for the detection of arbitrary shapes by mathematical morphology.* In *Proceedings SPIE 1769*, pages 82–93, 1992.

[CM96a] S.A. CHIEN and H.B. MORTENSEN: *Automating image processing for scientific data analysis of a large database.* IEEE Transactions of Pattern Analysis and Machine Intelligence, 18(8):854–859, 1996.

[CM96b] S.A. CHIEN and H.B. MORTENSEN: *Automating image processing for scientific data analysis of a large image database: Extended report.* Jpl technical document d-13463, Jet Propulsion Labroratory, Pasadena, California, March 1996.

[CM96c] L.P. CORDELLA and A. MARCELLI: *An alternative approach to the performance evaluation of thinning algorithms for document processing applications.* In R. KASTURI and K. TOMBRE (editors): *Graphics Recognition – methods and applications*, volume 1072 of *Lecture Notes in Computer Sience*, pages 13–22. Springer, 1996.

[CRD93] CHRIS CULBERT, GARY RILEY, and BRIAN DONELL: *CLIPS Reference Manual*, volume I, Basic Programming Guide. Software Technology Branch, Lyndon B. Johnson Space Center, June 1993.

[CT93] V. CLEMENT and M. THONNAT: *A knowledge-based approach to integration of image processing procedures.* Image Understanding, 57(2):166–184, March 1993.

[CTC97] PATRICK COURTNEY, NEIL THACKER, and ADRIAN F. CLARK: *Algorithmic modelling for performance evaluation.* Machine Vision and Applicatations, 9:219–228, 1997.

[Dav87] L. DAVIS (editor): *Genetic algorithms and simulated annealing.* Pitman, London, 1987.

[DD96] P. DEJEAN and P. DALLE: *Image analysis operators as concept constructers.* In *Proceedings IEEE Southwest Symp. Image Analysis and Interpretation*, pages 66–70, San Antonio, Texas, April 1996.

[DHR96] B.A. DRAPER, A.R. HANSON, and E.M. RISEMAN: *Knowledge directed vision: Control, learning and integration.* In *Procceedings IEEE Signal Symbols*, volume 84, pages 1625–1637, November 1996.

[DHZ86] R.P.W. DUIN, H. HARINGA, and R. ZEELEN: *Fast percentile filtering.* Pattern Recognition Letters, 4:269–272, September 1986.

[Egg91] P. EGGLESTON: *General support tools for algorithm developement and scientific research in machine vision.* In *Proceedings Electronic Imaging International '91*, pages 157–162, Boston, M.A., October 1991.

[EL86] M. ENDER und C.-E. LIEDTKE: *Repräsentation der relevanten Wissensinhalte in einem selbstadaptierenden regelbasierten Bilddeutungssystem.* In: *8. DAGM Symposium, Informatik Fachberichte 125*, Seiten 219–223, Paderborn, September 1986.

[ELMG+93] W. ECKSTEIN, G. LOHMANN, U. MEYER-GRUHL, R. RIEMER, L.A. ROBLES, und J. WUNDERWALD: *Benutzerfreundliche Bildanalyse mit HORUS: Gegenwärtiger Stand und Weiterentwicklungen.* In: S.J. POEPPL (Herausgeber): *Mustererkennung 1993, Deutsche Arbeitsgemeinschaft für Mustererkennung*, Seiten 332–340. Springer-Verlag, 1993.

[End87] M. ENDER: *Ein Beitrag zur automatischen wissensbasierten Konfiguration von Bildinterpretationssystemen*, Band 68 der Reihe *10*. VDI-Verlag, 1987. Dissertation.

[ES96] W. ECKSTEIN and C. STEGER: *Interactive data inspection and program development for computer vision.* In GEORGES G. GRINSTEIN and ROBERT F. ERBACHER (editors): *Visual Data Exploration and Analysis III, Proceedings SPIE 2656*, pages 296–309, February 1996.

[FF93] C.M. FORENSIA and P.J. FLEMING: *Genetic algorithms for multiobjective optimization: Formulation, discussion and generalization.* In *Proc. of the 5th International Conference on Genetic Algorithms*, pages 416–423, Illinois at Urbana Champaign, July 1993.

[FF95] C.M. FORENSIA and P.J. FLEMING: *An overview of evolutionary algorithms in multiobjective optimization.* Evolutionary Computation, 3(1):1–16, 1995.

[För94] WOLFGANG FÖRSTNER: *Diagnostics and performance evaluation in computer vision.* In *Proceeding of the Workshop on Robust Computer Vision*, Seattle, USA, 1994.

[För96] WOLFGANG FÖRSTNER: *10 pros and cons against on performance characteristics of vision algorithms.* In *Workshop on Performance Characteristics of Vision Algorithms*, Cambridge, 1996.

[Fri97] ALFRED FRIEDRICH: *Logik und Fuzzy-Logik: eine leichtverständliche Einführung mit Beispielen aus Technik und Wirtschaft.* expert-Verlag, 71272 Renningen-Malmsheim, 1997.

[GB93] F. GRIMM and H. BUNKE: *An expert system for the selection and application of image processing subroutines.* Expert Systems, 10(2):61–74, May 1993.

[GBML90] T. GAHM, A. BLÖMER, W. MEIER, and C.-E. LIEDTKE: *Automatic adaptation of cell segmentation using a knowledge-based system.* Analytical and Quantitative Cytology and Histology, 12(3):191, March 1990.

[Geu83] W. GEUEN: *Konturfindung auf der Basis des visuellen Konturempfindens.* Universität Hannover, 1983. Dissertation.

[GJD88] FRANS C.A. GROEN, PIETER P. JONKER, and ROBERT P.W. DUIN: *Hardware versus software implementations of fast image processing algorithms.* NATO-ASI-Series, F42, 1988. Springer-Verlag, Berlin Heidelberg.

[GK91] LEIGUANG GONG and A. KULIKOWSKI, CASIMIR: *Automatic generation of plans for biomedical image interpretation.* In *Proceedings 15th SCAMC*, volume 17, pages 465–469, 1991.

[GK95] LEIGUANG GONG and A. KULIKOWSKI, CASIMIR: *Composition of image analysis processes through object-centered hierachical planning.* IEEE Transactions on Pattern Analysis and Machine Intelligence, 17(10):997–1009, 1995.

[GK99] ANDREAS GÜNTER and CHRISTIAN KÜHN: *Knowledge-based configuration – survey and future directions.* In FRANK PUPPE (editor): *Knowledge-Based Systems, Survey and Future Directions, 5th Biannual German Conference on Knowledge-Based Systems*, Würzburg, Germany, 1999. Springer-Verlag.

[Gol89] DAVID E. GOLDBERG: *Genetic Algorithms in Search, Optimization, and Machine Learning.* Addison-Wesley Publishing Company,Inc., 1989.

[Gon92] L. GONG: *Composition of image analysis processes through object-centered hierarchical planning.* Technical report lcsr-tr-180 (phd thesis), Rutgers University, 1992.

[Hab95] PETER HABERÄCKER: *Praxis der Digitalen Bildverarbeitung und Mustererkennung.* Carl Hanser Verlag, München Wien, 1995.

[Har94a] R.M. HARALICK: *Performance characterization protocol in computer vision.* In *Proceedings of the DARPA IUW 94*, 1994.

[Har94b] R.M. HARALICK: *Propagating covariances in computer vision.* In *Proceedings of the International Conference on Pattern Recognition*, Jerusalem, Israel, September 1994.

[Har95] R.M. HARALICK: *Performance characterization protocol in computer vision.* In *Proceedings of the Image Understanding Workshop*, Monterey, USA, 1995.

[Hät97] WILLI HÄTTICH: *Neue Strategien für die automatische Sichtprüfung bei kontinuierlich laufenden Prozessen.* 2. Arbeitsbericht zum DFG-Projekt PA 598/1, Fraunhofer-Institut für Informations- und Datenverarbeitung (IITB), Karlsruhe, http://www.iitb.fhg.de/EBS-DFG/DFG97-html/DfgBericht97.htm, 1997.

[Hei90] JOCHEN HEISTERMANN: *Zur Theorie genetischer Algorithmen.* Interner Bericht, Universität Frankfurt, Fachbereich Informatik, Lehrstuhl Technische Informatik, 1990.

[HKT86] J. HASEGAWA, H. KUBOTA, and J. TORIWAKI: *Automated construction of image processing procedures by sample-figure representation.* In *Proceedings of the 8th IEEE International Conference on Pattern Recognition,* pages 586–588, Paris, 1986.

[HKT89] J. HASEGAWA, H. KUBOTA, and J. TORIWAKI: *Impress: A system for image processing procedure construction based on sample-figure representation.* System and Computers in Japan, 20(1):22–30, 1989.

[HM90] V. HAARSLEV and R. MÖLLER: *Vipex: Visual programming of experimental system.* In SHIKUN CHANG (editor): *Visual Languages and visual programming,* pages 185–212. Plenum Press, 1990.

[Hol75] J.H. HOLLAND: *Adaptation in natural and artificial systems.* Technical report, University of Michigan Press, 1975.

[Hol92] JOHN H. HOLLAND: *Genetic algoritms.* Scientific American, July 1992.

[HPP90] Z.P. HU, T. PUN, and C. PELLEGRINI: *An expert system for guiding image segmentation.* Computerized Medical Imaging and Graphics, 14(1):13–24, 1990.

[HR87] A. HANSON and E. RISEMAN: *The visions image-understanding system.* In C.M. BROWN (editor): *Advances in Computer Vision.* Erlbaum, Hillsday, New Jersey, 1987.

[HR88] R. HESSE and KLETTE R.: *Knowledge-based program synthesis for computer vision.* Journal of new generation computer systems, 1(1):63–85, 1988.

[HSHR94] W.E. HIGGINS, W.L. SHARP, M.W. HANSEN, and J.M. REINHARDT: *A graphical user interface system for 3d medical image analysis.* In *Proceedings SPIE Conference Medical Imaging,* volume 2164, Newport Beach, CA, February 1994.

[Hwa92] S. HWANG: *State-space search for high-level control of machine vision.* Optical Engineering, 31(6):1264–1276, 1992.

[IM88] K. INADA and S. MATSUMOTO: *Image processing expert system showing sample images.* Transactions of the Information Processing Society of Japan, 29(2):142–149, 1988.

[JG93] R. JORDAN and THE KHOROS GROUP: *Khoros: a software development environment for data processing.* DSP Applications, pages 16–23, 1993.

[JK92] MENACHEM Y. JONA and JANET L. KOLODNER: *Reasoning case-based.* In STUART C. SHAPIRO (editor): *Encyclopedia of Artifical Intelligence, Second Edition,* volume 2, pages 1265–1279. John Wiley & Sons, Inc., 1992.

[KG91] ARNOLD KAUFMANN and MADAN M. GUPTA: *Introduction to Fuzzy Arithmetic.* International Thomson Computer Press, 1991.

[KGJV83] S. KIRKPATRICK, C.D. GELATT JR., and M.P. VECCHI: *Optimization by simulated annealing.* Science, 220(4589):671–680, May 1983.

[KN96] M. KÖPPEN and B. NICKOLAY: *Design of image exploring agent using genetic programming.* In *Proc. Iizuka '96,* pages 549–552, Iizuka, Japan, 1996.

[KN97] M. KÖPPEN and B. NICKOLAY: *Design of image exploring agent using genetic programming.* Fuzzy Sets and Systems, Special Issue on Softcomputing, 1997.

[Koz92] J.R. KOZA: *Genetic Programming – On the Programming of Computers by Means of Natural Selection.* MIT Press, 1992.

[Koz94] J.R. KOZA: *Genetic Programming II – Automatic Discovery of Reusable Programs.* MIT Press, Cambridge, London, 1994.

[KR98] M. KÖPPEN and S. RUDLOF: *Multiobjective optimization by nessy algorithm.* In *Proc. of the 3rd Online Workshop on Soft Computing (WSC3),* Nagoya, Japan, 1998.

[KTN97] M. KÖPPEN, M. TEUNIS, and B. NICKOLAY: *A neural network that uses evolutionary learning.* In *Proc. of 1997 IEEE International Conference on Evolutionary Computation ICEC '97,* pages 635–639, Indianapolis, April 1997.

[KTN98] M. KÖPPEN, M. TEUNIS, and B. NICKOLAY: *A framework for the evolutionary generation of 2d-lookup based texture filters.* In *Proc. Iizuka '98*, pages 965–970, Iizuka, Japan, 1998.

[KW97] CHRISTIAN KÜBLBECK and THOMAS WAGNER: *Automatic configuration of surface inspection systems.* In A. RAVISHANKAR RAO and NING CHANG (editors): *Proceedings of SPIE: Machine Vision Applications in Industrial Inspections V*, volume 3029, San Jose, California, February 1997.

[KY95] GEORGE J. KLIR and BO YUAN: *Fuzzy Sets and Fuzzy Logic.* Prentice Hall PTR, 1995.

[LB92] CLAUS-E. LIEDTKE and ARNOLD BLÖMER: *Architecture of the knowledge based configuration system for image analysis conny.* In *Proceedings of the 11th International Conference on Pattern Recognition (ICPR)*, volume I, pages 375–378, The Hague, September 1992. IEEE Computer Society Press.

[LB94] CLAUS-E. LIEDTKE und ARNOLD BLÖMER: *Lernen von Konfigurationswissen.* In: *Tagungsband des 16. DAGM Symposiums und 18. Workshop der ÖAGM, Mustererkennung 1994, Erkennen und Lernen*, Seiten 334–359, Technische Universität Wien, September 1994.

[LBG90] CLAUS-E. LIEDTKE, ARNOLD BLÖMER, and THOMAS GAHM: *Knowledge-based configuration of image segmentation processes.* International Journal of Imaging Systems and Technology, 2:285–295, 1990.

[LE87] C.-E. LIEDTKE and M. ENDER: *Utilization of knowledge contents for the automated adaptation of an industrial vision system.* In *CAIP 1987*, Wismar, Germany, 1987.

[LE89] C.-E. LIEDTKE und M. ENDER: *Wissensbasierte Bildverarbeitung.* Nachrichtentechnik. Springer-Verlag, 1989.

[LFG+95] A.L. LANSKY, M. FRIEDMAN, L. GETOOR, S. SCHMIDLER, and N. SHORT JR.: *The collage/khoros links: Planning for image processing tasks.* In *Proceedings AAAI Spring Symp.: Integrated Planning Applications*, pages 67–76, Menlo Park, California, 1995.

[LHS87] JAMES S.J. LEE, ROBERT M. HARALICK, and LINDA G. SHAPIRO: *Morphologic edge detection.* IEEE Journal of Robotics and Automation, 3(2):142–155, apr 1987.

[LLS91] S. LEE, L. LAM, and C.Y. SUEN: *Performance evaluation of skeletonization algorithms for document image processing.* In *Proceedings of the First International Conference on Document Analysis and Recognition*, pages 260–271, Saint Malo, France, 1991.

[LMR98] CLAUS-E. LIEDTKE, HEIKO MÜNKEL, and URSULA ROST: *Solution for a learning configuration system for image processing.* In *Tasks and Methods in Applied Artificial Intelligence*, pages 437–447. Springer-Verlag, 1998.

[LN82] MARTIN D. LEVINE and AHMED M. NAZIF: *An experimental rule-based system for testing low level segmentation strategies.* In K. PRESTON and L. UHR (editors): *Multi computers and Image Processing: Algorithms and Programs*, pages 149–160. Academic Press, New York, 1982.

[LSB93] C.E. LIEDTKE, T. SCHNIER, and A. BLÖMER: *Automated learning of rules using genetic operators.* In *Proceedings of the 5th International Conference on Computer Analysis of Images and Patterns*, pages 327–334, Budapest, September 1993. Springer-Verlag.

[Mat89] TAKASHI MATSUYAMA: *Expert system for image processing: Knowledge-based composition of image analysis processes.* Computer Vision, Graphics, and Image Processing, 48:22–49, 1989.

[Mat93] TAKASHI MATSUYAMA: *Expert systems for image processing, analysis, and recognition: declarative knowledge representation for computer vision.* Advances in Electronics and Electron Physics, 86:81–171, 1993.

[Meh98] OLAF MEHRING: *Entwicklung einer Benutzerschnittstelle zur Eingabe von Wissen für die wissensbasierte Konfiguration und Adaption von Bildverarbeitungsaufgaben.* Diplomarbeit, Institut für Theoretische Nachrichtentechnik und Informationsverarbeitung, Universität Hannover, 30167 Hannover, Appelstraße 9a, Juli 1998.

[Mes92a] TILO MESSER: *Acquiring object models using vision operations.* In *Vision Interface '92*, Vancouver, May 1992.

[Mes92b] TILO MESSER: *Wissensbasierte Synthese von Bildanalyseprogrammen.* Dissertation, Infix-Verlag, Sankt Augustin, 1992.

[Mey89] RALF MEYER: *Wissensbasierte Adaption von Bildverarbeitungsverfahren für die Lageerkennung von 3D-Objekten.* Diplomarbeit, Institut für Theoretische Nachrichtentechnik und Informationsverarbeitung, Universität Hannover, 30167 Hannover, Appelstraße 9A, Februar 1989.

[Mey99] HAUKE MEYER: *Wissensbasierte Konfiguration von Klassifikationsaufgaben.* Diplomarbeit, Institut für Theoretische Nachrichtentechnik und Informationsverarbeitung, Universität Hannover, 30167 Hannover, Appelstraße 9a, Mai 1999.

[MH79] D. MARR and E. HILDRETH: *Theory of edge detection.* Proc. of Royal Society of London, (B207):187–218, 1979.

[MH90] T. MATSUYAMA and V. HWANG: *SIGMA, A knowledge-based aerial image understanding system.* Plenum Press, New York, 1990.

[MLR98] HEIKO MÜNKEL, CLAUS-E. LIEDTKE, und U. ROST: *Automatische Bewertung von Bildverarbeitungsroutinen zur konturorientierten Segmentierung mit FuzzySOLUTION.* In: *20. DAGM-Symposium*, Stuttgart, Germany, September 1998.

[Mün90] HEIKO MÜNKEL: *Hochsprachliche Bewertung von Konturbildern.* Diplomarbeit, Institut für Theoretische Nachrichtentechnik und Informationsverarbeitung, Universität Hannover, 30167 Hannover, Appelstraße 9a, Dezember 1990.

[Neu86] B. NEUMANN: *Wissensbasierte Konfiguration von Bildverarbeitungssystemen.* In: *Mustererkennung 1986, Informatik-Fachberichte 125*, Seiten 206–218. Springer-Verlag, 1986.

[NJ95] T. S. NEWMAN and A. K. JAIN: *A survey of automated visual inspection.* Computer Vision and Image Understanding, 61(2):231–262, March 1995.

[NL83] AHMED M. NAZIF and MARTIN D. LEVINE: *Mapping numbers into symbols.* Technical Report 85-5R, McGill University, Department of Electrical Engineering, August 1983.

[NL84] AHMED M. NAZIF and MARTIN D. LEVINE: *Low level image segmentation: An expert system.* IEEE Transactions on Pattern Analysis and Machine Intelligence, 6(5):555–577, September 1984.

[Oht85] Y. OHTA: *Knowledge-based Interpretation of Outdoor Natural Color Scenes.* Research Notes in Artificial Intelligence. Pitman, London/New York, 1985.

[Orc98] R. A. ORCHARD: *FuzzyCLIPS Version 6.04A, User's Guide.* Integrated Reasoning, Institute for Information Technology, National Research Council Canada, October 1998.

[OvG89] R.H.J.M. OTTEN and L.P.P.P. VAN GINNEKEN: *The Annealing Algorithm.* Kluwer Academic Publishers, Boston, 1989.

[Pau90] J. PAULI: *Knowledge based adaptive identification of 2d image structures.* In *Proceedings of the Symposium of the Int. Society for Photogrammetry and Remote Sensing,* pages 646–653, 1990.

[Pel91] D.M. PELLAND: *Eyes + iks: visual image processing.* In *Proceedings Electronic Imaging International '91,* pages 596–602, Boston, M.A., 1991.

[PR90] JOSEF PAULI und BERND RADIG: *Wissensgesteuerter Strukturvergleich.* Abschlußbericht zum DFG-Projekt Ra 359/2, Technische Universität München, Institut für Informatik, Orleansstr. 34, München, 1990.

[PR92] J. PAULI und B. RADIG: *Integrierte, adaptive Bildanalyse,* Kapitel 5 und 6, Seiten 30–45. Mathematisches Institut und Institut für Informatik, Technische Universität München, Bibliothek der Fakultät für Mathematik und Informatik, Arcisstr. 21, München, Februar 1992.

[PTK85] T.A. POGGIO, V. TORRE, and C. KOCH: *Computational vision and regularization theory.* Nature, 317:314–319, September 1985.

[Pup99] FRANK PUPPE (editor): *Knowledge-Based Systems, Survey and Future Directions, 5th Biannual German Conference on Knowledge-Based Systems,* Würzburg, Germany, March 1999. Springer-Verlag.

[Rad99] STEPHAN RADMER: *Fallbasiertes Schließen für die wissensbasierte Adaption von Parametern in Bildverarbeitungsprozessen.* Diplomarbeit, Institut für Theoretische Nachrichtentechnik und Informationsverarbeitung, Universität Hannover, 30167 Hannover, Appelstraße 9a, Februar 1999.

[Ram94] V. ET AL RAMESH: *Automatic selection of tuning parameters for feature extraction sequences.* In *Proceedings of the CVPR conference June 1994,* Seattle, WA., June 1994.

[REK+92] B. RADIG, W. ECKSTEIN, K. KLOTZ, T. MESSER, and J. PAULI: *Automatization in the design of image understanding systems.* In *Proceedings 5th International Conference, IEA/AIE-92,* pages 35–45, Paderborn, 1992. Springer-Verlag.

[RH92] V. RAMESH and R.M. HARALICK: *Performance characterization of edge operators.* In *SPIE Machine Vision and Robotics Conference,* Orleando, April 1992.

[RH93] V. RAMESH and R.M. HARALICK: *Performance evaluation of edge operators.* In *Proceedings of the DARPA IUW 93*, pages 1071–1079, Washington DC, April 1993.

[RH94a] V. RAMESH and R.M. HARALICK: *A methology for automatic selection of iu algorithm tuning parameters.* In *Proceedings of the DARPA IUW 94*, 1994.

[RH94b] JOSEPH M. REINHARD and WILLIAM E. HIGGINS: *Automatic generation of image segmentation processes.* In *Proceedings First IEEE Int'l Conference Image Processing*, volume 3, pages 791–795, Austin, Texas, November 1994.

[RK82a] A. ROSENFELD and A.C. KAK: *Digital Picture Processing*, volume 1. 2 edition, 1982.

[RK82b] A. ROSENFELD and A.C. KAK: *Digital Picture Processing*, volume 2. 2 edition, 1982.

[RM98] URSULA ROST and HEIKO MÜNKEL: *Knowledge based configuration of image processing algorithms.* In *Proceedings of the International Conference on Computational Intelligence & Multimedia Applications 1998*, pages 180–185. World Scientific, 1998.

[RML98] URSULA ROST, HEIKO MÜNKEL, and CLAUS-E. LIEDTKE: *A knowledge based system for the configuration of image processing algorithms.* In *Fachtagung Informations- und Mikrosystemtechnik*, 1998.

[RO97] URSULA ROST and PETER OECHTERING: *Knowledge-based genetic learning.* In *Proceedings of the Sixth Scandinavian Conference on Artificial Intelligence (SCAI 97)*, pages 107–118, 1997.

[Ros99] URSULA ROST: *Maschinelles Lernen für die Adaption von Parametern in Bildverarbeitungsprozessen.* Doktorarbeit, Institut für Theoretische Nachrichtentechnik, Universität Hannover, 1999.

[RS89] C.K. RIESBECK and R.C. SCHANK: *Inside Case-Based Reasoning.* Laurence Erlbaum, Hillsdale, New Jersey, 1989.

[RWAS90] J. RASURE, C. WILLIAMS, D. ARGIRO, and T. SAUER: *A visual language and software development environment for image processing.* International Journal of Imaging Systems and Technology, (2):183–199, 1990.

[SA87] SATOSHI SUZUKI and KEICHI ABE: *Binary picture thinning by an iterative parallel two-subcycle operation.* Pattern Recognition, 20(3):297–307, 1987.

[SBG96] M. SALOTTI, F. BELLET, and C. GARBAY: *Evaluation of edge detectors: Critics and proposal.* In *Workshop on Performance Characteristics of Vision Algorithms*, Cambridge, 1996.

[Sch85] J.D. SCHAFFER: *Multiple objective optimization with vector evaluated genetic algoritms.* In J.J. GREFENSTETTE (editor): *Genetic Algorithms and Their Applications: Proc. of the First International Conference on Genetic Algorithms*, pages 93–100. Lawrence Erlbaum, 1985.

[Sch89] M. SCHMITT: *Mathematical morphology and artificial intelligence: An automatic programming system.* Signal Processing, 16:389–401, 1989.

[Sch90] THORSTEN SCHNIER: *Entwicklung von Kriterien zur Auswahl unterschiedlicher Konturfindungsalgorithmen.* Studienarbeit, Institut für Theoretische Nachrichtentechnik und Informationsverarbeitung, Universität Hannover, 30167 Hannover, Appelstraße 9a, Juni 1990.

[SES97] WOLFGANG SCHNEIDER, WOLFGANG ECKSTEIN, and CARSTEN STEGER: *Real-time visualization of interactive parameter changes in image processing systems.* In GEORGES G. GRINSTEIN and ROBERT F. ERBACHER (editors): *Visual Data Exploration and Analysis IV, Proceedings SPIE 3017*, pages 286–295, 1997.

[Sim69] H.A. SIMON: *The science of the Artificial.* MIT Press, Cambridge, Mass., 1969.

[SKT88] H. SATO, Y. KITAMURA, and H. TAMURA: *A knowledge-based approach to vision algorithm design for industrial parts feeder.* In *Proceedings, IAPR Workshop on Computer Vision – Special Hardware and Industrial Applications*, pages 413–416, Tokyo, 1988.

[SP88] HELMUT STRECKER und KAI PFITZNER: *XRAY – Ein prototypisches Konfigurierungs-Expertensystem für die automatische Röntgenprüfung.* KI, 2:4–9, 1988.

[SP91] HELMUT STRECKER und KAI PFITZNER: *Das PLAKON-Buch*, Kapitel XRAY – Konfigurierung automatischer Röntgenprüfsysteme, Seiten 175–196. Informatik-Fachberichte. Springer-Verlag, 1991.

[SS85] E.D. SONTAG and H.J. SUSSMANN: *Image restoration and segmentation using the annealing algorithm.* In *Proceedings of the 24th IEEE Conference on Artificial Intelligence*, pages 768–425, December 1985.

[ST85] KATSUHIKO SAKAUE and HIDEYUKI TAMURA: *Automatic generation of image programs.* In *IEEE*, pages 189–192, 1985.

[Stu97] M. STUMPTNER: *An overview of knowledge-based configuration.* AI Com, 10(2):111–126, 1997.

[SVdH92] L.J. SPREEUWERS and F. VAN DER HEIJDEN: *Evaluation of edge detectors using average risk.* In *Proceedings International Conference on Pattern Recognition (ICPR 92)*, pages 771–774, The Hague, 1992.

[Sys86] INGO SYSKA: *Überlegungen zur automatischen Konfigurierung von industriellen Bildverarbeitungssystemen.* Studienarbeit, Fachbereich Informatik, Universität Hamburg, Schlüterstraße 70, Hamburg, März 1986.

[Tac93] W.A. TACKETT: *Genetic programming for feature discovery and image discrimination.* In *Proc. of the Fifth Int. Conf. on Genetic Algorithms*, pages 303–309, Illinois, 1993. Morgan Kaufmann.

[TIY87] T. TORIU, H. IWASE, and M. YOSHIDA: *An expert system for image processing.* Fujitsu Science and Technical J., 23(2):111–118, June 1987.

[Ton90] S.L. TONIMOTO: *Viva: A visual language for image processing.* Journal of Visual Languages and Computing, 1:127–139, March 1990.

[Tra94] H. TRAEGER, DIRK: *Einführung in die Fuzzy-Logik.* Teubner, Stuttgart, 1994.

[TS88] T. TANAKA and N. SUEDA: *Knowledge acquisition in image processing expert system explain.* In *Proceedings Int. Workshop on Artificial Intelligence for Industrial Applications*, pages 267–272, Hitachi City, 1988.

[Tub87] J.D. TUBBS: *A note on parametric enhancement.* Pattern Recognition, 20(6):617–621, 1987.

[Vog89] R.C. VOGT: *Automatic Generation of Morphological Set Recognition Algorithms.* Springer Verlag, New York, 1989.

[Vu99] A.S. VU: *A computer vision system for automatic knowledge-based configuration of the image processing and hierarchical object recognition.* In *Proceedings of the 10th International Conference on Image Analysis and Processing (ICIAP'99)*, Venice, Italy, September 1999.

[VYB89] LUCAS J. VLIET, IAN T. YOUNG, and GUUS L. BECKERS: *A nonlinear laplace operator as edge detector in noisy images.* CVGIP, 45(2):167–195, 1989.

[Wah84] FRIEDRICH M. WAHL: *Digitale Bildsignalverarbeitung*. Nachrichtentechnik. Springer-Verlag, Berlin Heidelberg New York Tokyo, 1984.

[WD97] LIU WENYIN and DOV DORI: *A protocol for performance evaluation of line detection algorithms*. Machine Vision and Applications, 9:240–250, February 1997.

[Win92] PATRICK HENRY WINSTON: *Artificial Intelligence*. Addison-Wesley, 3rd edition, 1992.

[WK92] T.D. WILLIAMS and R.R. KOHLER: *An environment for image understanding development*. SPIE, Image Processing and Interchange, 1659:341–349, 1992.

[WR90] M.O. WARD and S. RAJASEKARAN: *Image segmentation using domain constraints*. SPIE, Intelligent Robots and Computer Vision IX: Algorithms and Techniques, 132:490–500, 1990.

[YAK95] M. YOUNG, D. ARGIRO, and S. KUBICA: *Cantata: Visual programming environment for the khoros system*. Computer Graphics, 29(2):22–24, 1995.

[Zad65] LOFTI A. ZADEH: *Fuzzy sets*. Information and Control, 8(3):338–353, 1965.

[Zad73] LOTFI A. ZADEH: *Commonsense knowledge representation based on fuzzy-logic*. IEEE Computer, pages 61–65, October 1973.

[Zio93] D. ZIOU: *Noise estimation from step operator responses*. In *Proceedings of the 8th Scandinavian Conference on Image Analysis*, pages 1397–1402, 1993.

[ZK98] D. ZIOU and A. KOUKAM: *Knowledge-based assistant for the selection of edge detectors*. Pattern Recognition, 31(5):587–596, 1998.

[ZM92] D. ZIOU and R. MOHR: *An experience on automatic selection of edge detectors*. In *Proceedings of the 11th International Conference on Pattern Recognition*, pages 586–589, Netherlands, 1992.

Lebenslauf

Persönliche Daten

Name:	Heiko Münkel
Geburt:	27. Oktober 1961 in Bordenau
Familienstand:	verheiratet, 2 Kinder

Ausbildung und Bundeswehr

1968 - 1972	Grundschule Osterwald O/E
1972 - 1978	Realschule Berenbostel
1978 - 1981	Gymnasium Garbsen, Abschluß Abitur
1981 - 1982	Bundeswehr, Fernmeldeeinheit
10/82 - 12/90	Studium der Elektrotechnik (Fachrichtung Nachrichtentechnik, Schwerpunkt Nachrichtenverarbeitung) an der Universität Hannover, Abschluß Diplom

Berufstätigkeit

01/91 - 09/99	Wissenschaftlicher Mitarbeiter im Institut für Theoretische Nachrichtentechnik und Informationsverarbeitungder Universität Hannover
seit 10/99	Sofwareentwicklung, Systemmanagment und Beratung im Technologie-Centrum Hannover GmbH